Retour au laogai

HARRY WU

Vents amers
Laogai – le goulag chinois
Retour au laogai

J'ai lu 4697/**6**

Harry Wu
et George Vecsey

Retour au laogai

La vérité sur les camps de la mort
dans la Chine d'aujourd'hui

Éditions J'ai lu

*Aux Chinois,
qui ont souffert, qui sont partis, qui sont restés ;
un jour, bientôt, plus de* laogai.

Titre original :

TROUBLEMAKER

Publié par Times Books a division of Random House, Inc., N.Y.

© Harry Wu et George Vecsey, 1996. Tous droits réservés.
© Belfond, 1997, pour la traduction française.

REMERCIEMENTS

Je tiens à exprimer ma gratitude à tous ceux qui m'ont aidé pour ce livre :

Ma femme Ching Lee, qui a travaillé d'arrache-pied et supporté mes longs voyages. Bientôt, je resterai plus souvent à la maison, je le promets.

Ses parents, Chen Hsien Cheh et Chen You Mei Yen, qui ont aussi été des parents pour moi.

Jeff Fiedler, qui est mon ami et qui lutte avec tant d'opiniâtreté pour la cause.

David Welker, qui a apporté une bouffée de jeunesse et de talents nouveaux à la fondation.

Robert L. Bernstein de Wiley Publishers, qui m'a encouragé à écrire ce livre.

Peter Osnos et Steve Wasserman de Times Books, dont la mise au point éclairée a rendu ce livre meilleur.

Esther Newberg d'International Creative Management.

Les amis qui m'ont accompagné dans mes voyages en Chine : Sue Lloyd-Roberts, Shannon Ramsby et Sue Howell. Ainsi que d'autres que je ne peux citer parce qu'ils sont encore là-bas.

Les nombreux journalistes et écrivains qui ont apporté leur contribution personnelle à l'histoire de la Chine : des Américains tels que Ed Bradley, David Gelber, Norman Lloyd, Ned Hall, Bob Windrem, George Lewis et Orville Schell ; des Britanniques comme Roger Finnegan et Tim Tate.

D'autres qui m'ont prodigué leur aide : Jean Pasqualini, Lodi Gyari, Linda Pfeifer, John Creger, Charles Lau, Yuan-Li Wu, Andrew Nathan, Peter Huvos, Maranda Shieh, Philip et Bing Baker, Ignatius Ding, Barry Chang, Grace Chiu Chen, Ann Lau, George Mo, Nancy Li, Yu-Sheng Chang,

Bob Sensor, Phyllis A. Jenkins, A. M. Rosenthal, Madeline Joyce, Alexandra Leroux, Joseph Brodecki, Isabelle Woog, Jill Lin et Douglas J. Krajnovich, Michelle Cheng, Beth Thomas de Times Books, Andrea Miles du Service de Recensement des États-Unis, Kevin Tedesco de *60 Minutes*, Jack Horner d'International Creative Management, Nancy Alderman de Wiley Publishers, Katherine et le Dr Joseph Ho, Amnesty International, Human Rights Watch, l'AFL-CIO, Support Democracy in China, Silicon Valley Democracy for China, ainsi que de nombreux Chinois et Tibétains aux États-Unis et dans le monde.

Les Vecsey, famille d'écrivains, d'enseignants et de juristes : George, pour m'avoir aidé à écrire ce livre ; Marianne, pour s'être tellement impliquée dans l'aventure ; Laura, pour m'avoir écouté ; Corinna, pour ses conseils en matière juridique ; David, pour m'avoir aidé à rédiger et mettre au point le texte.

Enfin, tous ces braves gens qui m'ont invité chez eux, dans leurs écoles, leur ville, leur pays, l'année dernière. Vos sourires amicaux, vos poignées de main, vos bons repas et vos chambres confortables, vos paroles réconfortantes, vos prières et votre aide m'ont permis de tenir bon. Grâce à ces milliers d'amis, je me suis rendu compte que beaucoup de gens se soucient des prisonniers du *laogai* en Chine.

PRÉFACE

« Chen Ming ! Chen Ming, je suis revenu ! »

J'ai vu Chen Ming mourir. Il a avalé le petit pain de maïs sur son lit de mort mais c'était trop tard. Je lui ai creusé une tombe anonyme à la ferme de Qinghe, dans le champ d'enfouissement 586.

« Xing-la-Grande-Gueule, où es-tu ? »

Je ne puis prononcer ces mots à voix haute. Je ne devrais pas être devant ce camp de travail, une caméra vidéo cachée dans mon sac à dos. Je ne devrais pas être là.

J'ai vu Xing-la-Grande-Gueule mourir. Il m'avait appris à se battre bec et ongles pour survivre puis il a renoncé. Il est mort en traitant l'univers de « saloperie ! saloperie ! ».

Je pense à Haoqin, devenu fou dans un monde sans femmes. Je pense à Ao Naisong, qui ne pouvait vivre sans son luth.

« Où êtes-vous, les gars ? Venez, je vous conduis auprès de vos mères. Ça fait trop longtemps. Vous devriez tous rentrer à la maison, maintenant. »

Les roseaux, hauts comme un homme, ondulent et bruissent dans le vent. Tout est enfoui dans le temps et l'espace.

« J'ai des petits pains de maïs ! leur dis-je au fond de mon cœur. J'ai apporté de la nourriture pour vous. Je mange du riz et de la viande tous les jours. Nous ne mourrons plus de faim. »

Je crie, j'appelle – pas de réponse.

1

La frontière

Le passeport américain se trouvait dans un sac accroché à ma ceinture, et j'y portais de temps en temps la main, comme un cow-boy touche son six-coups dans un western, juste pour s'assurer qu'il est là. On se sent plus tranquille avec un flingue.

C'était en juin 1995, et je traversais en taxi un coin perdu du Kazakhstan dans l'intention de m'introduire en Chine. Je fus parcouru d'un frisson, moitié amour, moitié terreur. Mon passeport américain ne me protégerait pas si je me faisais prendre dans mon pays natal. La Chine a une liste des personnes les plus recherchées, et j'y figurais.

Ce qui me tranquillisait vraiment, c'était la femme assise à côté de moi, la rousse de Caroline du Nord. Elle était mon assistante, mes yeux et mes oreilles, mon assurance vie. En présence d'une Américaine de souche, les autorités chinoises hésiteraient à me tirer une balle dans le dos et à m'abandonner quelque part dans le désert. Du moins, je le supposais.

J'avais une caméra vidéo dissimulée dans le sac pendant à mon épaule afin de rapporter un document sur les milliers de prisonniers s'échinant dans les champs, sur les milliers de prisonniers s'éreintant dans les usines – comme moi, des années plus tôt. Encore quelques images et je cesserais peut-être de risquer ma vie.

Le régime de Pékin ne m'aime pas beaucoup parce que je retourne clandestinement en Chine pour faire éclater la vérité sur ses camps de travail. Je dénonce à la télévision, dans *60 Minutes*, les articles fabriqués en prison qu'il vend aux pays riches. Je dénonce à la BBC les reins prélevés sur des détenus exécutés. Le gouvernement chinois n'apprécie pas la publicité.

Je pensais aux dix-neuf années que j'ai passées dans les camps, de la vingtaine à la quarantaine, alors que j'aurais pu me marier et avoir des enfants, exercer le métier de géologue, vivre ma vie. Ils ont brisé mon corps mais pas mon esprit. « Ces salauds ont volé ma jeunesse, me disais-je. Ils volent des millions de vies. Je les dénoncerai à la face du monde. »

Je risquais ma vie et celle d'une autre personne : Ching Lee, la ravissante épouse que j'ai eu le bonheur de rencontrer à près de cinquante-trois ans, devait me rejoindre dans la dernière partie du voyage. Mais j'avais d'abord besoin d'une accompagnatrice qui me soutiendrait pendant dix jours puis repasserait la frontière avec la bande vidéo.

Si je donne l'impression d'être un loup solitaire qui parcourt le monde en faisant des pieds de nez à la Chine, je suis en réalité le directeur d'un institut de recherche qui a des collègues en Californie, à Washington, Sydney, Paris, Londres, Toronto. J'ai des contacts en Chine qui seraient immédiatement expédiés en camp de travail s'ils étaient arrêtés. J'ai des aides qui voyagent avec moi quand je vais en Chine, prennent les mêmes avions, descendent dans les mêmes hôtels mais ne m'adressent jamais la parole et ne posent même pas le regard sur moi.

J'ai aussi des compagnes de voyage. Ching Lee s'est rendue deux fois en Chine avec moi, et une journaliste de la BBC m'a escorté une autre fois. Il me fallait maintenant une nouvelle assistante, quelqu'un pour protéger mes arrières, créer des diversions, prendre sa part du travail, repérer les indices et les signaux, partager les chambres d'hôtel, les voitures et les repas avec moi.

Ma nouvelle complice m'a contacté un soir trois mois plus tôt, alors que je donnais une conférence à la Duke University de Caroline du Nord. À la fin, une grande femme mince est venue me saluer. La quarantaine. Sérieuse. Concentrée.

– Je vous ai vu au *Charlie Rose Show*, m'a-t-elle dit, évoquant l'émission de télévision très populaire aux États-Unis, et je suis tout de suite sortie acheter votre livre.

Elle avait lu *Vents amers,* le témoignage que j'ai écrit en 1994 avec Carolyn Wakeman sur ma vie dans les camps de travail.

– J'ai deux contrôles de milieu de trimestre demain en fac de droit, a-t-elle ajouté, mais j'ai préféré venir vous écouter.

Sue Howell avait fait un stage universitaire l'été précédent à Shanghai, la ville grouillante de mon enfance. Elle avait visité une prison modèle de la ville, ce qui retint mon attention parce que j'avais entendu dire qu'un Occidental y était détenu.

– Comment c'était ?
– On nous a montré des toiles peintes par des prisonniers heureux, des textes écrits par des prisonniers heureux. Certains ont même chanté et dansé. Cela nous a beaucoup troublés.

Au cours des longues années que j'ai passées dans les camps, je n'ai vu personne chanter ou danser, je peux vous le dire. Ce devait être leur prison d'opérette, celle qu'ils exhibent aux experts de la Banque mondiale, aux membres du Congrès, à ceux qui ont envie de penser du bien du système chinois. Sue Howell était trop intelligente pour avaler ça.

J'ai remercié Sue et lui ai indiqué le numéro de téléphone de notre fondation. Un mois plus tard, elle nous a appelés en Californie.

– Je prépare mes vacances et, comme j'admire ce que vous faites, j'aimerais vous aider. Je sais me servir d'un ordinateur, j'ai accès à certaines informations. Je pourrais vous être utile.

– Qu'est-ce que vous diriez de m'accompagner en Chine ?

– Vous n'avez pas peur qu'on vous arrête ? a-t-elle demandé, abasourdie.

– Je ne peux pas me permettre d'avoir peur. Il faut que j'aille là-bas.

Sue a accepté de nous retrouver, Ching Lee et moi, quelques semaines plus tard à Washington. Quand un homme doit voyager dix jours en Chine avec une inconnue, il vaut mieux qu'il la présente d'abord à sa femme.

Le 1er mai, nous nous sommes rencontrés dans un hôtel proche de Thomas Circle. Sue est une enfant des années 60 qui a appris à mettre en cause tous les systèmes. Elle a fait des études afin de devenir enseignante, travaillé pour les handicapés, puis pour IBM. Elle suivait maintenant des cours de droit, pour relever le défi suivant.

Je l'ai interrogée avec soin. Je ne pouvais me permettre d'emmener une écervelée, une agitatrice, ou une victime. Il me fallait quelqu'un convenant à la situation. Sue Howell n'avait jamais manifesté son opposition au gouvernement chinois – pas d'articles dans la presse, pas de marche de protestation, rien. Elle voulait seulement améliorer le sort misérable de millions de prisonniers.

Pendant notre entretien, je consultais Ching Lee du regard. Je suis chinois, habitué à prendre des décisions, marié à une femme qui a toujours travaillé sous les ordres de patrons masculins à Taiwan. En quatre courtes années, j'ai appris à compter sur elle et à me fier à ses réactions plus que je ne l'aurais jamais imaginé. Qu'est-ce que Ching Lee pensait de cette Américaine indépendante qui partagerait mon sort et ma chambre d'hôtel ?

– Pourquoi vous fourrer là-dedans ? m'a dit Sue. En ce moment, les Chinois sont en rogne contre les Américains parce qu'ils ont autorisé le président de Taiwan à venir ici assister à la réunion des anciens élèves de son université. Vous devriez attendre l'automne. Je sécherai un trimestre.

Au moment où je répondais que je devais partir avant l'expiration de mon visa, j'ai vu Ching Lee sourire à Sue Howell. C'est ça, l'Amérique. Les femmes montrent ce qu'elles pensent. Ching Lee m'a adressé un signe de tête presque imperceptible.

– Bon, c'est d'accord, ai-je déclaré.

En prenant cette décision, je plaçais ma confiance en quelqu'un que je connaissais à peine, mais Sue faisait de même avec moi. Pour l'effrayer, je l'ai prévenue que nous risquions de nous faire pincer au fin fond de la province du Xinjiang, loin des occasionnelles amabilités diplomatiques de Pékin. Je me jetais dans la bataille, et Sue Howell risquait sa vie pour une cause. Dans une guerre, quand un soldat se fait tuer, on ne le reproche pas au général. Ce sont des choses qui arrivent. Sue devait accepter les responsabilités en même temps que les risques. Je lui ai exposé les règles que j'avais observées au cours de trois incursions réussies en Chine.

Règle n° 1 : Nous tentons l'aventure ensemble, nous dormons dans les mêmes chambres d'hôtel. Pour éviter que l'un des deux ne disparaisse – ou qu'on le fasse disparaître – en pleine nuit à l'insu de l'autre.

Règle n° 2 : Je suis le général, elle est mon lieutenant. Comme dans l'armée, la police ou les pompiers. Le chef dit : « Saute », on saute. Je devais être sûr qu'elle exécuterait mes ordres.

Règle n° 3 : Je lui fournirai peu d'informations, je n'entrerai pas dans les détails, je n'expliquerai pas mes raisons. C'est dur à accepter pour des Américains mais c'est une précaution indispensable au cas où les Chinois mettraient la main sur nous.

– C'est pour te protéger, ai-je argué. S'ils t'interrogent, tu devras dire la vérité. Je ne veux pas que tu en saches trop. Ils sauront si tu mens. Tu es mon assistante. Je te demande la caméra, tu me passes la caméra. Je te demande de parler au chauffeur, tu parles au chauffeur. Tu me demandes où nous allons demain, je ne te réponds pas. Tu n'as pas besoin de le savoir. Ne le prends pas mal, c'est pour te protéger.

Je l'ai vue hocher la tête.

Nous étions convenus de nous retrouver en Europe à la mi-juin et d'essayer d'entrer en Chine par la frontière sud de l'ex-Union soviétique. Je ne pénètre jamais en Chine par Pékin, où les mailles des services de sécurité sont très serrées, et je partais du principe que les postes frontières de province fonctionnent de manière archaïque : vieilles machines à écrire, listes de fauteurs de troubles non mises à jour, mauvais réseau téléphonique. J'espérais que les gardes d'un poste perdu ignoreraient que j'ai légalement changé mon nom américain, abandonnant le trop célèbre Wu Hongda/Harry Wu pour l'anonyme Peter H. Wu. On ne peut toutefois modifier sa date de naissance. C'était le risque que je courais.

Première étape de ce voyage, la province du Xinjiang, dans le nord-ouest de la Chine, où le pouvoir envoie nos inadaptés, nos hors-la-loi, nos dissidents, nos ennemis de classe, ceux qui pensent et mettent en cause, qui doutent ou qui rêvent, nos intellectuels, nos optimistes et nos pessimistes, quiconque réfléchit et a des sentiments – des millions d'entre nous. J'étais allé en 1994 dans l'immense Xinjiang – terre des pluies drues, terre des essais nucléaires, terre des prisonniers travaillant le bas du corps immergé dans des cuves de produits chimiques.

Je voulais y retourner, je venais juste de comprendre que la Chine investit les énormes prêts de la Banque mondiale dans cette région où travaillent des millions de détenus. La plupart des pays s'engagent à ne pas utiliser de prisonniers, politiques ou autres, en guise de main-d'œuvre. Je voulais que la Banque mondiale sache que l'économie chinoise repose en partie sur ces travaux forcés ; je voulais que la Banque mondiale ne viole pas ses propres principes.

Les autorités chinoises s'efforcent de dominer une province où le mandarin n'est même pas la langue principale. Le Xinjiang est peuplé en majorité d'Ouïgours musulmans parlant leur propre langue. Je ne connais qu'un nom dans cette langue : le vaste désert riche en minerais qu'exploitent nos prisonniers, notre Sibérie, notre Ouest sauvage, notre Australie, est appelé « Taklamakan Shamo ». Ce qui signifie « là où l'oiseau peut entrer mais dont il ne ressort jamais ».

J'espérais que ce nom n'avait rien de prophétique.

Début juin, je pars pour l'Europe, gros marché pour les articles provenant des camps de travail chinois. « Vous ne voulez quand même pas acheter des outils couverts de sang », dis-je aux Allemands. « Vous ne voulez quand même pas acheter des vêtements sur lesquels des prisonniers ont versé des larmes », dis-je aux Français. Je rencontre Mme Mitterrand à Paris. Conférences de presse. Émissions de télévision. J'établis des contacts en Europe depuis des années mais j'ignore ce que cela peut donner.

Le 15 juin, je retrouve Sue Howell à Francfort et nous nous rendons à Cologne, où je dois être interviewé à la télévision. Dans le train, je joue à lui faire peur :

– Suppose que nous nous fassions prendre...

– Ils savent que je suis née aux États-Unis, répond-elle. Je suis une femme. Ils ne sauront pas quoi faire de moi. Je ne risque rien.

Elle semblait plus décidée que jamais. À Cologne, nous avons partagé la même chambre pour qu'elle s'habitue à ma compagnie. Le lendemain matin, nous sommes retournés à Francfort et nous avons pris l'avion pour Almaty, capitale du Kazakhstan. Nous avons atterri un peu après l'aube et nous avons immédiatement suivi la direction du Kirghizistan, nouveau pays à forte majorité musulmane qui s'est séparé de l'ancienne Union soviétique. À notre arrivée, la frontière était fermée à cause d'un glissement de terrain. Nous avons dû faire demi-tour et passer par le col d'Horgas – une partie de la Route de la soie que Marco Polo a empruntée des siècles plus tôt. Cette route est demeurée fermée au monde extérieur de 1971 à 1983 pendant que Moscou et Pékin se menaçaient fraternellement l'un l'autre d'anéantissement communiste, mais la frontière avait été rouverte.

Nous avons rejoint Almaty à 9 heures du soir. Nous avions roulé depuis près de deux jours, épuisés et couverts de poussière, dans des voitures sans climatisation. Mon contact nous a suggéré d'attraper l'autocar de nuit pour Panfilov. Nous devions éviter d'attirer l'attention en restant trop longtemps dans un même lieu.

Pas un instant je n'ai envisagé de franchir illégalement la frontière. Pour tous mes voyages, j'ai un principe : toujours dans la légalité. Je ne veux même pas me faire prendre avec des papiers volés, ou une fausse identité. J'étais sûr qu'une fois parvenu à destination, je serais comme un poisson dans l'eau et que les autorités ne me pinceraient jamais. Je sais comment parler aux gens, comment trouver un endroit où loger, un moyen de transport. Après tout, c'est mon pays, c'est mon peuple.

Traverser le Kazakhstan a cependant de quoi rendre nerveux un Sino-Américain. Au poste frontière, les Kazakhs mettaient en pratique le nouveau nationalisme, le nouveau capitalisme. Ils n'importunaient ni les Chinois ni les Russes, qui n'avaient pas d'argent, mais Sue Howell et moi étions les deux seuls passagers du car nantis d'un passeport américain. Un soldat avec une coupe de cheveux à la Mohawk – une touffe au milieu d'un crâne rasé – me lance quelques mots en russe d'un ton hargneux. Je n'ai pas besoin de traducteur pour savoir ce qu'il veut. Je lui tends vingt dollars américains et il me tend mon passeport, qu'il venait d'examiner. Il saisit l'argent, je saisis mon passeport ; je le pousse sur le côté pour monter dans le car. Il ne m'arrête pas, il a ce qui l'intéressait.

À l'aube, nous arrivons à Panfilov. Je me sentais à cran, peut-être à cause du manque de sommeil. J'imaginais fort bien ces gens m'égorgeant et laissant mon corps dans un endroit désert. Je n'en étais pas moins décidé à passer en Chine. Nous avons pris un autre taxi pour la frontière, et Sue Howell a remarqué que la route était maintenant large et plane.

– Les Russes ont amélioré toutes les voies du Kazakhstan afin que leurs camions et leurs chars roulent vers la Chine, ai-je expliqué. Regarde comme les poteaux électriques sont en retrait. Cette route est assez large pour que des avions de transports de troupe puissent s'y poser.

Le taxi nous a déposés au poste frontière. Dimanche, 8 heures du matin : la frontière était fermée. D'après le chauffeur, il fallait passer la nuit chez l'habitant. J'étais sûr que les Chinois avaient des observateurs de ce côté, et je me sentais en danger avec une journée entière à tuer.

Nous avons fait le tour d'Horgas, petite ville en pleine expansion, avec un bazar appelé Marché pour les Deux

Côtés de la Frontière. Six jours par semaine, on y vend des cigarettes, des montres, de l'alcool, du sucre, de l'argent, tout ce que vous voulez, mais on était dimanche, jour de repos, même au col d'Horgas, entre le Kazakhstan musulman et le Xinjiang musulman. Quelqu'un nous a indiqué une jolie vieille bâtisse en nous disant qu'on y prenait des hôtes. Nous avons frappé à la porte mais personne n'a répondu. Nous avons frappé de nouveau et cette fois la porte s'est ouverte dans un envol d'hirondelles. Elles nichaient sous le toit, à l'intérieur, et sortaient à l'aube. Les oiseaux ne savaient pas que c'était dimanche et les humains faisaient la grasse matinée.

La maison d'hôte était austère. Pas d'électricité. Des toilettes sommaires. Très peu à manger. Mais que pouvions-nous faire d'autre ? Après avoir puisé dans la réserve de tablettes de chocolat que nous avions emportée, nous avons déniché un endroit où acheter une boîte de lait condensé et des sardines. Je me suis promené pendant que Sue prenait un bain. Rien d'autre à faire qu'attendre.

J'essayais de ne pas penser à l'autre côté de la frontière, à la vie que j'avais menée dans les camps. Les coups. Le froid. Les travaux forcés. La terre gelée que je creusais de mes ongles pour une carotte ratatinée. Toutes ces années pendant lesquelles je m'étais dit : « Si seulement je pouvais quitter cette prison, ce pays de prisons. » J'étais maintenant à mille mètres de mon pays natal et je m'efforçais de ne pas m'inquiéter pour ce qu'on me ferait si j'étais pris.

Le lundi matin, les Kazakhs ont fait monter tout le monde dans des cars spéciaux qui nous ont conduits à la frontière, et nous avons fait la queue côté Kazakhstan avec nos passeports.

Nous sommes ensuite passés côté chinois. Il était 11 h 40. Nous avons remis nos passeports à une femme officier de douane aux épaulettes ornées de deux étoiles. J'ai remarqué des visages qui nous examinaient de l'autre côté d'une vitre.

Je me suis alors aperçu que la femme tapait nos noms sur un ordinateur.

Merde. Depuis quand ce poste était-il équipé d'un ordinateur ?

Je me suis efforcé de garder un air détendu. Comme je ne pouvais voir l'écran, j'observais les yeux de la femme tandis qu'elle tapait. Tap-tap-tap. Elle a inscrit mon nom. Tap-tap-tap. Ma date de naissance. Puis j'ai vu ses yeux s'écarquiller.

« Vous êtes quelqu'un de très important, disaient-ils. Vous êtes la personne que nous recherchons. »

2

Retour au pays

« Harry Wu – ce n'est pas ce dingue que les Chinois ont arrêté en juin 1995 ? Et qu'ils ont relâché pour qu'Hillary Clinton puisse assister à une conférence de femmes des Nations unies à Pékin ? »

Moi contre Mrs. Clinton ? Le monde a jugé que j'avais manigancé cet échange, l'épouse du président des États-Unis contre un agitateur qui visite les camps de travail chinois. J'aimerais accepter cet honneur mais je ne suis pas assez intelligent pour avoir eu cette idée ; et tant pis si je gâche une histoire formidable en déclarant tout de go la vérité : de l'instant où j'ai conçu ma mission à l'instant où je suis rentré, je n'ai jamais eu connaissance d'une conférence de femmes tenue à Pékin, ni des espoirs de Mrs. Clinton d'y participer.

Les gens se demandent pourquoi j'ai risqué ma vie en retournant en Chine. Ceux qui ne me connaissent pas me prennent peut-être pour un fou, tout au moins pour un énergumène, un trublion. Ils savent que j'ai déclenché un incident international en 1995 en me faisant arrêter à la frontière. Pendant mes deux mois de captivité, le monde s'est interrogé : que feraient de moi les Chinois ? Me renverraient-ils en camp de travail ? Trouveraient-ils un moyen de me faire du mal ? Laisseraient-ils ma santé se dégrader ? Je me posais la même question.

Je n'ai pas l'abnégation d'un moine bouddhiste qui s'immole par le feu sur une place publique pour protester contre l'injustice. Je suis un homme ordinaire qui a une femme à la maison et qui s'efforce de rattraper le temps perdu. Je n'ai pas l'étoffe d'un martyr. J'en ai assez des murs de prison. Je n'ai pas le courage de Wei Jingsheng, qui ose dire ce qu'il pense et exprimer sur Deng Xiaoping d'acerbes critiques qui lui valent d'être renvoyé en camp de travail. Quant à être le fanatique itinérant qui a placé la femme du président américain dans une situation délicate, j'aurais bien aimé être au courant de cette conférence. J'aurais mieux dormi durant mes longues nuits en prison.

Si l'histoire se résume à cela – moi contre Mrs. Clinton – c'était un marché de dupes. Là-bas, je représentais les millions de Chinois qui ont vécu et sont morts dans les camps. Je suis retourné en Chine pour tous mes amis disparus. Je suis retourné voir les camps où j'ai été enfermé près de deux décennies. D'autres hommes marchaient péniblement dans les champs, semblables à moi, à Xing-la-Grande-Gueule, à Chen Ming et à tous les amis. À cette époque, personne ne connaissait notre sort. Personne ne prenait la parole pour nous défendre. J'ai eu de la chance. Je suis revenu du pays des morts vivants.

Dans mes livres, dans mes interventions, j'essaie de témoigner, dans un anglais inadéquat, pour des millions d'autres hommes comme moi. À présent que je vis en Amérique, je trouve frustrant de ne pas pouvoir parler le mandarin et rendre les nuances les plus subtiles de ma pensée, mais j'ai pris la décision de m'exprimer en anglais, du mieux que je peux. Je ne veux pas être l'auteur d'un livre de plus, mais plutôt l'émigré qui tente de se faire comprendre à la télévision, devant le Congrès des États-Unis, le parlement californien, ou dans les pays européens qu'il visite. C'est ce que je suis. Je viens de débarquer. Je veux vous parler des camps de travail chinois.

Pendant dix-neuf ans, j'ai été l'un de ces hommes emprisonnés pour un vague délit contre leur pays. Mes geôliers prétendaient vouloir m'amender mais ils voulaient en réalité me faire travailler jusqu'à ce que je tombe d'épuisement. J'étais perdu dans ces camps stratégiquement dispersés aux quatre coins de la Chine, où des millions de détenus fabriquent des articles pour l'industrie chinoise. Les autorités donnent des noms différents aux camps, selon le stade, et je suis personnellement passé par trois stades : amendement-par-le-travail (*laogai*) ; rééducation-par-le-travail (*laojiao*) ; placement en travail forcé (*jiuye*). Pour plus de simplicité, j'appelle *laogai* l'ensemble du système.

Laogai. Ce mot me brûle l'âme, me donne envie d'empoigner Américains, Européens, Australiens et Japonais par la chemise et de crier : « Vous ne savez pas ce qui se passe là-bas. » Je veux que le mot *laogai* soit connu dans le monde entier, comme celui de *goulag* est devenu synonyme des horreurs du système pénitentiaire de Staline.

Je suis retourné en Chine pour montrer au monde ce qui se passe dans le pays du miracle économique moderne. La Chine est en pleine expansion, avec une croissance à deux chiffres chaque année. Les *yuppies* chinois ont maintenant des téléphones portatifs et vendent leurs produits par correspondance. De ma maison californienne, je corresponds par fax avec leurs compagnies. Les hommes d'affaires occidentaux ont l'eau à la bouche en songeant aux profits qu'ils espèrent tirer de la Chine. Je suis retourné là-bas pour rassembler des informations qui me permettront de lancer cette mise en garde aux pays industrialisés : capitalisme = démocratie est une équation fausse. C'est une opinion très américaine : gagner de l'argent engendre la liberté, la justice et l'égalité. Ne l'appliquez pas à la Chine. Mon pays est embourbé dans des millénaires d'exercice du pouvoir par une seule personne, qu'on l'appelle empereur ou président. Ne vous laissez pas abuser par l'électronique ou la climatisation.

Dans mon pays natal, les dirigeants changent les noms des prisons afin de les faire passer pour des usines. Les usines et les fermes-prisons ont une double adresse, un double nom, mais les Occidentaux continuent à les visiter et ne posent jamais de questions sur les hommes misérables en chemise bleue penchés sur les chaînes de montage. Beaucoup d'entre eux ne sont pas des ouvriers ordinaires mais des hommes et des femmes quasiment réduits en esclavage.

La force de travail des détenus chinois est plus précieuse que jamais. La Chine vend du thé à l'Angleterre, du raisin au Japon, des outils à la France, des moteurs Diesel aux États-Unis.

Quelle est la part des prisonniers dans la production chinoise ? Un pour cent, environ, du produit national brut. Un pour cent, cela semble fort peu – jusqu'à ce qu'on examine les chiffres de plus près. Pékin reconnaît avoir envoyé dix millions de personnes en camp de travail depuis que les communistes ont pris le pouvoir, en 1949. En 1995, il a fait état de 1,2 million de « travailleurs » dans six cent quatre-vingt-cinq camps. Ces chiffres sont ridiculement bas. J'estime à plus de cinquante millions le nombre de personnes envoyées au *laogai* depuis 1949. Selon les informations en notre possession, il y a actuellement mille cent cinquante-cinq camps où sont détenus six à huit millions de Chinois. Selon moi, dix pour cent d'entre eux sont des prisonniers politiques.

Le monde ne voit que la partie émergée de l'iceberg. Le monde sait que quelques milliers de personnes, peut-être, ont été tuées sur la place Tienanmen, ou directement après. Je dis que l'incident de la place Tienanmen n'est qu'une broutille comparé aux millions de gens disparus dans le *laogai*. Chacune de ces vies était précieuse. Les Chinois ont un dicton : « Nous ne cherchons pas seulement l'arbre mais aussi la forêt. » Ce souci de la majorité a conduit à des abus commis par des dictateurs tels que Mao Zedong. L'individu ne compte pas, la forêt est trop importante.

Je parle pour les arbres. Chacun d'eux a un nom, un visage, une famille. Certains ont été mes amis. Comment pourrais-je les oublier maintenant que je connais la liberté ? Tel est mon cri. Telle est ma mission. Pour de nombreux Chinois, le « bon vieux temps » de la prison est toujours là. À certains égards, c'est même pire. Avec les progrès de la science, certains prisonniers sont devenus trop précieux pour rester en vie. La Chine vend des reins et des cornées aux pays riches. Les autorités tuent désormais les détenus de manière sophistiquée tandis que des médecins, formés pour sauver des vies, attendent près du peloton d'exécution. La justice au service de l'offre et de la demande.

Nos corps sont également précieux tant que nous sommes en vie. Les affaires marchent si bien que la Chine doit faire travailler sans relâche ses fauteurs de troubles.

Laissez-moi vous raconter l'histoire d'un homme courageux que j'appellerai Sun, un ancien prisonnier du système de camps de travail chinois. La première fois que nous avons entendu parler de lui, il cassait des cailloux dans la journée et fabriquait des fleurs artificielles pour des boutiques de complaisance installées aux États-Unis. C'est un professeur d'économie, il a participé au mouvement pour la démocratie de 1989, qui s'est terminé par le massacre de la place Tienanmen. J'aurais voulu pouvoir prévenir les jeunes Chinois que les soldats obéiraient aux ordres de leurs dirigeants séniles et tireraient sur des civils, mais les jeunes n'ont pas retenu les leçons du passé, ils n'ont pas compris la mentalité des soldats. La manifestation était vouée à l'échec. Elle venait trop tôt, elle prenait une forme trop ouverte, trop publique. Ces jeunes l'ignoraient.

Bien que Sun se trouvât loin de Pékin au moment de la tuerie, on l'a jeté en prison pour « incitation aux activités contre-révolutionnaires » et il a été accusé d'avoir placardé dans l'université où il enseignait des affiches disant notamment : « Accumulant les erreurs face au mouvement étudiant, le Parti a perdu sa crédibilité et son prestige de parti dirigeant... Après mûre réflexion, nous avons décidé de déclarer solennellement que nous quittons le Parti communiste et la Ligue des jeunesses communistes... Un tel parti dirigeant suscite la haine dans le monde entier et fait honte au peuple chinois. »

Comme des milliers de Chinois condamnés pour avoir pris part au mouvement, Sun a purgé ses trois ans avant d'être libéré. Il s'est ensuite réfugié à Hong-Kong mais les dirigeants de l'île ont les yeux fixés sur leurs luxueux calendriers numériques, qui les rapprochent chaque jour de 1997, date à laquelle Hong-Kong sera restituée aux Chinois et ils ont renvoyé Sun en Chine. Il a été expédié dans un lointain district où il a pris l'énorme risque de faire passer une lettre au monde extérieur pour protester contre son arrestation. J'ai de l'admiration pour tous ceux qui essaient de faire sortir une lettre du camp parce que mes copains et moi avons autrefois fait la même chose. Nous avons osé écrire à Pékin en demandant pourquoi on nous maintenait en détention bien après l'expiration de notre peine originelle de trois ans, mais la lettre fut renvoyée au camp le temps que nous ayons terminé notre longue journée de travail dans les champs. Les gardes m'ont jeté au cachot et m'ont battu jusqu'à ce que je tombe dans un état de faiblesse et d'abattement tel que j'ai cessé de manger. Ils ont dû m'alimenter en me versant du liquide par le nez avec un tuyau en caoutchouc. Le onzième jour, j'ai confessé mes péchés et ils m'ont sorti du cachot. Mes camarades de captivité ont attrapé une grenouille et en ont fait un ragoût pour me redonner un semblant de force.

J'admirais donc le courage de Sun : il envoya clandestinement à l'Occident une lettre qui fut finalement transmise à la Fondation de recherches sur le Laogai que je dirige de ma maison californienne (elle possède un bureau à Washington).

« J'ai été jeté dans cet enfer parce que les autorités veulent me briser moralement et physiquement, écrit Sun. Il s'agit de représailles et de persécutions politiques. Dans cette situation, je n'ai d'autre choix que de m'adresser à vous. J'appelle instamment les forces progressistes du monde à accorder toute leur attention à la question des droits de l'homme en Chine et à venir en aide au peuple chinois, précipité dans un abîme de souffrances. J'appelle les organisations internationales progressistes à faire pression sur les autorités pour qu'elles cessent de me persécuter. »

Sun souligne que les détenus du camp travaillent « plus de quatorze heures par jour à porter des pierres de la carrière au quai et à les charger sur le bateau. Beaucoup d'entre eux, y compris moi-même, ont eu les mains et les pieds écrasés par de grosses pierres et doivent continuer à travailler malgré leurs blessures pleines de sang et de pus. C'est pourquoi un grand nombre de prisonniers sont infirmes à vie ». Au moindre signe de révolte, ils sont battus « jusqu'à ce qu'ils s'effondrent, couverts de sang et inconscients ». Dans le meilleur des cas, écrit-il, « les conditions de vie sont dures. Ils n'ont que du riz de mauvaise qualité et des légumes pourris à tous les repas ».

Comme si cela ne suffisait pas, les prisonniers de son camp de rééducation par le travail confectionnent le soir des fleurs artificielles. Sun dénonce le système du *laogai* et ses liens avec les marchés occidentaux :

« Les fleurs artificielles que nous fabriquons sont destinées à l'exportation. Les marques sont en anglais, les prix en dollars américains. Même le commandant du camp et le directeur de la carrière reconnaissent que les fleurs sont fabriquées en coopération avec une compagnie de Hong-Kong qui les exporte. »

Sun fait remarquer que l'utilisation de détenus comme main-d'œuvre viole le droit international – et même le droit chinois. Pékin se défend de vendre la force de travail de ses prisonniers sur le marché international. Ces dénégations n'ont rien d'étonnant mais je trouve décourageant que tant de dirigeants des États-Unis ou d'ailleurs les croient sur parole. Sun rapporte également qu'on « force les prisonniers à fabriquer des fleurs artificielles, des colliers, des bijoux (marques en anglais, prix en dollars). Tous ceux qui y sont passés peuvent en témoigner, y compris des ressortissants de Hong-Kong ».

Sun joint à sa lettre deux étiquettes portant le nom de la firme Universal Sun Ray, Springfield, Missouri, qui, comme ma fondation l'a découvert, importe des fleurs pour les magasins Ben Franklin Stores, autre nom figurant sur les étiquettes envoyées par Sun. Le 8 juillet et le 24 août, mes collaborateurs ont acheté des articles portant ces étiquettes aux Ben Franklin Stores de Pleasanton, Californie, et de Reno, Nevada.

Nous avons envoyé à l'Universal Sun Ray de Springfield un enquêteur qui a constaté la présence de dizaines de fleurs artificielles, dont un grand nombre « made in China ». Nous sommes convaincus qu'une proportion importante des fleurs expédiées de Hong-Kong sont en réalité fabriquées en Chine. Nous n'avons pas pu prouver qu'Universal Sun Ray savait que ces fleurs provenaient d'un camp mais nous avons découvert qu'un cadre de cette firme se rend régulièrement en Asie pour affaires.

Sun précise qu'il relève plutôt du système de « rééducation-par-le-travail » (*laojiao*) que de « l'amendement-par-le-travail » (*laogai*). Théoriquement, il n'est pas un criminel condamné, simplement un jeune Chinois égaré que l'on remet dans le droit chemin. En principe, écrit Sun, « les détenus touchent leur salaire, ont des avantages sociaux et des vacances, ont droit au courrier, à diverses activités culturelles et sportives ; ils ne travaillent pas plus de huit heures par jour, peuvent rendre visite à leurs familles, quitter le camp pour suivre un traitement médical, etc.

« En réalité, le *laogai* est l'enfer.

« Je sais qu'une fois ma lettre publiée, je serai peut-être persécuté plus durement encore, ou même tué, ajoute-t-il. Mais je n'ai pas le choix ».

Sun fut le premier prisonnier à fournir des informations sur les articles fabriqués dans les camps de travail et exportés en Amérique. Depuis que sa lettre est parvenue en Occident, il a été transféré dans un autre camp, mais nous avons récemment appris sa libération.

Je suis retourné en Chine pour faire connaître le sort de prisonniers comme Sun. Après mon départ, en 1985, la prudence aurait consisté à me terrer en Californie, à devenir un de ces Américains d'origine asiatique qui vivent du bon côté du Pacifique, mais les informations sur les mauvais traitements infligés aux prisonniers du *laogai* ne cessaient de me parvenir. Même au risque de me faire prendre et d'être renvoyé en prison pour le reste de ma vie, il fallait que je retourne là-bas.

Malgré les politiciens hargneux et leurs partisans qui prônent l'arrêt de l'immigration, malgré les nombreux Américains qui jugent le temps venu de tourner le dos au reste du monde, je sais qu'au fond l'Amérique est un pays généreux et digne. Je vois sa bonté dans la façon dont elle a toujours accueilli les immigrés, dont elle s'est toujours souciée des autres. Les États-Unis sont la lumière du monde. Les Américains souhaitent-ils vraiment acheter des fleurs artificielles ou des outils fabriqués par des prisonniers ? Par des hommes quasiment réduits en esclavage ?

Je crois fermement que cela ne devrait pas être le problème de l'Amérique, ni un cas de conscience pour le monde occidental. À long terme, c'est un problème chinois. Citoyen américain vivant dans la Silicon Valley californienne, je m'efforce avec beaucoup de difficultés de trouver mon identité. Je pense qu'il y a dans le caractère chinois quelque chose d'intrinsèque qui nous fait passer de l'empereur au président, qui nous fait traiter nos compatriotes comme des esclaves. Quelqu'un doit le rappeler aux Chinois. C'est la tâche que je me suis assignée. Je vis aujourd'hui dans un autre pays mais je ne peux oublier.

3

Dans l'impasse

À la façon dont les douaniers me regardaient, je devinais qu'ils m'avaient percé à jour mais je ne voulais pas céder à la panique. J'ai fait signe à Sue de rester calme.
– Veuillez patienter quelques minutes, m'a dit l'un des gardes.
– Quel est le problème ?
– Oh ! quelques détails à vérifier.
C'était ce que j'avais toujours cherché à éviter : le moment où je n'aurais plus aucun contrôle sur mon destin. Il pouvait prendre plusieurs directions. Soit les gardes me poussaient dans une pièce du fond et s'arrangeaient pour me faire disparaître – pour dix ans, pour toujours. Soit ils nous reconduisaient de l'autre côté de la frontière en nous conseillant de retourner aux États-Unis. Je pouvais aussi bien retrouver ma vie que la perdre. J'avais accepté ce risque mais à présent, sous un dehors bravache, je me sentais mal. Il était trop tard pour faire quoi que ce soit. Ma femme et mes amis à Washington s'activeraient dès que je serais porté disparu mais cela ne m'aiderait en rien si j'étais déjà sous terre, fertilisant le sol millénaire de mon pays natal.
Nous avons attendu. On nous a posé quelques questions. Nom ? Profession ? La routine. Les gardes tuaient simplement le temps, nous le savions tous. J'ai cherché à les intimider :
– Je suis un homme libre. Je suis américain. Rendez-moi mon passeport.

– Désolés, ont-ils répondu. Nous devons procéder à une vérification. Désolés.

Après une heure d'attente, un jeune homme en civil est entré par une porte et a feint de filmer le bureau avec une caméra vidéo mais, régulièrement, son appareil revenait se braquer sur nous. Je me suis rapproché de lui.

– Dites, vous devriez faire attention, l'ai-je prévenu. On n'a pas le droit de filmer ici. Vous allez avoir des ennuis.

Il m'a regardé comme si j'étais fou.

– Pas de problème, a-t-il balbutié.

Joignant deux doigts, je lui ai adressé le signe de paix qu'échangeaient les hippies dans les années 60 et je suis passé devant lui, de sorte qu'il a dû se retourner afin de continuer à me filmer. Je l'asticotais pour voir jusqu'où nous pouvions aller. Je suis sorti acheter des rafraîchissements et j'ai remarqué que les grilles étaient fermées. Nous étions en cage. Je suis retourné à l'intérieur.

À 13 h 30, une femme portant l'uniforme de la police des frontières, avec deux étoiles sur ses épaulettes, nous a rejoints. Vous savez ce qui arrive quand deux femmes se détestent d'emblée ? C'est ce qui s'est produit entre Sue et cette femme flic. Des ennemies jurées. Instantanément.

– Je veux juste pratiquer mon anglais, a déclaré Deux-Étoiles, presque sans accent.

Elle nous a posé des questions plutôt abruptes, même selon les critères chinois. Où allions-nous ? Quel était le motif de notre voyage ? Elle voulait des détails. Ce n'était pas une conversation mais un interrogatoire en règle. Nous avons répondu que nous étions des universitaires effectuant des recherches sur la Route de la soie, et Sue l'a transpercée du regard.

Les Chinois voulaient aussi savoir pourquoi le passeport de Sue était différent des autres passeports américains. Sue a expliqué qu'il avait été établi en Italie, lors d'un précédent voyage au cours duquel on lui avait volé tous ses papiers. Ils ne semblaient pas croire qu'elle disait la vérité, ni qu'elle avait vraiment quarante-cinq ans. En d'autres circonstances, Sue aurait été flattée mais nous avions d'autres problèmes en tête.

À 14 heures, nos gardes nous ont apporté des crackers et une bouteille d'eau. Changement de tactique, changement de personnes, mais, au bout d'un moment, nous nous sommes rendu compte que plus aucun touriste, plus aucun civil ne pénétrait dans le bureau.

Une demi-heure plus tard, j'ai demandé si je pouvais téléphoner.

Ils ont répliqué qu'aucun appareil n'était disponible.

– Alors, puis-je envoyer un fax à mon ambassade ?
– Non.
– J'ai changé d'avis, je ne veux plus aller en Chine, finalement, ai-je assuré. Pourriez-vous nous faire reconduire à Almaty ?
– Non.

Une demi-heure plus tard, j'ai demandé à joindre notre ambassade. J'ai exigé de savoir pourquoi nous étions « détenus ». C'était la première fois que j'utilisais ce mot et ils n'ont pas cherché à me démentir.

À 18 h 10, l'inspecteur Ho – trois étoiles sur sa chemise – a promis de régler notre problème dans l'heure.

À 18 h 20, une jeune femme des services sanitaires s'est approchée de nous en déclarant qu'elle aimerait pratiquer son anglais. Sympathique, apparemment sincère, elle ne comprenait pas la situation. Un officier de police l'a renvoyée dans la pièce du fond et lui a passé un savon si sévère qu'elle s'est mise à pleurer. Après quoi, la malheureuse n'osait même plus nous regarder.

À 18 h 45, l'inspecteur Ho est revenu nous dire qu'il ne nous avait pas oubliés.

À 19 heures, il m'a demandé combien de fois j'étais retourné en Chine depuis mon départ et j'ai répondu la vérité. Trois fois. Il est reparti téléphoner.

À 19 h 10, tous les douaniers ont quitté le poste pour rentrer chez eux. On a fermé les portes et les grilles.

À 19 h 50, l'inspecteur Ho a resurgi, et j'ai compris à sa mine que ça n'allait pas être facile.

– Je suis désolé, nous fermons. Nous n'avons pas encore pu vérifier votre passeport. Il faut que vous attendiez jusqu'à demain. Je dois vous demander de passer la nuit dans notre hôtel.

– Nous n'irons pas à l'hôtel avant d'avoir prévenu notre ambassade, ai-je répliqué.

– Demain, a dit l'inspecteur.

Dehors, Sue et moi nous sommes assis sur des caisses en carton pour une sorte de *sit-in* improvisé. J'ai eu l'impression que Sue avait déjà pratiqué cette forme de protestation une ou deux fois dans les années 60.

À 19 h 55, Ho a promis de prendre contact dès le lendemain avec l'un des consulats américains. Il nous a quasiment suppliés de l'accompagner à l'hôtel. Conscient d'avoir temporisé aussi longtemps que possible, j'ai fait signe à Sue d'aller à la voiture.

Ce qui me contrariait vraiment, c'était de les voir utiliser des téléphones cellulaires Motorola. Apparemment, les États-Unis vendent aux Chinois des appareils modernes pour les aider à garder des citoyens américains en détention à la frontière. Ils ne nous ont pas tordu le bras pour nous faire monter dans le véhicule. L'inspecteur Ho veillait à ce qu'il n'y ait pas de brutalité pendant son service.

À l'auberge *Karamay*, à quelques centaines de mètres de la frontière, on nous a fait passer devant la réception, on nous a mis dans l'ascenseur en nous disant que nos deux chambres se trouvaient au sixième étage.

– Nous dormons dans la même chambre, ai-je déclaré, m'accrochant à ma règle de conduite.

Ils nous ont escortés jusqu'à la chambre 611, et les policiers se sont installés dans les deux pièces situées de l'autre côté du couloir. La nôtre donnait sur le poste frontière et, au-delà, sur la frontière elle-même. Une grille barrait la route mais à mon grand étonnement, la clôture qui l'encadrait ne s'étirait de part et d'autre que sur quelques centaines de mètres. On pouvait peut-être tenter de fuir en pleine nuit. J'ai également remarqué, à deux cents mètres de l'hôtel, un bureau de poste avec une cabine téléphonique. Il faudrait que j'aille y faire un tour dès que possible.

La chambre 611 était petite, fonctionnelle, avec des lits jumeaux poussés contre des murs opposés, une petite table, une commode, une salle de bains sans eau chaude.

Sue s'est résignée à prendre un bain froid mais le robinet lui est resté dans la main et je l'ai entendue grommeler. De temps à autre, l'eau était coupée totalement. L'hôtel semblait n'avoir que quelques années mais était déjà décrépi.

Nos gardes nous ont proposé de descendre dîner. Mr. Ho et un officier plus jeune ont précisé que nous étions leurs invités. Sue et moi insistions pour appeler notre ambassade mais Ho ne cessait de se dérober.

– Asseyez-vous donc, je vous en prie. Ne faites pas d'histoires. Ce n'est pas ma faute. Voilà la serveuse. Passons à table.

Ho, en fait, n'était pas un mauvais bougre. Il savait qui j'étais – Harry Wu, l'un des quarante-neuf individus les plus recherchés en Chine – mais il me traitait sans rudesse. Je lui ai parlé de la mort de mes parents, de ce que j'avais souffert au *laogai*, et je pouvais voir à son expression qu'il était touché. Chacun en Chine a souffert ou connaît quelqu'un qui a souffert. C'est ce qui est insensé. Quand les Gardes rouges couraient comme des fous, au milieu des années 60, ce n'était pas eux-contre-nous mais bien plutôt nous-contre-nous. On parle de lutte de classes mais c'était pire. C'étaient des Chinois s'en prenant férocement à d'autres Chinois. Tout le monde avait eu sa part de souffrances. Les hommes attablés avec nous auraient pu en faire le récit eux aussi mais ils n'osaient pas.

Ils m'ont cependant raconté une histoire illustrant la tension qui règne sur la frontière avec les Kazakhs. Quelques mois plus tôt, à l'occasion de la fête du printemps, les Chinois avaient allumé des pétards, comme ils le font partout dans le monde. Les soldats kazakhs crurent entendre des rafales de mitrailleuse et accoururent à la frontière, prêts à riposter.

– Pourquoi tirez-vous ? demandèrent les Kazakhs au téléphone.

– Pourquoi massez-vous des troupes sur la frontière ? répliquèrent les Chinois.

Les Kazakhs ne crurent aux explications des Chinois qu'après que ceux-ci les eurent conduits de l'autre côté de la frontière pour leur montrer des mioches lançant des pétards pour célébrer le printemps. Aucun doute, c'est ainsi qu'éclatera la prochaine guerre mondiale.

À 23 heures, Ho est venu dans notre chambre nous annoncer que nous devions nous rendre à Yining, à plusieurs heures de voiture, pour être interrogés. Immédiatement.

– En aucun cas, ai-je rétorqué. Nous sommes citoyens américains. S'ils veulent nous parler, qu'ils viennent à la frontière.

Pendant que Ho négociait avec moi, Sue a essayé de passer entre les gardes pour jeter un coup d'œil dans le couloir. Nous n'avions pas répété nos rôles mais, comme dans les feuilletons télévisés, j'étais le bon flic et elle le mauvais. Elle savait que les Chinois étaient désarçonnés par cette rousse américaine qui les invectivait, et elle en jouait.

– Je veux appeler l'ambassade des États-Unis, tempêtait-elle. J'écris une lettre que vous allez tout de suite poster !

Elle s'est tournée vers moi et m'a glissé avec un clin d'œil :

– Je suis une vraie plaie.

C'est au tour du bon flic de prendre le relais. J'essayais d'apprendre des choses de ces types et je voulais les avoir de mon côté. Lorsqu'ils m'ont demandé qui était Sue Howell, j'ai répondu : « Mon assistante », d'un ton signifiant clairement qu'elle n'était rien de plus.

– Hé, qu'est-ce qu'elle a, cette femme ? m'ont-ils dit en chinois.

Avec un haussement d'épaules, j'ai soupiré :

– Les Américaines, on ne peut pas les contrôler.

De retour dans la chambre avec Sue, j'ai vérifié qu'il n'y avait pas de caméra cachée avant de faire le ménage dans mes bagages. J'ai détruit des papiers portant des numéros de téléphone codés ; j'ai découpé le rabat en plastique de mon sac de voyage pour que personne ne puisse m'accuser de prendre subrepticement des photos ; j'ai pris quelques vues de la frontière et de Sue, puis elle m'a photographié assis sur le lit : pour un homme détenu au secret, j'étais presque pimpant avec mes bottes, mon pantalon de toile, ma chemise blanche et mon chapeau à la Indiana Jones. Si je restais coincé en Chine, ma photo sortirait peut-être du pays.

Maintenant que j'étais seul avec Sue, je me rendais compte de la situation. Toute la journée, j'avais bluffé mais je devais à présent voir la réalité en face : j'étais entre leurs mains.

J'étais inquiet parce que je n'avais pas téléphoné chez moi depuis Almaty, il y avait de cela plus d'une semaine. Je devais en principe appeler tous les deux ou trois jours, faute de quoi Jeff Fiedler, qui travaille avec moi à Washington, réagirait d'urgence.

J'étais inquiet pour Ching Lee, la femme douce et intelligente que des connaissances communes m'avaient fait rencontrer à Taipei quelques années plus tôt. Comme sa vie avait changé ! Elle était passée d'un bureau de Taiwan à une maison de Californie, elle avait tenté sa chance en Chine. Je la savais forte, mais je me sentais coupable de l'avoir mêlée à tout cela. Et surtout, elle me manquait terriblement. Après deux mariages ratés en Chine, je n'aurais jamais cru pouvoir aimer une femme comme j'aime Ching Lee. Je ne supportais pas d'être séparé d'elle. Mon cœur a fait la même chose qu'autrefois dans les camps : il s'est fermé. Je savais que, si je pensais à Ching Lee, je serais distrait, faible, je m'accrocherais à la vie, je m'excuserais, j'avouerais, je ramperais devant mes bourreaux. Je ne voulais pas renoncer à mes principes pour survivre.

Je me suis donc forcé à ne plus voir le visage de Ching Lee, à ne plus penser à elle. Sinon, je ne m'en sortirais pas vivant.

Le lendemain matin, nous avons demandé à faire une petite promenade devant l'hôtel, juste pour nous dégourdir les jambes. Au coin de la rue, nous avons avisé une boutique dans laquelle on nous a laissés entrer acheter des foulards et autres cadeaux. Je cherchais à aller un peu partout, à regarder autour de moi, à bavarder avec tout le monde. On ne sait jamais ce qu'on peut dénicher.

Remarquant dans la boutique une pancarte « Service téléphonique international », j'ai pris l'information au mot et j'ai voulu appeler mon ambassade.

– S'il vous plaît, a répondu le policier. Essayez de comprendre ma situation. C'est mon travail. J'ai des ordres. Je ne peux rien faire.

Nous sommes remontés déjeuner et Sue leur a rappelé leur promesse de nous laisser joindre notre ambassade. Comme ils lui donnaient de nouveau une réponse vague, elle s'est penchée vers moi pour murmurer :

– Je tente le coup.

Échappant aux Chinois, elle a descendu quatre à quatre l'escalier. Les gardes postés dehors ne s'attendaient pas à voir une grande Américaine rousse surgir par la porte, et Sue est parvenue à franchir les grilles, à faire la moitié du chemin jusqu'à la cabine téléphonique avant qu'un jeune policier en civil ne s'empare d'elle.

– Au secours ! Au secours ! On m'attaque ! a-t-elle glapi.

Des passants se sont retournés pour regarder la scène. Embarrassé, le policier a essayé de la ramener à l'hôtel, mais Sue a sorti de son sac une bouteille d'eau minérale qu'elle a empoignée par le goulot pour marteler le crâne du pauvre jeune homme.

Décidant d'exploiter la situation, je me suis précipité vers les autres policiers.

– Mais qu'est-ce qu'il fait ? C'est un hooligan ! ai-je protesté.

Ils m'ont expliqué que c'était un de leurs collègues.

– Il n'est pas en uniforme ! Il n'a pas montré son insigne.

Je cherchais simplement à savoir jusqu'où nous pouvions aller. Si je n'avais été qu'un Chinois quelconque recherché par la police, on m'aurait déjà conduit dans une pièce isolée pour me cuisiner en m'appliquant des électrodes sur le corps. J'avais vécu cela. Je savais de quoi ces brutes étaient capables. Nos passeports américains nous protégeaient d'un passage à tabac – du moins, pour le moment.

Finalement, Sue a cessé de frapper le jeune policier et a laissé les autres nous ramener à l'hôtel.

– J'ai fait une erreur, m'a-t-elle avoué. Je l'ai regardé dans les yeux : ce n'est qu'un gosse. Il était éberlué.

À 15 heures, on nous a emmenés rencontrer le général Luo Yue, chef des services de sécurité pour la région, qui venait d'arriver d'Urumqi. Son ton suave n'a pas impressionné Sue, qui a déclaré tout de go :

– Je veux parler à mon consulat. Vous n'avez pas le droit de me retenir prisonnière. Je suis citoyenne américaine. J'ai voulu téléphoner et ils m'en ont empêchée. Selon le droit international, vous devez me relâcher.

Luo a répondu qu'il essaierait de trouver une solution, et Sue lui a lancé un regard furibond. Croisant les jambes, elle a dirigé la pointe d'une de ses bottes vers le général.

– Quelle impolitesse ! s'est exclamée l'ennemie jurée de Sue, la traductrice, qui a expliqué qu'en Chine, c'est une injure grave de pointer sa chaussure vers quelqu'un, en particulier un personnage de haut rang.

– Je ne suis pas chinoise, et je serais plus polie si vous étiez moins menteurs, a riposté Sue.

Luo s'est tourné vers moi.

– J'ai reçu des informations de Pékin vous accusant de vous être introduit plusieurs fois en Chine sous une fausse identité.

– Je n'ai jamais utilisé de faux documents. Je suis un citoyen américain naturalisé appelé Peter Wu. C'est mon vrai nom. Si j'avais voulu de faux papiers, je m'en serais procuré facilement. Mon visa d'entrée de l'année dernière est sur mon passeport. J'aurais pu en changer mais je ne l'ai pas fait. Votre consulat de Houston m'ayant accordé un visa, je me croyais le bienvenu, j'ai décidé de revenir.

– Vous ne saviez pas que vous étiez sur la liste des quarante-neuf ? m'a demandé Luo.

– Si, mais votre propre gouvernement n'a jamais admis l'existence de ce document.

– En tout cas, votre nom y figure, m'a assuré Luo. Pourquoi êtes-vous revenu ?

– J'entends dire sans cesse que la Chine a changé. Vous m'aviez peut-être mis sur la liste noire il y a deux ou trois ans, mais récemment, j'ai obtenu un visa, et j'en ai conclu que j'étais autorisé à revenir. Pourquoi m'accorder un visa pour vous comporter ensuite de cette façon ? En 1957, j'ai été taxé de « contre-révolutionnaire de droite » et condamné. Vingt-deux ans plus tard, votre gouvernement s'est excusé et m'a réhabilité. J'en avais conclu que les choses avaient changé.

– D'accord, d'accord, je ne veux pas discuter. Essayez de comprendre ma position. Je ne fais qu'exécuter les ordres de Pékin. Je ne peux pas vous remettre en liberté. Je serai franc avec vous : vous tombez au mauvais moment.

– Qu'est-ce que vous racontez ?

– Vous ne savez pas que notre ambassadeur a été rappelé de Washington ?

– Désolé, j'étais au Kazakhstan. Je n'ai pas entendu la nouvelle.

Je savais la Chine furieuse que les États-Unis aient laissé Lee Teng-hui, le président taiwanais, se rendre à une réunion d'anciens étudiants à l'université Cornell, mais j'ignorais que les rapports entre les deux pays s'étaient tendus à ce point. Et voilà que les Chinois mettaient opportunément la main sur l'une de leurs bêtes noires. Une aubaine.

Luo s'est soudain inquiété :

– Si vous écrivez un bouquin en rentrant, ne citez pas mon nom. Tout ça, c'est entre nous.

– Je ne parlerai pas de vous, ai-je promis.

Je promets beaucoup à ces gens-là, cela fait partie du jeu.

De retour dans notre chambre, Sue et moi avons discuté de sa tactique. Je comprenais son idée de jouer le duo bon flic-mauvais flic mais il fallait aussi laisser du champ à la négociation, pour qu'ils ne perdent pas la face. Cela peut sembler être un cliché mais, pour les Chinois, sauver la face est capital.

Sue a estimé que c'était très bien pour moi mais qu'en ce qui la concernait, elle entamait une grève de la faim.

Elle a sauté le déjeuner pendant que, de mon côté, jouant l'innocent, je réclamais une fois de plus de téléphoner à mon ambassade. Ils ont répondu qu'ils s'en occupaient.

Le soir, Sue et moi avons veillé tard. Nous n'avions pas le choix : il fait toujours clair très tard dans l'ouest de la Chine parce que le président Mao a tenu à ce que tout le pays soit à l'heure de Pékin, centre de l'univers. Le grand arbitre, le seul Chinois autorisé à penser, avait voulu que l'ensemble de la population vive à la même heure que lui, alors qu'il n'avait pas d'horaire, qu'il dormait et se levait quand il en avait envie, qu'il mangeait, forniquait, donnait des conférences et prononçait des condamnations à mort lorsque cela lui chantait. Notre président nous avait quittés depuis dix-huit ans mais son système de zone d'heure officielle unique subsistait. Comme nous étions l'un des jours les plus longs de l'année, nous avons regardé le soleil se coucher vers minuit en discutant de notre situation.

Les choses finiraient par se gâter, nous en étions d'accord. J'avais déjà affronté la mort, j'avais connu des moments, au camp, où j'avais bien cru qu'on me ferait sauter la cervelle, et la plupart de mes amis étaient morts jeunes. Je pouvais accepter de mourir à cinquante-huit ans.

– La mort n'est pas ce qui peut arriver de pire, ai-je lancé.

– Une balle dans le crâne est une façon exquise de s'en aller, est convenue Sue. J'ai vu des membres de ma famille atteints de cancer mourir dans d'atroces souffrances. Je choisis la balle.

C'est sur cette note morbide que s'est achevée notre seconde journée de captivité.

Sue en était à son deuxième jour de grève de la faim. Comme elle est mince et mange peu, je savais qu'elle pouvait tenir longtemps rien qu'avec de l'eau. Étendue sur le lit, elle avait l'air plus mal en point qu'elle ne l'était réellement.

Pendant ce temps, je bavardais avec nos geôliers, j'allais me promener avec eux, dans les couloirs, dehors. Je m'efforçais de rester en phase avec la Chine contemporaine, pour savoir quels choix s'offraient à moi.

J'ai entamé une conversation avec Ho, l'inspecteur à trois étoiles, sur le sort qui nous attendait, et il m'a retourné la question : que nous arriverait-il, selon moi ? J'ai répondu qu'on me garderait et qu'on relâcherait Sue. Je lui ai demandé combien coûterait un taxi d'Horgas à Almaty, il m'a dit cent dollars environ. Ce soir-là, je glisserais à Sue cent dollars de plus en lui recommandant de les cacher dans sa ceinture à documents.

Les Chinois sont venus à la chambre inviter personnellement Sue à dîner mais elle a décliné leur offre. Après le repas, j'ai souhaité prendre l'air et ils ont accepté. Je me suis d'abord écarté de la frontière puis m'en suis rapproché d'un pas nonchalant, toujours flanqué de deux policiers. Mes yeux ne m'avaient pas trompé. Le grillage ne faisait que cinq cents mètres de long ; au-delà, il n'y avait que des gravats, un espace découvert – le *no man's land*. En quelques minutes, on pouvait contourner l'obstacle et courir vers le Kazakhstan – à condition de ne pas recevoir une balle dans le dos.

De retour à la chambre, j'ai prévenu Sue que je m'échapperais pendant la nuit.

– Tu es sûr ?

– Tu ne les intéresses pas, c'est seulement moi qu'ils veulent. Ils te laisseront repartir. Occupe-toi de mes bagages. Il n'y a rien qui mérite d'être gardé. J'emporte un peu d'argent. Prends la caméra ou jette-la. Dès que tu seras à Almaty, appelle Ching Lee.

Je ne supportais pas d'être enfermé par ces gens. Ils m'avaient déjà volé une trop grande partie de ma vie. J'ai attendu que Sue soit endormie, j'ai pris notre bouteille Thermos et j'ai ouvert la porte, comme si j'allais me ravitailler à la théière qu'on gardait au chaud jour et nuit sur le palier.

Le couloir était silencieux. La porte de la chambre des deux femmes policières était close. Trois hommes étaient censés se relayer pour monter la garde, mais celui qui était assis sur une chaise devant ma porte dormait à poings fermés. J'ai secoué ma bouteille sous son nez, pour plus de sûreté. Pas de réaction.

Je suis allé jusqu'à l'ascenseur, où la gardienne était assise dans la journée. Personne. N'osant pas prendre l'ascenseur, j'ai descendu les six étages à pied sans rien entendre. Je me suis glissé dehors, dans le parking. Toujours personne. Il y avait une grille assez basse pour que je puisse passer par-dessus. Ce serait aussi facile ?

Pendant dix ou quinze minutes, je suis resté dans l'ombre et j'ai réfléchi. Tout ce que j'avais à faire, c'était franchir quelques centaines de mètres jusqu'au grillage et me mettre a courir. Il n'y avait pas d'arbres, aucun abri – un risque à prendre. Mais n'était-ce pas un coup monté pour pouvoir me tirer dans le dos ? Ce serait la meilleure solution pour eux, et je ne voulais pas leur donner cette satisfaction.

J'ai pensé à Sue Howell restée dans la chambre, je me suis rappelé mes responsabilités envers elle, mes beaux discours sur le fait que j'étais le général et elle le lieutenant. Allais-je la laisser aux mains de l'Armée populaire de libération ?

Je ne le pouvais pas. J'avais appris une chose à l'école catholique : le capitaine est toujours le dernier à quitter le navire en cas de naufrage. J'ai repris ma bouteille Thermos et je suis remonté à ma chambre. Le garde dormait toujours sur sa chaise.

À son réveil, Sue tremblait de manque de nourriture et j'ai prévenu nos gardiens que je commençais à m'inquiéter pour sa santé. Ils ont fait venir un médecin chinois qui a tenté de l'examiner avec beaucoup d'égards.

– Ne me touchez pas ! a-t-elle hurlé. Il veut me tuer !

Le pauvre homme était dérouté, mais du moins avait-elle assez d'énergie pour crier. Les Chinois ont demandé au docteur de rester de l'autre côté du couloir jusqu'à ce qu'ils règlent le problème.

L'après-midi, je me sentais si tendu que j'arpentais la chambre en discourant et en faisant de grands gestes.

– Harry, laisse-les t'emmener dehors pour que tu dépenses un peu de ton trop-plein d'énergie en marchant, m'a conseillé Sue.

Les gardes ont exaucé mon désir en me conduisant dehors, où j'ai fait un moment les cent pas avant de remarquer une Jeep Cherokee garée devant le bâtiment. Il devait se passer quelque chose. M'approchant d'un pas nonchalant, j'ai découvert plusieurs policiers qui feuilletaient un manuel rédigé en anglais, ce qui ne leur servait absolument à rien. J'ai proposé mes services et, à ma grande surprise, ils m'ont laissé me glisser au volant. Je leur ai montré comment faire fonctionner tous les perfectionnements qu'on ne trouve pas sur une voiture chinoise – conduite en 4 x 4, système de freins automatique. J'ai constaté avec soulagement que le véhicule était équipé de la climatisation. Pas besoin d'être un génie pour savoir que cette jeep m'était destinée : on m'emmenait faire un tour à la campagne.

À mon retour, je me sentais plus calme.

– Ils préparent quelque chose, ai-je dit. Ils vont nous séparer, c'est ça.

– Je veux rester avec toi. Je suis responsable de ta sécurité. S'ils ne te relâchent pas, je reste ici et je proteste. Nous sommes associés.

– Sue, tu ne comprends pas : l'essentiel, c'est que tu sortes d'ici pour prévenir le Département d'État et ma famille que je me suis fait pincer.

Je ne voulais pas lui rappeler la raison de sa présence – elle jouait le rôle de soupape de sécurité. Les Chinois n'oseraient pas tuer une Américaine de naissance, ils l'expulseraient et, si elle sortait du pays, la nouvelle de ma captivité aussi.

J'ai écrit une lettre à Ching Lee pour lui rappeler que je l'aimais. Je lui ai dit que je n'avais pas peur de mourir en Chine parce que c'était mon pays natal, que mon père et mes deux mères y étaient enterrés. J'ai ajouté diverses instructions destinées à elle et à Jeff, quelques noms et numéros de téléphone à joindre, ce qui était un peu risqué. Au début, Sue a hésité à prendre la lettre, mais j'ai insisté.

– Promets-moi de remettre ma lettre, ai-je demandé à Sue, avant de revoir avec elle les derniers détails. Demain, ils te renverront au Kazakhstan. Ils te feront peut-être marcher quelques kilomètres à la frontière. Ils te fouilleront, bien que, légalement, ils n'y soient pas autorisés. Défends tes droits.

» Tu as une longue journée devant toi. Il faut que tu manges. Prends les sardines et les crackers, ils ne le sauront pas. Reprends des forces à leur insu.

Tandis que Sue avalait une boîte entière, j'ai rassemblé des berlingots de shampooing, des sachets de thé, des peignes en plastique et des cendriers portant le nom et le numéro de téléphone de l'hôtel. Je lui ai aussi donné la pellicule avec laquelle j'avais pris subrepticement une photo du général Luo. J'ai recommandé à Sue de placer les « souvenirs » de l'hôtel et le rouleau dans sa valise, au milieu de ses dessous, en espérant que les Chinois auraient trop de pudeur pour aller fouiller là.

J'ai sombré dans le sommeil. J'ai cette capacité de pouvoir dormir n'importe quand, n'importe où. Pendant toutes ces années de longues heures éreintantes au camp de travail, conscient que, si je m'assoupissais un instant, je risquais de recevoir un coup de crosse, je rêvais de connaître le luxe d'une petite sieste, et maintenant, je peux m'endormir en quinze secondes. Pour rattraper le temps perdu. Et cependant, je suis toujours en éveil, je perçois ce qui se passe.

Cette nuit-là, j'ai entendu des coups de klaxon dans le parking, en bas, des grilles qu'on ouvrait et refermait.

J'ai bondi hors du lit, je suis allé à la fenêtre et j'ai vu des véhicules en mouvement. Après avoir fait un moment les cent pas dans la chambre, je me suis approché du lit de Sue sur la pointe des pieds.

– Ils se préparent, ai-je murmuré.

Juste avant le petit déjeuner, un garde est venu m'avertir que Luo voulait me voir.

– Je reviens dans cinq minutes, ai-je dit à Sue.

À peine étais-je sorti que Sue a entendu frapper à la porte. Quatre gardes sont entrés dans la pièce, vociférant et gesticulant, plus agressifs que quiconque l'avait été jusqu'ici. Sue a attribué cette brutalité à son ennemie jurée, la traductrice, qui supervisait l'opération. Ils l'ont forcée à faire deux tas – ses affaires et les miennes.

Ils lui ont fait sortir tout ce qu'elle avait dans son sac à main et sa valise. Sue leur agitait ses dessous sous le nez avec l'espoir de les gêner mais ils ont diligemment poursuivi leur fouille et ont mis la main sur presque tous les « souvenirs » de l'hôtel. Sue a refusé de quitter la pièce sans ses affaires, elle a également refusé de les laisser toucher à la pochette qu'elle portait autour du cou, aux documents glissés dans sa ceinture. Elle les a ainsi empêchés de trouver les cent dollars qu'elle avait fourrés tout au fond. Elle a su leur résister mais n'a pu les convaincre de la laisser me dire adieu. Sue aurait voulu donner l'argent qui lui restait à Mr. Ho, pour qu'il achète un cadeau à son enfant, mais il n'était pas en vue. Sans doute lui avait-on retiré l'affaire parce qu'il se montrait trop clément.

Une heure plus tard, les Chinois l'ont déposée à la frontière, d'où elle a dû se débrouiller pour se faire conduire à Almaty en taxi. Ils ne lui avaient vraiment pas fait de cadeau en la laissant à la merci de ces truands de chauffeurs de taxi kazakhs, mais Sue a fini par trouver un gentleman qui l'a amenée sans problème à destination.

Sue n'avait qu'une préoccupation en tête – prévenir que l'on m'avait embarqué, mais elle a découvert que le Département d'État avait déjà été informé que l'on m'emmenait dans l'intérieur du pays. Sa frustration s'est transformée en rage quand elle a appris que les merveilleux employés de la Lufthansa ne voulaient pas la laisser utiliser son billet excursion à une date antérieure à celle prévue pour le retour à Francfort. Elle a expliqué qu'elle venait d'être expulsée de Chine, qu'elle n'y pouvait rien. Toutes les compagnies aériennes font des exceptions en cas d'urgence ou de difficultés personnelles, mais la Lufthansa lui a demandé deux mille deux cents dollars pour lui faire quitter Almaty.

« Ça a été l'une des expériences les plus pénibles de ma vie, déclarerait Sue quelques mois plus tard. Je voulais rassembler des informations, venir en aide au peuple chinois. Quand on m'a ramenée à la frontière, je me suis sentie inutile. Je ne voulais pas passer pour une ratée. »

Je ne suis pas très fort pour les discours compatissants, surtout en anglais, mais j'espère que Sue Howell sait tout ce que nous lui devons, Ching Lee et moi. Pendant ces quelques journées à la frontière, elle a fait tout ce qu'elle a pu. Je sais que sa contribution aurait été bien plus grande si nous avions effectué un long voyage en Chine, mais à présent, je me retrouvais seul.

Pendant cinq jours, j'avais espéré que les Chinois me prendraient par le fond du pantalon, comme un personnage de dessin animé, qu'ils m'expédieraient de l'autre côté de la frontière, ma valise volant dans mon sillage, et qu'ils se frotteraient les mains en disant : « Ne remets plus jamais les pieds ici. » Ce n'est pas arrivé. Ils avaient autre chose en tête pour moi.

4

Comment on fait un dissident

J'ai peut-être toujours été un fauteur de troubles. Quand j'étais à l'école primaire, à Shanghai, je me plaisais à taquiner les maîtres pour les maintenir en forme. Un jour notre instituteur – un homme remarquable – nous invita à aller dehors et à rapporter une plante ; il nous dirait quelque chose de particulier sur chacune d'elles. Tous les autres élèves s'exécutèrent mais moi, je glissai soigneusement la tige d'une plante au milieu des feuilles d'une autre.

Le maître décrivit chaque plante, arriva à la mienne.

– Hmm, fit-il, il faut que je regarde celle-là de plus près.

Au bout d'un moment, il demanda à la classe qui l'avait rapportée. Je levai la main. Il me fit venir devant son bureau, déclara qu'il ne fallait jamais truquer en matière de science et, pour bien se faire comprendre, il m'assena douze coups de règle sur la paume gauche.

Ce fut encore pire à la maison. Mon père était un homme d'affaires sévère, typiquement chinois. Quand il s'absentait pour le dîner, tous les enfants et ma belle-mère plaisantaient et chahutaient, mais lorsqu'il était là, nous restions à nos places et nous mangions en silence, les mains sur la table. Un Chinois bien élevé ne mange jamais avec une main sur le giron.

Je ne pouvais cependant pas montrer ma main gauche à cause des coups reçus en classe.

– Pourquoi caches-tu ta main ? interrogea mon père. Fais-moi voir.

Je levai ma paume meurtrie et, quand j'expliquai le motif de la punition, il rétablit l'équilibre en me cinglant douze fois l'autre main.

En Chine, les relations ne se placent jamais sur un plan d'égalité. En Amérique, un fils appelle son père « papa », ou l'appelle même par son prénom, mais en Chine, tout est formel. Maître, serviteur, mari, femme, enfant – chacun a une place bien définie. Cette mentalité, vieille d'un millénaire, a aussi façonné notre culture politique.

Mon père, Wu Pao-Yi, ne parlait pas de lui à ses enfants et s'attendait qu'ils l'imitent. Nous savions qu'il était cadre dans une banque et dirigeait sa propre fabrique de fil à tricoter mais nous n'avions aucune idée des biens qu'il possédait, de ce qu'il faisait exactement, de l'argent que nous avions. Né dans une modeste famille de propriétaires terriens de Wuxi, il avait été envoyé à Shanghai dans une école chrétienne, fréquentée par des Occidentaux. Il était très strict sur le rôle des garçons : « Votre tâche consiste à suivre de bonnes études. À devenir des intellectuels. Et surtout, ne vous mêlez pas de politique. »

Il nous apprit surtout à tenir bon. Un jour que j'étais rentré en larmes à la maison, après une bagarre avec deux autres garçons, il me regarda et dit : « Ne pleure jamais. Et ne cède jamais. » Comme tous les enfants, je désirais la considération paternelle et, si c'était le moyen de l'obtenir, je fis le serment de ne jamais pleurer. De ne jamais renoncer.

Je suis né le 8 février 1937, juste avant que les Japonais n'envahissent le nord de la Chine et n'installent un gouvernement fantoche en Mandchourie. Dans les premiers mois de mon existence, des milliers de Shanghaiens riches fuirent leur ville devant la progression des troupes japonaises.

Ma vraie mère, Kuo Zhong Ying, mourut en 1942. Je ne me souviens pas très bien d'elle, et les circonstances de sa mort demeurent floues pour moi. Nous n'avions pas tellement de famille mais un de mes cousins me raconta un jour que mes parents s'étaient querellés et que ma mère s'était peut-être suicidée. Je n'ai jamais pu me résoudre à poser la question à mon père parce qu'il était trop sévère, trop distant.

La tradition chinoise veut qu'on enterre les morts dans leur province natale, mais avec une triple guerre entre les Japonais, les communistes et le Kuomintang, le gouvernement au pouvoir, nous ne pouvions ramener ma mère à Wuxi. Mon père fit mettre le corps dans un cercueil en bois et dépensa beaucoup d'argent pour le garder à l'abri jusqu'à ce qu'on puisse l'emmener là-bas.

Moins d'un an plus tard, il nous annonça brutalement qu'il se remarierait. Il nous fit assister à la cérémonie, et nous attendions le pire de notre belle-mère, mais Chen Ren Tai nous sourit, nous prit dans ses bras et fit voler en éclats l'image terrible de la marâtre froide, lointaine, égoïste, que nous nous étions forgée.

Nous en apprîmes davantage sur notre nouvelle mère le 5 avril, jour où tous les Chinois commémorent leurs ancêtres. Bien que mon père eût adopté un mode de vie occidental, il ne négligeait pas les rites bouddhistes et confucéens : bols de nourriture disposés sur une longue table, bougies allumées, encens. Trois fois il versa du vin à tout le monde et trois fois toute la famille s'inclina cérémonieusement, d'abord mon père, puis mon frère aîné, puis moi, ma sœur aînée, et ensuite les petits. Tous silencieux et graves.

Personne n'aurait reproché à ma belle-mère de se tenir à l'écart d'une cérémonie en l'honneur d'une première épouse défunte, mais au lieu de se trouver quelque chose d'autre à faire dans la maison, elle vint s'incliner elle aussi devant la statue. Elle rendit même hommage au cercueil de ma mère. Chaque année, les hommes de la famille sont censés repeindre les cercueils des disparus mais mon père était toujours très pris par son travail et nous n'osions pas lui demander de nous accompagner. Ma belle-mère fit venir un pousse-pousse et emmena les deux garçons au cimetière. Je nous vois encore – Chen Ren Tai portant le pot de peinture et les pinceaux d'une main, tenant ma menotte de l'autre, et mon frère aîné, Hong Yu, qui marchait à côté d'elle, agrippé à sa robe.

Devant la tombe, elle ouvrit le pot de peinture, mit un pinceau dans la petite main de mon frère puis referma la sienne dessus et le guida tandis qu'il étalait soigneusement la peinture. Puis ce fut mon tour, jusqu'à ce que le rite fût terminé – les mains délicates d'une femme de la classe supérieure repeignant le cercueil de celle qui l'avait précédée.

En 1945, les Occidentaux nous aidèrent à nous libérer des Japonais, et bien que la guerre civile se poursuivît, l'ordre ancien semblait rétabli dans une certaine mesure. Nous portâmes le cercueil de ma mère à Wuxi, où elle fut enterrée.

Ma belle-mère m'apprit à aimer et à respecter les autres. Elle ramena le bonheur dans notre maison, qui compta bientôt quatre garçons et quatre filles. J'aurais voulu lui épargner les souffrances et la peur que ma vie ferait connaître à ma famille.

En 1948, quand j'eus onze ans, mon père m'envoya à l'école Saint-François, où la plupart des professeurs étaient des prêtres italiens. Mon préféré était le père Capolito, qui enseignait les sciences et m'emmenait en excursion le week-end, avec un panier de pique-nique, mais sans jamais cesser de me faire apprendre des choses. L'ecclésiastique italien devint un autre père pour moi. Je n'oublierai jamais qu'il posait sa grosse main chaude sur ma tête quand nous marchions ensemble dans le jardin. Il avait des traits fortement occidentaux : lèvres épaisses, crâne chauve ceint d'une couronne de cheveux argent, grands yeux ronds, gros nez.

En Chine, les masques anciens effrayants ont toujours de grands yeux ronds, à l'occidentale, mais le père Capolito et les autres prêtres incarnaient ce qu'un être humain doit être : fort, gentil, fier, loyal. Ces influences chrétiennes marquées dans ma famille me singularisèrent à une époque où il ne faisait pas bon être différent. Quand on apprend à défendre sa foi, on apprend aussi à poser des questions, à être intelligent, obstiné, logique.

Baptisé catholique romain, je chantais les cantiques et j'assistais à la messe, je récitais le bénédicité avant les repas à l'école mais je ne disais jamais mes prières à la maison parce que mon père était resté bouddhiste. Bien des années plus tard, j'osai lui demander pourquoi, ayant fait ses études dans une université chrétienne, il n'était pas devenu chrétien. « Il fallait un moyen d'honorer la mémoire de ta mère, me répondit-il, et le bouddhisme en est un. »

J'ai suivi la leçon de mon père. J'ai tourné les yeux vers l'Occident, sans jamais renoncer au style, au cérémonial, à la tradition, au respect du bouddhisme. Le bouddhisme n'exige pas une allégeance totale, c'est une philosophie. Il admet la coexistence. Et cependant, je suis devenu chrétien dans une partie de mon cœur. Le christianisme a ses martyrs – des hommes et des femmes cloués sur une croix, les flancs percés de flèches, la langue coupée, parce qu'ils refusaient de renoncer à leur foi. Jésus-Christ, avec sa couronne d'épines, fut un martyr.

Pendant ma détention de 1995, James R. Lilley, ancien ambassadeur américain en Chine, a déclaré à la télévision : « Les États-Unis doivent régler l'affaire Harry Wu » – comme si j'étais un dossier de carton et non un être humain. « Il a le complexe du martyr, dans la vraie tradition chinoise », a-t-il ajouté.

Facile à dire. Est-ce que je respecte les martyrs chrétiens parce qu'ils n'ont pas renoncé à leurs principes ? Oui, bien sûr. Est-ce que j'ai cherché à être un martyr moi-même ? Jamais. Mon instinct m'a toujours soufflé de survivre. Mes maîtres, ces prêtres italiens pleins de fierté, étaient pour moi l'illustration que la nature humaine consiste à rester vivant. C'est dans la nature humaine d'aimer et d'être aimé. Cela va au-delà de la religion. Les êtres humains ne sont pas des animaux, on doit les traiter avec respect. C'est ce que j'ai appris quand j'étais jeune.

À l'université, je suis devenu un scientifique ; j'ai étudié Darwin, l'évolution, la formation de la Terre, les fossiles, les dinosaures, l'apparition de l'homme. Je crois que Dieu a créé le monde non pas en six jours, comme le dit la Bible, mais à travers une longue évolution. Mes principes scientifiques vont à l'encontre des dogmes religieux mais je crois néanmoins qu'il y a quelque chose dans la religion. Et si le christianisme n'a peut-être pas été ma foi au niveau du dogme, il l'est d'un point de vue moral et philosophique. Le sentiment que les êtres humains sont liés à un dieu, que nous devons nous traiter mutuellement comme les enfants de Dieu, devait me soutenir dans les années terribles qui m'attendaient.

Nous vivions dans le même immeuble qu'un grand nombre d'étrangers – italiens, français, espagnols – et il devint à la mode pour les Chinois privilégiés comme nous de prendre un nom occidental. À ma naissance, on m'avait appelé Wu Hongda, mais j'étais devenu Harry, et mon frère Henry. Les Chinois ont du mal à prononcer le « r » occidental et, quand un ami téléphonait pour demander à Harry de venir jouer, on lui passait Henry. Ma sœur aînée, Han Lian, prit une décision : « L'un de vous doit changer de nom. » Elle mit un morceau de papier dans l'une de ses mains, derrière son dos, et me demanda d'en choisir une. Je gagnai et elle m'annonça : « OK, Peter. » Je n'utilisais pas vraiment ce prénom, mais c'était une identité supplémentaire – Pierre, la pierre de l'Église du Christ.

Mon père ayant suivi un solide enseignement littéraire à l'université St. John de Shanghai, je baignais dans les classiques occidentaux. Une de mes premières lectures fut celle des *Misérables*, que je lus d'abord en chinois puis en anglais. Bien qu'appartenant à une famille aisée, je me sentais uni à Jean Valjean, envoyé au bagne pour avoir volé un pain. Malgré le bien qu'il fit plus tard autour de lui, il savait qu'au regard de la loi française, il resterait toujours un criminel. Enfant, je ne me doutais pas que mon amour pour ce livre me vaudrait d'avoir le bras cassé pendant la Révolution culturelle.

À dix-sept ans, je lus en anglais une édition de poche du *Moby Dick* de Melville. Pour la plupart des gens, Achab est fou, mais moi, j'aimais beaucoup ce personnage. À ceux qui font observer que sa folie l'entraîne dans la mort, je réponds que la baleine blanche meurt, elle aussi. Je ne suis pas Achab mais j'admire ce qu'il a fait. Moi, c'est la baleine blanche du communisme que je poursuis.

Autre roman dont je garde le souvenir, *Le Vieil Homme et la Mer*, d'Hemingway. Je ne me lasse pas de lire comment le vieux pêcheur lutte contre l'énorme poisson au péril de sa vie. Il y a dans ce livre deux phrases que j'aime particulièrement : « L'homme n'est pas fait pour la défaite », et : « Un homme peut être anéanti mais pas vaincu. »

Ce que j'ai vécu n'aurait pu arriver qu'à Shanghai, la plus occidentalisée des villes chinoises – riche, dangereuse, corrompue, belle, mystérieuse. La Shanghai des années 30 était l'endroit où l'on allait pour les affaires, la culture et le plaisir – les plus grands cuisiniers, les joailliers et les tailleurs célèbres, le jeu, l'opium, les femmes. Les Britanniques avaient bâti des quartiers chic près de taudis sordides, ils avaient fait venir d'Inde des Sikhs barbus et enturbannés pour régler la circulation. Des Occidentaux conduisaient des taxis, enseignaient dans les écoles, dansaient dans les cabarets. C'était une ville ouverte.

Shanghai était aussi le centre d'un nouveau sport exotique appelé base-ball. Les soldats américains avaient apporté ce jeu à Shanghai et Guangzhou, tandis que les Japonais l'introduisaient en Mandchourie et à Pékin. Je commençai à jouer au base-ball à l'école catholique, quand j'avais onze ans, et les élèves plus âgés reléguaient toujours le mioche à lunettes que j'étais dans le champ droit – toujours la dernière position à remplir. Mais, peu à peu, je fis la preuve de mes talents de sportif et je fus transféré à l'intra-champ, au cœur de l'action. J'aimais le base-ball parce qu'il fallait être malin, réfléchir, faire preuve de souplesse. J'aimais les mots anglais que nous utilisions : *double play, home run, base on balls*.

Quand les communistes prirent le pouvoir, en 1949, ils ne touchèrent pas au base-ball pendant longtemps. Au lieu de jouer pour une école privée, on jouait pour l'État, mais cela ne me dérangeait pas. Plus ils contrôlaient notre existence, plus je me passionnais pour le base-ball. Sur le terrain, ils ne pouvaient pas nous embêter. Les règles demeuraient les mêmes. Trois coups de batte. Quatre balles. En 1954, je devins capitaine de l'équipe du lycée. Au base-ball, il faut toujours se sacrifier. J'appris la leçon du sport : ne jamais abandonner, ne jamais penser qu'on a perdu, toujours persévérer. On peut être mené de cinq points et remporter quand même le match. J'avais horreur des chamailleries internes entre joueurs. À cette époque, j'avais vraiment l'esprit d'équipe.

À l'université, j'eus même droit à ma photo dans *People's Monthly*, le *Life* de ces années-là. Fier de mon corps, fort mentalement, je me battais pour vaincre.

En 1949, quand j'avais douze ans, le Kuomintang se réfugia à Taiwan et les communistes s'emparèrent de la Chine, avec le soutien de la majorité de la population. Juste un nouvel épisode de l'histoire de Chinois tuant des Chinois au nom de la patrie. Le Kuomintang tuait les communistes, les propriétaires terriens tuaient les paysans, les révolutionnaires tuaient les gros propriétaires, les communistes tuaient les catholiques, les Tibétains, tous les opposants. Des Chinois tuant des Chinois.

Encore aujourd'hui, je pense que l'Amérique aurait pu aider davantage la Chine après la guerre, comme elle l'a fait pour l'Europe avec le plan Marshall. Fondamentalement, les Américains ont abandonné la Chine aux communistes, mais Mao n'a pas permis aux États-Unis de sauver la face. Depuis, un grand débat se poursuit en Amérique : « Qui a perdu la Chine ? » Des universitaires renommés comme John K. Fairbank, des hommes politiques comme Henry Kissinger adoptent ce point de vue : le communisme est mauvais dans la plupart des pays, mais peut-être pas si mauvais en Chine.

C'est nous qui avons dû vivre avec ce régime « pas si mauvais ». Le père Capolito et les autres prêtres rentrèrent en Italie ; un grand nombre de nos riches voisins emportèrent leur argent et emmenèrent leur famille à Hong-Kong, en Europe, aux Amériques, mais mon père refusa de partir. Il était chinois, disait-il, il s'adapterait à n'importe quel système.

En 1952, il ne revint pas à la maison pendant un mois mais nous ne posâmes pas de questions. Le soir de son retour, il expliqua à ma belle-mère que les communistes l'avaient interrogé dans son bureau et qu'il avait refusé de donner de fausses informations sur ses collègues. Il fut transféré dans une banque plus petite, avec un salaire d'ouvrier. Deux ans plus tard, il quitta la banque et enseigna paisiblement l'anglais dans une école de quartier.

Il s'efforça de rester un citoyen loyal, de devenir le communiste idéal, mais c'était presque chimiquement impossible. Ce qu'ils exigeaient de nous, nous ne pouvions le donner. Nous n'étions pas capables de faire semblant. Mon père était fier que j'étudie la géologie à Pékin ; il me mit en garde contre mon entêtement et me conseilla de me tenir à l'écart de la politique, comme si on avait le choix.

5

L'immense pays

– En route, m'a dit le général Luo. Nous avons ordre de vous emmener.
– Où ?
Il n'a pas répondu.
– Et la femme ?
– Nous la reconduirons au Kazakhstan.

J'étais inquiet pour Sue mais je ne pouvais plus rien faire pour elle à présent. Je suis monté dans une Jeep Cherokee flambant neuve. Une 4 x 4. Nous avons quitté la frontière et pris la direction de l'est. Les Chinois jouent fort bien à ce jeu : ils ont l'habitude de cacher leurs dissidents.

Trois fois j'étais retourné clandestinement en Chine avec des appareils photo et un bloc-notes ; trois fois j'avais rôdé aux abords des camps de travail et dressé la liste des atrocités commises dans plus d'un millier de ces camps, disséminés dans toute la Chine. Ils pouvaient m'enfermer n'importe où. Me ramener à la mine de charbon. Aux fermes. Mon vieil uniforme bleu m'attendait probablement.

« Vous êtes fasciné par nos camps de travail ? me dirait-on. Eh bien, nous vous offrons une visite guidée. Un camp par mois. Cela devrait satisfaire votre curiosité pour les quatre-vingts prochaines années. »

Je songeais à la façon dont ils entassaient les détenus en pleine nuit dans un wagon de chemin de fer, parce qu'il fallait ramasser les pommes de terre dans la province voisine. Poètes et paysans, enseignants et chauffeurs de camion, coolies chinois dans des camps chinois. Jamais il n'avait été dans mes intentions de me retrouver parmi eux.

Cette fois, nous avons roulé vers l'intérieur, à travers cet immense pays, si aride et nu dans cette région nord-ouest, sans presque aucune végétation. Entouré d'officiers et de gardes, j'avais l'impression grandiose de ne pas être un vil prisonnier conduit vers son destin, mais de traverser mon pays natal en voyageur de marque, dans une Jeep climatisée.

Je n'étais pas un détenu. J'étais le président Mao en personne, décidant sur un coup de tête de quitter Horgas dans la minute. Allons faire une balade en voiture. Mao se réveillait un matin à Pékin, déclarait qu'il devait absolument se rendre à Qingdao ou à Guangzhou. Quel que fût le programme prévu pour ce jour-là, si Mao avait envie d'inspecter un barrage, d'aller nager dans le Yang-tseu, ou d'éliminer un rival par une nouvelle purge, son entourage devait partir sur-le-champ. Conseillers, cuisiniers, médecins – personne n'avait le temps de préparer une valise ni de dire au revoir à sa famille. Cela signifiait aussi qu'il fallait toujours avoir du personnel en réserve pour les caprices du Grand Timonier, notamment les jeunes et jolies « assistantes » pour lesquelles il avait un penchant. Pour cette expédition, rien de tel. Juste une poignée d'officiers silencieux escortant un fauteur de troubles perdu à travers ce gigantesque pays.

On m'a conduit à Yining – à environ six heures d'Horgas – dans une résidence gouvernementale n'accueillant que de hauts dignitaires. Le général Luo et un officier plus jeune du nom de Chu ont partagé ma suite et j'ai fait de mon mieux pour les importuner.

– Où est mon ordre de détention ? ai-je demandé à Chu d'un ton ulcéré. Où est mon mandat d'arrestation ?

– Ne me posez pas de questions, d'accord ? Je ne suis qu'un modeste officier et vous êtes un cas très spécial.

– Je ne veux pas être spécial ! ai-je reparti. Ne me faites aucune faveur. Vous vous rappelez la Révolution culturelle, quand les Gardes rouges ont arrêté Liu Shaoqi ? Liu a brandi un exemplaire de la Constitution et leur a lancé : « Je ne suis pas un simple citoyen chinois, je suis le président de ce pays. Je suis protégé par la Constitution. » Vous vous en souvenez ? Mais les Gardes rouges l'ont bousculé quand même en disant : « Pas question. Tu es un cas spécial. Tu es l'ennemi du Parti. L'ennemi du président Mao. L'ennemi du pays. Nous pouvons faire ce que nous voulons. » Liu a été battu, limogé, et on l'a finalement laissé mourir de tuberculose. Tout le monde le sait. En 1980, Deng l'a réhabilité mais il était trop tard. Je ne veux pas être spécial. Cela signifie simplement que la Constitution n'a plus aucune valeur. Ce pays vit en dehors des lois.

Chu m'a regardé et m'a dit :

– Je n'ai pas le droit de discuter de ça. Je sais seulement que vous êtes spécial et je fais de mon mieux pour bien vous traiter.

J'ai scruté son visage. J'avais devant moi un être humain pris dans une situation délicate.

– Je vous en suis reconnaissant, ai-je répondu. Tenez, voici un cadeau pour vous.

Sachant qu'on ne m'avait confisqué aucune de mes affaires personnelles, j'ai plongé la main dans mon sac de voyage et lui ai donné un couteau suisse. Il a été ravi et m'a offert en échange un porte-clefs. Un type bien.

Sans explication, le matin du 24 juin, nous sommes montés à bord d'un petit avion à hélice de fabrication russe avec une vingtaine de civils. Nous avons atterri à Urumqi, capitale de la province du Xinjiang, vieille ville du désert qui doit son développement au pétrole et au camp de travail. J'y étais passé un an plus tôt avec Sue Lloyd-Roberts, correspondante de la BBC, et j'avais observé les rapports difficiles entre les autochtones ouïgours et les gens de l'extérieur, les colons, les autorités, les Hans, l'ethnie chinoise. Le Xinjiang est une colonie de la Chine – presque comme le Tibet – que les Chinois façonnent à leur image.

Cette fois, je n'ai même pas vu le centre. Nous sommes allés directement de l'aéroport aux faubourgs de la ville, et nous nous sommes installés à l'*Hôtel de l'Amitié*, établissement agréable mais désert, totalement vide, uniquement pour moi. On ne m'a pas passé les menottes, on n'a pas fouillé mon sac, on m'a traité comme un dignitaire en disgrâce. Afin de vérifier si ce traitement particulier s'accompagnait de certains privilèges, j'ai de nouveau écrit à Ching Lee et j'ai demandé au général Luo de poster la lettre.

– Vous ne m'avez pas arrêté, ai-je fait remarquer. Je voudrais que vous envoyiez cette lettre à ma femme.

Elle n'est jamais arrivée.

Devant ma porte, les gardes fumaient, buvaient, riaient et jouaient aux cartes. Ils ont essayé de m'apprendre le poker chinois mais, voyant que je ralentissais le jeu, je leur ai dit que je préférais lire. Aucun d'eux ne m'a posé de questions de nature politique, aucun ne m'a maltraité. Ils semblaient ne pas avoir la moindre idée de ma destination et se contentaient d'être mes baby-sitters. Le lendemain matin, Chu m'a dit adieu et je ne l'ai plus jamais revu.

On m'a ensuite conduit à la gare de chemin de fer d'Urumtsi, dont je gardais le souvenir après mon voyage de 1994 avec la journaliste de la BBC. Un an plus tôt, je n'étais qu'un voyageur anonyme ; à présent, j'étais un détenu au secret. Le général Luo m'a fait monter dans un compartiment privé, avec trois nouveaux gardiens, lui et deux autres s'installant dans le compartiment voisin. Plus tard, je me suis levé pour regarder par la fenêtre et aussi pour jeter un coup d'œil dans le compartiment voisin, où j'ai vu un des gardes ouvrir une lourde valise remplie de menottes et de fusils – au cas où l'honorable invité deviendrait turbulent – et une autre valise contenant mon argent et mes documents. Comme ils étaient tous en civil, personne dans le train ne remarquait qu'ils « escortaient » un hôte de marque.

Pourquoi un train ? Et où m'emmenait-on ? À Pékin, ai-je d'abord cru, mais je n'ai pas pu obtenir de réponse, et peut-être les gardes l'ignoraient-ils. N'allaient-ils pas me jeter du haut d'un pont, au milieu de nulle part ? Je me suis dit que, s'ils avaient voulu me tuer, ils auraient pu le faire à la frontière.

Le train était dans un état épouvantable – sale, délabré. Au début, j'ai regardé défiler le paysage de la Chine du Nord, mais au bout de quelques heures j'ai commencé à me lasser de voir des montagnes à l'arrière-plan, une terre sèche, poussiéreuse, des cailloux, peu de gens, peu d'animaux. Je me répétais : « Reste calme, ne leur montre pas que tu es inquiet. »

Au cours de mes trois voyages réussis, j'avais pénétré les grands espaces désertiques de la Chine où sont cachées les âmes perdues, mais j'étais cette fois un hôte de marque voyageant dans un compartiment privé. J'avais atteint le sommet de l'échelle, j'étais traité comme le président Mao.

Notre sage et bienveillant leader ne prenait presque jamais l'avion pour ses voyages à l'improviste, et son entourage gardait des trains entiers à sa disposition. Dans sa paranoïa, Mao pensait qu'un seul train spécial serait trop facile à saboter et en faisait donc entretenir trois identiques, entre lesquels il choisissait personnellement au dernier moment. Je me suis toujours demandé pourquoi, si le président Mao était universellement vénéré, quelqu'un aurait pu comploter de faire sauter son train.

Naturellement, quand Mao voyageait, on fermait des gares, on supprimait des trains, on chamboulait la vie de milliers de personnes. Comme le président ne dormait jamais à des heures régulières, lorsqu'il voulait un peu de tranquillité pour se reposer ou faire l'amour, sans entendre le claquement des roues sous lui, on déviait le train sur une voie de garage, et toute une province était précipitée dans le chaos sans explication. Un pareil traitement m'aurait honoré mais je me serais senti coupable d'un tel gaspillage. Le gouvernement chinois, lui, était accoutumé à ce genre d'excès.

Au bout d'un moment, j'ai cessé de m'intéresser au paysage monotone, j'ai lu des livres, des magazines, et j'ai battu tous les gardes aux échecs. Je manquais de pratique mais au camp, j'étais capable de disputer deux parties simultanément sans échiquier.

Si les gardes – tous dans la trentaine, tous colonels, prétendaient-ils – n'étaient pas autorisés à discuter de ma situation, quelques-uns d'entre eux se sont détendus et nous avons parlé de voitures américaines. Ils ont été fascinés quand je leur ai appris que j'en possédais deux. L'un d'eux avait participé à la guerre de frontière avec le Viêtnam en 1979, et nous avons aussi abordé ce sujet.

Après Jiuquan, le paysage a enfin changé ; le sol jaune a cédé la place aux riches champs verts du blé de printemps. Une terre où les gens pouvaient au moins survivre. Dans un bruit de ferraille, le train est passé devant Xian, le site des sept mille cinq cents statues en céramique datant du règne du premier empereur Qin, déterrées en 1974 seulement, et j'ai pensé : « Ils vont peut-être me transformer en statue et m'enterrer debout. » Mais nous avons poursuivi notre route vers le sud, traversant des villes surpeuplées, des gares bondées.

Soixante-douze heures après notre départ, nous sommes arrivés dans les environs de Zhengzhou, théâtre d'un des moments les plus horribles de ma vie. Après ma libération du camp, je me rendais dans cette ville en qualité de géologue lorsque j'ai assisté à l'exécution en masse de quarante-cinq prisonniers. Au souvenir des cadavres gisant dans un champ, j'ai recommencé à craindre pour ma vie, mais je savais depuis longtemps que laisser libre cours à son imagination ne fait que miner la volonté.

« Détends-toi, me suis-je conseillé. N'y pense pas. »

Nous avions quatre heures de retard en arrivant à Zhengzhou, et la police avait fermé la gare. Par la fenêtre, j'ai vu deux voitures « de luxe », une Audi 100 et une Honda d'un noir étincelant, ainsi qu'une vingtaine de policiers sur le quai. D'après les deux premiers numéros de leurs plaques – 41 et 42 – les véhicules provenaient des provinces d'Henan et d'Hubei, ce qui signifiait qu'on me transférait de Zhengzhou à Wuhan, où j'avais travaillé juste avant de quitter la Chine en 1985.

Wuhan se trouve à l'intérieur des terres, loin de villes internationales comme Pékin et Shanghai. On peut y cacher longtemps un citoyen américain. Il n'y a pas assez d'étrangers, de journalistes, de diplomates pour recueillir les rumeurs. Je serais apparemment traité non en étranger mais en ancien résident de Wuhan. Selon la loi, une personne arrêtée doit être ramenée à la ville où elle réside ; là son cas sera confié à la police et aux tribunaux locaux.

On m'a fait descendre du train et parcourir une dizaine de mètres en direction d'une voiture. Des policiers, fort nombreux, barraient tous les accès. Les gares chinoises sont généralement bondées mais la police avait totalement vidé celle de Wuhan, comme pour une visite du président Mao.

La foule, contenue par des cordons de policiers, a regardé le convoi – une escorte de motards, deux voitures noires devant, banalisées mais avec gyrophare, deux fourgons, trois autres voitures derrière – quitter la gare dans un grondement de moteurs. Et les habitants de Zhengzhou ne sauront probablement jamais à quel hôte ce déploiement de forces était dû. Au moment où les deux voitures d'escorte démarraient, on me transféra dans un fourgon, avec onze policiers pour me tenir compagnie.

Nous avons pris une nouvelle route nationale à deux voies dont la construction était presque achevée. Seules Pékin, Shanghai et Guangzhou sont desservies par de grandes artères comparables à celles des États-Unis, mais Zhengzhou a elle aussi sa route nationale à présent. Nous avons dû ralentir à cause des travaux. Quand j'ai voulu ramasser un journal chinois abandonné sur le plancher du fourgon, un policier local m'a sèchement rappelé à l'ordre.

– Je veux simplement lire le journal, ai-je dit pour le sonder.

Il a tourné vers moi le visage renfrogné de la force publique dont tous les Chinois connaissaient le sens.

– Je pourrais t'enfoncer dans les côtes un tisonnier brûlant, personne ne m'en empêcherait.

Le général Luo l'a invité à se calmer. Je me suis soudain rendu compte que, finalement, on était mieux avec les pontes, et que je préférais être traité comme un cas spécial.

Nous avons roulé vers la province d'Hubei en forçant les autres véhicules à se rabattre sur le bas-côté pour nous laisser passer. Selon les règles chinoises, un visiteur de marque doit être accompagné par l'officier le plus élevé en grade de la province jusqu'à la limite de la province voisine.

À une petite bourgade nommée Guangshan, sur la frontière entre Henan et Hubei, tout le monde est descendu de voiture, les policiers de l'Henan ont pris poliment congé tandis que le fourgon dans lequel Luo, moi et les policiers de l'Hubei nous trouvions repartait vers Wuhan.

Tôt dans la matinée du 29 juin, j'ai reconnu la rivière et la partie nord de la ville, nous nous dirigions vers la banlieue de Wuhan. Les souvenirs ont afflué dans ma tête – un mariage brisé, une histoire d'amour avec une jeune étudiante, l'espoir d'une vie nouvelle en Amérique. Jamais je n'aurais imaginé que je reviendrais un jour à Wuhan, de nouveau prisonnier.

Le véhicule s'est arrêté dans une vaste cour entourée d'un haut mur, gardée par des policiers en gants blancs. Des policiers d'allure militaire y arboraient des mitraillettes de style Uzi. Des types sérieux. Ils ont demandé aux policiers en civil de présenter leurs papiers.

– Je n'ai pas de carte d'identité, je ne peux sûrement pas entrer, leur ai-je lancé, goguenard.

Ils ont éclaté de rire et ont déclaré qu'ils feraient une exception pour moi.

6

Comment le président Mao m'a amendé

Je n'ai jamais pris consciemment la décision d'être un fauteur de troubles, un homme en guerre avec son propre pays. Dans ma jeunesse, je pensais faire partie de la nouvelle génération, les enfants du président Mao, qui dirigeraient leur pays, quel que soit le système politique. Tout ce que nous faisions, nous le faisions pour notre père, notre président au sourire bienveillant. Le gentil Mao. Le génial Mao.

Je l'ai vu une fois. Le 1er octobre 1956, date de notre fête nationale, j'avais été choisi pour être l'un des milliers de gardes d'honneur pendant les cérémonies de la place Tienanmen. À une distance de cinq cents mètres environ, je l'ai vu agiter la main, sans énergie, sans émotion, tel un papa fier et lointain saluant ses bons petits garçons et filles.

Le simple fait d'être en présence de Mao constituait un grand honneur car il apparaissait rarement en public. Bien plus tard, nous apprendrions qu'il passait une grande partie de son temps en pyjama, dans sa villa, avec ses jeunes « assistantes », mais nous n'avions pas de journaux à ragots pour nous révéler de telles choses. À l'époque, Mao était un dieu, un symbole, le père de la patrie, et nous le respections. Je l'ai vu agiter la main au loin, sur le balcon, et je débordais de fierté.

Mon père, contraint de vendre ses livres et ses meubles pour subsister, m'avait recommandé de rester en dehors de la politique, et je voulais servir mon pays comme géologue. Je menais une vie normale. Capitaine de l'équipe de base-ball de mon lycée, je tombai amoureux de Meihua, la fille des voisins, que je projetais d'épouser, et je fus admis à la faculté de géologie de Pékin. Mais tandis que j'étudiais pour devenir un homme de science, le pays était livré aux caprices d'un dirigeant arrogant qui pouvait décider de tout contre l'avis des ingénieurs, des enseignants, des médecins les plus qualifiés.

Pourquoi apprendre n'importe quelle discipline quand, à Pékin, un homme en pyjama peut quitter une orgie en bombant le torse et décréter que les Chinois doivent construire des hauts-fourneaux dans leur jardin ? Pour satisfaire cette lubie, pour alimenter le feu de ces aciéries de poche, les Chinois abattirent des forêts entières, provoquant des inondations plus terribles que jamais. Pour remplacer le minerai, ils firent fondre leurs ustensiles de cuisine. Et que fabriquait-on avec l'acier de ces hauts-fourneaux ? Des ustensiles de cuisine.

Zhou Enlai, qui suivait les instructions de Mao, ordonna d'affecter deux millions de prisonniers de Shanghai, du Jiangsu et du Zhejiang, à la construction du barrage sur le Hui. Ils partirent au travail sans vêtements ni équipement appropriés, sans formation ni soins médicaux. Un an et demi plus tard, la moitié d'entre eux étaient morts.

En 1955, j'entamai des études à Pékin pour découvrir aussitôt que j'avais déjà été catalogué comme un indésirable, un membre de la bourgeoisie. J'étais meilleur étudiant que la plupart des membres du Parti mais cela n'entrait apparemment pas en ligne de compte. Bien que censés étudier une science appliquée, nous passions une grande partie de notre temps en réunions politiques. On me demanda de faire des études avant d'entrer au Parti, mais il aurait fallu que je critique mon père en tant que capitaliste, et je me refusai à le faire.

Les remarques impromptues de Mao devinrent notre dogme, ses incidentes matoises des prétextes à nous critiquer l'un l'autre. Au début, nous n'étions pas supposés mettre en cause la politique du gouvernement, mais, en 1956, nous entendîmes dire que Mao se félicitait de la multiplicité des opinions. Pour mon malheur, je pris le président au mot.

En 1956, l'Union soviétique envoya ses troupes réprimer un mouvement populaire en Hongrie. *Le Quotidien du Peuple,* organe officiel du gouvernement, publia deux longs articles intitulés : « Commentaires sur l'expérience de la dictature du prolétariat », expliquant pourquoi les Soviétiques avaient dû étouffer le soulèvement en Hongrie. En groupes d'étude, on nous demanda de discuter de ces articles, et j'exprimai franchement mon point de vue en déclarant que l'intervention soviétique constituait une violation du droit international.

Le secrétaire de la section du Parti m'accusa de critiquer mon pays et le Parti, ce que je niai. Nous ne nous doutions pas que l'homme de confiance de Mao, Zhou Enlai, s'était précipité à Moscou pour convaincre Nikita Khrouchtchev d'envoyer des chars à Budapest écraser les Hongrois.

Ce fut la première fois que je fus désigné comme un trublion politique. La plupart de mes camarades de faculté, plus pragmatiques que moi, se contentèrent de réciter ce que les communistes voulaient entendre. Après que les dirigeants du Parti eurent réuni assez d'« opinions », ils firent un rapport, dans lequel j'occupais une place de choix.

Deux jours plus tard, les cadres du Parti organisèrent une marche de soutien à l'intervention soviétique et me pressèrent de faire mon autocritique. J'étais un jeune homme de dix-neuf ans qui désirait juste suivre des études, jouer au base-ball et écrire à sa petite amie. Je présentai des excuses à l'Union soviétique et crus que c'était fini.

L'ironie de l'histoire, c'est qu'à la même époque commençait à se répandre la fameuse formule de Mao : « Que cent fleurs s'épanouissent, que cent écoles de pensée s'affrontent. » En février 1957, elle fut inscrite à notre programme. Je ne peux que supposer que Mao ne croyait pas un mot de ce qu'il disait, qu'il tendait un piège à des millions de gens comme moi susceptibles d'exprimer des pensées « contre-révolutionnaires ». En mai 1957, le camarade Ma, un des dirigeants du Parti dans ma classe, se mit à faire pression sur moi pour que je renonce au base-ball et que j'assiste aux réunions. Au cours de l'une d'elles, je parlai de mon frère aîné, qui avait été détenu pendant des mois dans son école. Qu'étaient devenues les cent fleurs ?

J'étais désormais un homme marqué. Fin mai, Meihua m'écrivit pour m'annoncer la fin de notre relation. Stupéfait, je réussis à obtenir un congé de cinq jours pour aller la voir. Elle refusa de m'expliquer pourquoi elle était devenue si distante, et l'université m'envoya des télégrammes m'avertissant que j'avais dépassé la durée de mon congé. Mon père me conseilla de retourner à Pékin le plus tôt possible.

Meihua m'accompagna à la gare et me rendit la croix d'argent que je lui avais offerte. Je n'obtins aucune explication de la jeune fille au visage fermé, qui espérait manifestement que mon train partirait à l'heure, mettant fin à cet insupportable silence entre nous. Les communistes les avaient-ils menacés, elle et sa famille, pour les convaincre de m'éviter ? Encore aujourd'hui je l'ignore.

Je fus sauvé par les « vacances » d'été de 1957, stage de deux mois sur le terrain durant lequel nous devions travailler dans le domaine que nous avions choisi. Pendant deux mois, nous fûmes géologues, pas militants du Parti. Même le camarade Ma semblait préférer les roches aux slogans. Mais je savais qu'il me faudrait affronter les mêmes difficultés à la fin du mois d'août. Je rentrai à Shanghai dire adieu à ma famille. Je montai voir ma belle-mère, que des problèmes cardiaques et pulmonaires clouaient au lit. Son visage sensible s'assombrit quand elle m'embrassa, geste hautement expansif entre une belle-mère et un beau-fils de vingt ans. Je compris que c'était sa façon de me faire ses adieux, probablement pour toujours.

– Ne t'inquiète pas pour moi, me dit-elle. Prends soin de toi.

Je la regardai une dernière fois avant de partir en hâte pour Pékin.

Le 20 octobre, mes déclarations sur la Hongrie revinrent me tourmenter. Devant la cafétéria apparut une pancarte dressant la liste de mes crimes. « Harry Wu est un contre-révolutionnaire. Il est opposé à la politique étrangère de notre Parti. Il est opposé à l'Union soviétique. »

On m'accusa de déloyauté envers le Parti, qui avait payé mes études et mes livres, qui m'avait tant donné.

– Le Parti n'a pas d'argent, rétorquai-je. Le Parti ne produit rien. C'est le peuple qui nourrit le Parti, non l'inverse.

» Le Parti traite les gens qui n'en sont pas membres comme des citoyens de troisième classe, ai-je ajouté.

Ils s'en souviendraient quand ils m'inculperaient.

En Chine, c'est la tradition, on doit aimer sa patrie – ce qui veut dire Mao et le Parti. On ne doit rien remettre en cause. On nous parlait d'un ordre nouveau mais, à mes yeux, ce n'était que la répétition des trois millénaires écoulés, avec Mao en guise d'empereur sans couronne. Les dirigeants chinois ont toujours prétendu : « Je suis le fils du dragon. À ma mort, les dieux désigneront mon fils. Personne ne peut me remplacer. Si vous vous opposez à moi, vous vous opposez aux dieux. »

Ma famille volait en éclats, ce qui correspondait tout à fait aux intentions de Mao. Il voyait dans la famille l'ennemi de la société chinoise parce qu'elle faisait obstacle à la loyauté envers le grand empereur séculaire. Encore aujourd'hui je peux chanter la rengaine que Mao nous forçait à apprendre à l'école :

« La terre est vaste, le ciel immense, l'amour du Parti plus grand encore.

« Aimer son père et sa mère, c'est bien, aimer Mao, c'est mieux.

« Tout est bien, le mieux, c'est le socialisme.

« Le maoïsme est le trésor du révolutionnaire. Quiconque s'y oppose est notre ennemi. »

Voilà pourquoi je suis si pessimiste quant à l'avenir : les Chinois sont incapables de faire la différence entre gouvernement et patrie. On entend les Américains dire de leur pays : « Aimez-le ou quittez-le », mais ce ne sont que des mots, du moins jusqu'ici. L'Amérique que je respecte, c'est celle qui perpétue la tradition d'un pays où Lee se rend à Grant et est traité avec dignité. Pendant leur guerre civile, les Chinois se sont mutuellement décapités.

En Chine, le crime suprême a longtemps été le crime politique. Si les dirigeants n'appréciaient pas ce que vous disiez, ou ce que vous écriviez, ou ce que vous faisiez, ils massacraient toute votre famille – votre frère, votre femme, vos enfants, votre père, ainsi que le père, la mère, les frères de votre femme. C'est un peu moins atroce aujourd'hui mais le pouvoir trouve d'autres moyens de vous punir si vous critiquez la patrie. Les communistes n'ont aucune notion de l'amour, excepté l'amour de Mao. La société est faite d'êtres humains, mais si l'être humain n'a aucune valeur, cette société n'en a pas non plus.

En Occident, même les rois ont dû reconnaître la religion chrétienne, la traiter comme un pouvoir distinct, contrebalançant quelque peu le leur. En Chine, l'empereur est le législateur, l'homme de science, le mari, le parent, la nature humaine elle-même. Il est Dieu. Même notre révolte chrétienne, le soulèvement taiping, au milieu du XIXe siècle, s'est fait à la chinoise. Un nommé Hong se prenant pour Dieu appela les paysans à le suivre. La dynastie Qing réprima la rébellion en massacrant des millions de personnes. Au milieu du XXe siècle, il y eut un autre mouvement de révolte, cette fois communiste, et opposé à la religion, mais il s'agissait là encore d'écraser, de tuer.

Partout où nous allions, nous retrouvions l'immense poster du président Mao. Mao le nageur, Mao le poète, Mao le penseur, Mao le père de famille. Si ce n'avait pas été lui, ç'aurait été quelqu'un d'autre, j'en suis convaincu. La mentalité était là, il a su l'exploiter.

Parfois, il était facile de faire des aveux. En 1958, nous fîmes un autre stage sur le terrain, cette fois dans la province de Shandong. J'y découvris la vie réelle de la majorité paysanne – pas d'eau courante, pas d'électricité, peu de nourriture, peu de liens avec la vie de Pékin ou de Shanghai. Je compris que j'avais mené l'existence d'un privilégié, issu d'une famille de la classe moyenne possédant piano, tapis, réfrigérateur. Ces gens n'avaient rien. Je compris un peu mieux l'objectif déclaré du communisme : égaliser les choses, améliorer la vie des masses. À mon retour, je rédigeai une autocritique sincère.

Le Parti organisait des sortes de concours entre contre-révolutionnaires qui ne demandaient qu'à faire leur autocritique. Celui qui se fustigeait le plus recevait parfois des louanges, mais les aveux n'étaient en définitive qu'un moyen de survivre, un jeu pour garder tout le monde dans l'alignement. J'ai fait des aveux mais je n'ai pas été pardonné. Dans la religion chrétienne, après s'être confessé, on se sent pardonné, on sent l'esprit en soi, mais quand j'ai reconnu mes fautes dans les réunions du Parti, personne ne m'a dit : « Continue, Mao t'aime. » Les communistes professaient le pardon mais agissaient de manière à aiguiser votre sentiment de culpabilité. Je sus alors que je devais quitter le pays.

Avec trois autres étudiants estampillés de droite, j'échafaudai un plan d'évasion. Wang se procura trois cents yuan, en guise d'avance pour un voyage, mais fut contraint de changer ses projets. Je ne tardai pas à m'apercevoir qu'il s'était servi de mon nom pour obtenir cinquante yuan. Ne pouvant l'accuser de peur de nous attirer des ennuis à tous les quatre, je plaidai coupable.

Le 27 avril 1960, je fus accusé de plusieurs crimes, dont le vol de cinquante yuan. Un officier de la Sûreté publique fit irruption dans la classe et annonça que j'étais condamné à la « rééducation par le travail ». Je demandai à voir l'acte d'accusation mais il me répondit que je n'avais que cinq minutes pour rassembler quelques vêtements. Je me précipitai au dortoir, eus le temps de détruire des papiers qui auraient compromis mes trois amis pour notre tentative de fuite avortée et, sous le regard des autres étudiants, je montai dans une Jeep qui m'emmena hors du campus.

Ainsi commencèrent dix-neuf années au *laogai*, dix-neuf années de prétendue rééducation, de travaux pénibles sans salaire, dix-neuf ans sans explication, sans espoir. Je raconte une grande partie de ma vie au camp dans mon livre précédent, *Vents amers*, écrit avec Carolyn Wakeman. Il suffit de multiplier mon expérience par un million, par cinquante millions, pour savoir ce qui se passe encore aujourd'hui, avec le soutien financier des firmes occidentales, de la Banque mondiale, de tous les gouvernements qui encouragent les échanges commerciaux avec la Chine.

C'est la raison pour laquelle je continue à me battre. C'est pourquoi je m'introduis en Chine afin de visiter les camps, de photographier ces êtres perdus qui marchent à pas lents derrière les fils barbelés. C'est pourquoi j'ai été appréhendé et envoyé à Wuhan pour être interrogé en été 1995. Le système continue. En voyant les prisonniers, je me suis dit : « C'était moi. C'est moi. »

Après m'avoir arraché à l'université, on m'envoya dans le Nord, où il fait froid six mois de l'année. Les gardes essayèrent de me terrifier d'emblée en me montrant quelques cadavres suspendus à des crocs, comme des quartiers de viande. Coopère, ou tu connaîtras le même sort – tel était le message.

Au début, je ne pouvais avaler leur soupe claire, ni les petits pains de maïs au goût de sciure, mais un paysan fruste appelé Xing-la-Grande-Gueule m'avertit : « Ici, personne prendra soin de toi. Faut que tu le fasses toi-même. » En fait, il m'apprenait à me battre pour survivre.

Mourant de faim dans le froid de l'hiver, j'appris à admirer le rat, qui stocke soigneusement des réserves dans des galeries si habilement ménagées que l'eau ne peut y pénétrer. Pendant les heures de travail, nous nous efforcions de repérer un rat filant vers son trou car nous pouvions alors creuser pour trouver de la nourriture.

Xing m'enseigna aussi à surmonter mes préjugés alimentaires, à me procurer des protéines en attrapant des rats et des serpents, en les écorchant, en les faisant cuire et en les mangeant. Rats et serpents nous fournissaient la nourriture que nos maîtres nous refusaient.

Nous avions des cours pendant lesquels nous étions censés confesser nos péchés. Les autorités du camp virent vite en moi un intellectuel, un jeune de la ville, et m'accordèrent une attention particulière.

Un jour, mon frère aîné vint au camp m'apporter une paire de chaussures. Je ne l'avais pas vu depuis cinq ans et je savais qu'il avait souffert. Il était devenu une autre personne – irascible, méfiant, vertueux. Il me dénonça devant les gardes. C'était, je le compris, la nouvelle façon de se conduire, et elle ne me plaisait pas. Je lui demandai des nouvelles de nos parents mais il ne voulut pas parler d'eux et nous échangeâmes des invectives.

Ce fut près de dix-neuf ans plus tard que je découvris la terrible vérité : mon frère venait d'assister aux funérailles de ma belle-mère, elle s'était suicidée le 19 mai après avoir reçu une lettre que je lui avais envoyée du camp. Je ne cesserai de me sentir coupable de la mort de cette femme si gentille.

Fin octobre 1960, je parvins à me faire transférer dans une aciérie des environs de Pékin, où il y aurait plus de nourriture et d'ordre. C'est là que, pour la première fois de ma vie, je frappai un homme, un chef de bande, avec une pierre pour qu'il cesse de me rudoyer. Le 27 janvier 1961, je fus expédié dans une mine de fer où je pris l'habitude de fumer et ne tardai pas à avoir des problèmes pulmonaires.

On commençait à entendre parler des millions de gens qui crevaient de faim à la campagne à cause des programmes délirants du président Mao, dans le cadre du Grand Bond en Avant. John K. Fairbank, spécialiste de l'Asie, estime que la famine fit entre vingt et trente millions de victimes de 1958 à 1960. La « terreur rouge » de Mao expédia aussi vingt millions de Chinois dans les camps à cette époque, soit plus de deux fois le nombre actuel. Des millions d'entre eux furent enterrés dans des fosses communes creusées à la hâte, et autour desquelles des chiens sauvages rôdaient la nuit. Ils avaient l'air en meilleure santé que les détenus survivants.

En avril 1961, on m'envoya par le train à la ferme de Qinghe, où je retrouvai Xing-la-Grande-Gueule. Je l'avais souvent prévenu de ne pas manger d'herbes ou de graines sans les laver mais il ignorait ce qu'était un germe et contracta une diarrhée qui l'affaiblit beaucoup. Il se battit pour avoir plus à manger et fut mis au cachot, où il mourut en maudissant le monde.

On me transféra au camp 585, autre section de Qinghe réservée aux détenus les plus mal en point. Le terrain d'enfouissement du 586 était contigu, de sorte qu'on n'avait pas à porter trop loin les prisonniers quand ils mouraient. Lorsque les détenus du 585 étaient trop affaiblis pour travailler aux champs, ils s'étendaient sur le sol, un seau d'un côté pour la nourriture, un seau de l'autre pour les excréments. Le cuisinier passait avec un baquet d'un liquide qui ressemblait à de la soupe, servait avec une louche en prenant soin de ne pas en renverser une goutte de peur de se faire agonir d'injures pour sa maladresse. Nous comptions le nombre de cuillerées qu'il nous avait données. Vingt-six, bon. Vingt-cinq et demie, espèce de salaud.

Mon ami Chen Ming devint de plus en plus maigre et, trop faible pour se lever, finit par glisser dans le coma. Le personnel médical, ou ce qui en tenait lieu, le déclara mort et poussa son corps sur le côté, avec cinq autres cadavres à porter au champ 586.

Vers minuit, ils remarquèrent que la main de Chen Ming bougeait. Puis il ouvrit les yeux, et ils le replacèrent à côté de moi. Quand je me réveillai, je crus voir un fantôme mais je compris ensuite que je devais lutter pour sauver mon ami. Bien que ce fût la nuit, j'appelai le vieux Wang, le cuisinier.

– Mon copain a manqué un repas. Tu dois lui donner à manger maintenant.

Wang répondit que Chen Ming attendrait jusqu'au matin.

– Il revient de l'enfer, plaidai-je. Fais une exception pour lui.

D'un hochement de tête, les gardes donnèrent leur accord au vieux Wang, qui courut à la cuisine et revint trois quarts d'heure plus tard avec une vision céleste : deux petits pains de maïs tout chauds et vraiment jaunes, comme ceux que nos mères nous donnaient quand nous étions enfants.

Je n'oublierai jamais l'expression sidérée des yeux de Chen Ming quand il sentit une odeur de paradis sur terre. Avec l'ardeur d'un homme en bonne santé, il avala les deux petits pains… et sombra aussitôt dans un état de choc provoqué par la surprise de cette vraie nourriture. Il expira sous nos yeux.

Je ne me faisais pas d'illusions : j'avais causé la mort de Chen Ming. Par gentillesse, peut-être, mais je l'avais tué quand même. Pour la première fois depuis que j'avais été jeté dans cet enfer glacé, je m'adressai à mon créateur, en des termes qui ne figuraient pas dans les prières que j'avais apprises à l'école catholique. Après avoir prié pour Chen, j'invectivai Dieu et le sommai de montrer son visage dans ce coin désolé de Qinghe.

« Où es-tu ? criai-je. Si tu es universel, où es-tu en ce moment ? Tu veux que je meure ? »

Dieu ne m'apparut pas mais quelqu'un me regardait. Je ne sais si c'est la voix de mon père ou celle de Dieu qui me murmura : « Survis. Traverse cette épreuve. Un jour tu révéleras la vérité au monde. »

Le lendemain, tenaillé de remords pour la mort de Chen Ming, j'arrachai aux gardes le droit de l'accompagner au 586. Je pensais y être bientôt enterré moi aussi, mais je surpris tout le monde en revenant de la terre des squelettes. Je n'étais pas un héros ; pour échapper à la mort, je devrais souvent me transformer en bête, me battre et mentir, faire mon autocritique, mais je survivrais.

Le diplomate James Lilley, qui parle de mon « complexe du martyr », n'a rien compris. Ce sont les mots pompeux d'un Occidental privilégié. Si j'avais voulu être un martyr, j'avais eu l'occasion d'en devenir un à Qinghe. En fait, je voulais vivre.

En avril 1962, je fus transféré à la ferme de Tuanhe, au sud de Pékin. J'y écoutai Lu Haoqin raconter la première et seule fois où il avait fait l'amour avec une fille, un sujet qui nous tourmentait plus encore que nos rêveries de festin. Malade de désir, Lu me demanda ainsi qu'à d'autres de faire l'amour avec lui. Plusieurs prisonniers finirent par se servir de lui et il mourut.

Un autre de mes amis nommé Ao Naisong parlait de la musique magnifique qu'il jouait sur son luth. Ao est l'homme le plus crâne que j'aie rencontré dans les camps. Il eut le courage d'empêcher une meute maoïste d'écarteler un prisonnier qui avait résisté à la « rééducation » et, plus tard, il eut le courage de s'éloigner dans les champs pour se tuer.

Pour une raison ou une autre, je fis le choix de vivre. J'attendais le 24 mai 1964, date à laquelle ma peine de trois ans de « rééducation » était censée expirer, mais l'heure n'était pas à la clémence. La Chine connaissait un climat tendu, comme en attente de la Révolution culturelle où des jeunes gens se donnant le nom de Gardes rouges s'érigeraient en loi et détruiraient le passé de leurs mains nues.

Quand cette révolution éclata, en 1966, la police veilla à ce que nous ayons accès à des exemplaires du *Quotidien du Peuple*, pour que les Gardes rouges ne puissent lui reprocher : « Hé, vous ne voulez pas que ces types entendent parler de nous ? » Le 17 septembre 1966, une poignée d'entre eux fit irruption dans notre camp en scandant des mots d'ordre tels que : « Il est juste de se révolter ! » et : « Liquidons le révisionnisme ! » Ils demandèrent à voir un détenu mécontent de son sort et on leur livra un nommé Xiu, qu'ils rouèrent de coups sous nos yeux.

Les Gardes rouges saccagèrent les remises où les détenus rangeaient leurs maigres biens, mais j'avais pris la précaution d'enterrer dans un champ mes quelques derniers livres – Shakespeare, Tolstoï, Hugo et Twain. Un an plus tard, quelqu'un les trouva, remonta jusqu'à moi. Les gardes et plusieurs prisonniers à leur botte me jetèrent par terre et se mirent à caracoler autour de moi comme des sauvages. C'était cela, la révolution de Mao – des fous armés de gourdins.

L'un d'eux abattit sa pelle sur mon bras gauche, qu'il brisa juste sous le coude. Ils me forcèrent à m'agenouiller et à les regarder brûler mes livres – un feu de joie pour le président Mao.

D'autres pays envoyaient des fusées dans l'espace. En Chine, des bandes lâchées dans la rue procédaient à des autodafés de livres et torturaient des gens. Des enseignants furent expédiés à la campagne pour « apprendre » auprès des paysans, tandis que Mao fermait les écoles – ce qui, au long terme, fut peut-être son plus grand crime, le meurtre du système éducatif chinois.

Le médecin de la prison mit une attelle à mon bras, mais je garde de cette fracture une cicatrice et un renflement sur l'os. De temps à autre, une douleur revient me tourmenter, ainsi que le souvenir de mes livres partant en fumée.

En décembre 1969, cent cinquante d'entre nous furent avisés que leur temps d'amendement et de rééducation était terminé, mais il y avait un hic : le pays étant mobilisé pour la guerre imminente contre l'Union soviétique, on nous mutait à la mine de charbon de Wangzhuang, dans la province de Shanxi.

Extraire du charbon est un métier dangereux quelles que soient les conditions. Des mineurs qualifiés et des ingénieurs supervisaient le creusement des galeries et l'évacuation du charbon. Nous, nous étions là parce que nos vies ne valaient rien.

Un jour, ils procédèrent à une exécution sur le carreau de la mine. Un voyou nommé Yang Baoying, dont la peine de « rééducation » avait été prolongée, n'était pas rentré à la date prévue après une courte visite dans sa famille. Condamné au cachot, il avait écrit : « À bas le président Mao » sur un paquet de cigarettes – du moins l'en accusait-on. Ils le ligotèrent, le bâillonnèrent, et le haut-parleur beugla qu'il était un ennemi du peuple.

Ayant vu suffisamment de gens torturés et exécutés, je demeurai au dernier rang, mais mes amis me racontèrent que le bourreau fracassa le crâne de Yang, qui gisait inerte, préleva son cerveau et le porta au capitaine Li. Celui-ci s'empressa de le donner à manger à son vieux père afin de restaurer ses capacités mentales déclinantes. Toujours le même message des puissants aux humbles : cela pourrait vous arriver.

Il y avait une différence entre le camp de rééducation et le camp de travail : la présence de femmes, pour la plupart des détenues de droit commun. Certaines servaient de prostituées aux gardes et aux mineurs ; d'autres se mariaient. Un dimanche, un de mes amis nommé Wang m'invita chez lui où sa femme me servit de vraies boulettes de pâte bouillies et me présenta à une certaine Shen Jiarui en soulignant que, si je l'épousais, j'aurais droit à mon propre foyer.

C'était une femme compliquée qui avait fréquenté des gens « dangereux » – marginaux, dissidents, étrangers, fauteurs de troubles. De sept ans mon aînée, elle avait trois fils adultes – qui avaient déjà des ennuis avec les autorités – et une fille. Le mariage eut lieu le 22 janvier 1970 et nous nous installâmes dans une cave rénovée.

Les nouvelles parvenaient lentement aux camps de travail. Nous apprenions des événements importants des mois après qu'ils s'étaient produits.

Un jour de la fin de l'automne 1971, on nous rassembla dans la cour et on nous donna l'ordre de sortir notre exemplaire des *Citations du président Mao*. Nous étions tenus de garder ce livre sur nous jour et nuit, même lorsque nous suions sang et eau dans les champs – au cas où nous aurions eu besoin d'une dose supplémentaire de pensée éclairante. Une seule personne avait le droit d'interpréter ou d'expliquer la sagesse profonde du président : le ministre de la Défense Lin Biao, qui avait écrit la préface du *Petit Livre rouge*.

Nous fûmes sidérés, ce matin-là, quand notre instructeur politique nous demanda d'arracher tous ensemble cette préface. Personne ne bougea. Il fallut nous expliquer que nous commettrions un crime si nous n'expurgions pas le livre de la page écrite par Lin.

Un bruit de papier déchiré résonna dans la cour. Les détenus tendirent la page incriminée dans leur main gauche, la remirent aux gardes et reprirent le travail. Nous n'osâmes même pas en discuter entre nous de peur de laisser nos camarades supposer que nous avions dit du mal du président Mao.

En janvier 1972, nos geôliers eurent enfin le courage de nous révéler que Lin et des membres de sa famille avaient apparemment essayé de fuir en Russie, leur avion, en panne de carburant, s'était écrasé en Mongolie. Cela s'était passé le 13 septembre 1971, précisèrent-ils – quatre mois plus tôt.

En 1974, le gouvernement voulut faire la démonstration que nous n'étions pas vraiment prisonniers, et j'obtins une courte permission pour rendre visite à ma famille. Je dus d'abord, naturellement, présenter mes papiers du *laogai* au représentant du Parti, le mouchard du quartier, qui rappela aux voisins que la famille Wu était en disgrâce. Mon père, que je trouvai terriblement vieilli, se remettait d'une crise cardiaque ; mes frères et sœurs s'étaient éparpillés, brisés et réduits au silence par le système. Je pleurai la disparition de ma belle-mère mais personne ne voulut me parler des circonstances de sa mort.

Oubliant la souffrance de la rupture, je rendis visite à Meihua, qui était maintenant mariée et avait trois filles. Cela faisait dix-sept ans que nous ne nous étions pas revus. Elle parut consternée d'apprendre que je vivais dans les camps depuis 1960, mais elle refusa d'expliquer pourquoi elle m'avait rejeté. Une peur terrible s'était glissée entre nous, l'ombre de Mao, les soupçons et les menaces, et elle osait à peine me regarder. Nous passâmes dix minutes à bavarder puis je partis. J'étais presque enclin à penser que le camp était mon vrai foyer à présent.

Un jour de septembre 1975, j'entendis un grincement suivi d'un grondement : trois wagonnets de charbon s'étaient détachés. Enseveli sous les pierres, je restai inconscient pendant trois heures. De crainte que la vue de mon corps broyé n'effraie les autres prisonniers, un responsable politique nommé Liu fit descendre directement un cercueil dans la mine, mais lorsqu'on parvint enfin à me dégager, j'adressai un signe de tête à mes amis. « Faites que je n'aie rien au cerveau », me murmurai-je. Je n'étais pas soutenu par l'image de Dieu veillant sur moi mais ma prière fut exaucée. Je souffrais de sept fractures au dos, à la jambe, à l'épaule, et ma femme me soigna pendant de longues semaines à la clinique. L'équipement médical était juste assez bon pour permettre à un homme au corps brisé de se rétablir et de reprendre le travail. J'avais encore quelque valeur pour eux.

En 1976, la terre trembla dans tous les sens du terme. Le 8 janvier, Zhou Enlai mourut. En juillet, Zhu De, commandant en chef de l'Armée rouge dans les années 30, membre du Politburo depuis 1956, le suivit dans la tombe. Dans la nuit du 27 au 28 juillet, des secousses terribles – 7,8 sur l'échelle de Richter – ravagèrent Tangshan, juste à l'est de Pékin. Les autorités déclarèrent que le séisme avait fait près de deux cent cinquante mille victimes.

Le 9 septembre, Mao Zedong mourut à son tour. Des rumeurs circulèrent dans la mine mais nous n'osions pas poser de questions, de peur que notre curiosité ne fût prise pour de la jubilation. Ce n'est que plus tard que j'entendis des bruits sur les luttes politiques qui se déroulaient au sommet, et au centre desquelles se trouvaient Jiang Qing, la veuve de Mao, ainsi que trois autres dirigeants. Quelqu'un utilisa la formule « bande des quatre », mais je ne compris absolument pas de quoi il parlait.

Avec la disparition de Mao, la Chine pouvait respirer un peu, retrouver un semblant de raison. Mon ami Wang écrivit du Xinjiang pour reconnaître que c'était lui qui avait volé les cinquante yuan à l'université, bien des années plus tôt, et exprimer l'espoir que je pourrais utiliser cette lettre pour me disculper.

Je la montrai au capitaine Li, qui estima qu'elle ne ferait que compliquer mon cas. Il m'expliqua qu'il avait pour instruction de rendre certains prisonniers politiques à la vie normale et qu'il essaierait de me trouver un poste d'enseignant. Li et moi avions d'abord eu des rapports d'adversaires méfiants puis il m'avait demandé de donner des cours à ses deux filles, afin qu'elles puissent entrer dans une meilleure école en ville. Le capitaine et son épouse me laissèrent voir ensuite le dossier de ma femme, soulignèrent qu'elle était considérée comme une personne instable, dangereuse, et qu'elle constituerait un handicap pour moi à l'extérieur. Reconnaissant les échos du bon vieil assassinat politique maoïste, je remerciai le capitaine

Li et sa femme de leurs conseils mais insistai pour emmener Shen Jiarui avec moi.

Le 16 février 1979, un camion nous conduisit à Shanxi, où nous pourrions commencer une vie nouvelle. J'avais quarante-deux ans. Pour la première fois de ma vie, j'étais un homme libre.

7

Un nouveau départ

La première chose que j'appris hors du camp, c'est que la Révolution culturelle n'avait fait que des victimes. Personne n'avait appartenu aux Gardes rouges. Personne ne vous avouait jamais : « J'ai pratiqué la torture, c'était le bon temps. » Les gens ne vous parlaient que de ce qu'ils avaient souffert.

Dans cette société, j'avais peur, je me sentais seul, isolé. Au camp, les prisonniers vous volaient votre petit pain au maïs dès que vous tourniez la tête, mais dehors, c'était plus compliqué. Tout le monde savait comment vous embobiner avec un air innocent ; tout le monde savait comment obtenir quelque chose de la société. Un vrai pays de survivants.

J'eus droit à un nouveau lavage de cerveau. La mort de Mao ne remontait qu'à trois ans et certains faisaient encore semblant d'y croire. Libéré sur parole, je devais me présenter régulièrement à la police, qui me demandait :

– Pourquoi les années de rééducation ne t'ont-elles pas changé ?

On me citait toujours l'exemple de contre-révolutionnaires qui avaient souffert, s'étaient amendés et avaient transformé une horrible expérience en une vie nouvelle. Pourquoi ne prenais-je pas exemple sur ces parangons de vie communiste ?

– Je suis désolé, répondais-je, j'ai travaillé dur, j'ai étudié les œuvres de Marx et de Staline. Je suis peut-être têtu mais j'essaie de changer.

Dans la Chine d'après Mao, les gens portaient un doigt à leurs lèvres et murmuraient :

– Chut, n'en parlons pas. Les choses vont mieux. Laissons passer l'orage.

Peu après ma libération, je rendis visite à mon père, très diminué par une attaque. Vieux et frêle, il n'était plus l'homme d'affaires orgueilleux et distant de mon enfance. Des membres de ma famille avaient peur de me fréquenter car je portais la souillure du camp ; ils m'en voulaient parce que, à cause de moi, ils feraient toujours l'objet de soupçons. Mon père avait souffert plus qu'aucun d'eux. Lors d'un meeting en ville, il avait été contraint de s'agenouiller et de dénoncer sa propre fille n° 2. Les Gardes rouges, fleur de la société chinoise, avaient mis sa maison à sac et l'avaient fouetté avec des ceintures. J'étais heureux qu'il soit encore en vie, heureux que nous puissions apprendre à nous connaître maintenant que j'étais devenu un adulte.

Quand je voulus savoir s'il ne regrettait pas de ne pas avoir quitté la Chine lorsqu'il était encore temps, il reconnut qu'il avait commis une erreur. Notre famille était détruite. Il était resté en contact avec les amis qui avaient eu la sagesse de partir, et leur sort était meilleur que le sien. Il ne voulait pas me voir souffrir comme il avait souffert.

– Il y a maintes façons de réussir dans la vie, me dit-il. Voler, mentir, tricher, etc. Mais le moyen infaillible, c'est de lécher les bottes. Dans n'importe quelle société, à n'importe quelle époque, ça marche. Tout le monde tend une oreille complaisante aux flatteries. Tu es mon fils, je te connais. Tu n'as pas ce talent. Tu ne seras jamais un lèche-bottes. Ce pays n'est pas fait pour toi. Pars.

– Comment le pourrai-je ?

– Je m'en occupe.

Ma sœur aînée Han Lian, partie pour Hong-Kong en 1950, quand j'avais treize ans, avait épousé le fils d'une famille riche. Nous ne nous étions pas vus depuis trente ans. Je me rappelais qu'elle était fort jolie, et gâtée par mon père, qui lui avait offert une bicyclette, un piano, parce qu'elle était l'aînée. En 1969, elle avait émigré à San Francisco, où son mari et elle avaient rapidement trouvé de bons emplois. Mon père lui écrivit pour lui dire qu'il ne lui restait plus qu'un désir dans la vie – qu'elle m'aide à venir aux États-Unis.

Ma sœur répondit qu'elle exaucerait la requête de mon père. Un moment, je crus revoir l'homme fort qu'il avait été – le chef de la famille – mais je ne tardai pas à me rendre compte qu'il était tombé très bas. Il reçut une lettre d'un vieil ami, sir John Keswick, de Jardine Matheson Holdings Ltd, la puissante société commerciale qu'on reconnaît aisément, à peine voilée, dans les romans de James Clawell. Sir John, qui parlait plusieurs des langues chinoises, avait entretenu des relations amicales avec mon père jusqu'à ce que l'accession au pouvoir des communistes, en 1949, l'eût forcé à partir. Sa firme avait perdu une partie importante de ses holdings. Sir John revenait en Chine et sa visite embarrassait mon père.

– Ma maison est affreuse, mes meubles sont endommagés, mes biens envolés. Je ne suis pas respectable, se plaignit-il.

– Cet homme est britannique, il comprendra, arguai-je. Il a été ton ami pendant trente ans, il te respecte et il désire te voir.

Je promis de l'aider à recevoir sir John, mais mon frère aîné commença à s'inquiéter de cette visite. Je l'assurai qu'en sa qualité de fils n° 1, il se devait d'honorer notre hôte.

En septembre, mon père trouva un moyen de couper court aux retrouvailles avec son vieil ami : il mourut paisiblement, évitant une humiliation de plus.

Avant l'enterrement, je me querellai avec mon frère aîné, qui me pressait d'accepter la réalité : nous vivions sous un régime communiste. Je promis de me tenir tranquille, mais le jour des funérailles, quand je vis les visages des parents et des amis, je me souvins de la réflexion de mon père : que je ne serais jamais un lèche-bottes. Mû par une impulsion, je me levai et fis l'éloge funèbre de mon père, je le décrivis comme un homme à l'ancienne mode.

Je sentis alors ma famille effrayée prendre ses distances avec moi.

En mettant de l'ordre dans les quelques affaires personnelles de mon père qu'il nous restait, je découvris que les Gardes rouges, dans leur stupidité, n'avaient pas mis la main sur certains de ses trésors – un livre magnifiquement relié en soie, et une ravissante pierre décorée à l'encre de Chine. J'enveloppai ces objets précieux et les offris le mois suivant à sir John Keswick, attristé d'avoir manqué son vieil ami de quelques semaines seulement.

La dernière chose que je pouvais faire, c'était réunir mes trois parents dont la vie avait été saccagée. Les Gardes rouges avaient décrété que « conserver les cendres d'un défunt était une pratique bourgeoise », mais quelqu'un au cimetière avait discrètement avisé ma famille de venir chercher les cendres de ma belle-mère, que mon père avait par la suite gardées dans une urne pendant ces terribles années. J'eus peine à localiser les restes de ma mère parce que ces barbares avaient renversé toutes les pierres tombales, mais nous finîmes par trouver une statue portant son nom.

J'achetai une parcelle de terrain à Wuxi, près du lac Tai, et enterrai mon père dans un cercueil en ciment, avec ma mère à sa droite et ma belle-mère à sa gauche.

Mon frère cadet les rejoignit bientôt. Son état était précaire depuis qu'il avait été battu pour avoir protesté contre les Gardes rouges en 1968. L'histoire de mon frère est un des tristes épisodes de cette époque. Pour se séparer de sa famille contre-révolutionnaire, il était allé se faire « rééduquer » par le Parti dans un lointain village. Il avait travaillé avec les paysans et avait même rejoint les Gardes rouges. Mais le portrait qu'il avait fait du président Mao ne fut pas jugé assez bon et il avait été puni. Plus tard, parti chercher du travail à Pékin, il avait été pris dans une rafle la veille de notre Fête nationale et probablement tabassé par la police. Lorsque j'allai le voir à la morgue, je remarquai des traces de coups sur son corps. J'emportai les cendres de mon frère et les enterrai à Wuxi, en priant pour qu'il trouve la paix auprès de ses parents.

Pendant mes premiers mois hors des camps, je nourrissais encore l'espoir de mener une vie normale avec Shen, la femme que j'avais épousée à la mine. Comme elle avait été stérilisée avant notre rencontre, dans le cadre des efforts pour réduire la population du pays, je n'aurais jamais pu avoir d'enfants avec elle, mais un mois après notre arrivée à Shanxi, la fille du capitaine Li vint vivre chez nous pour poursuivre ses études. Zhen-Zhen avait alors treize ans, et je pris plaisir à lui apprendre la musique, la cuisine, l'anglais, à lui parler du capitaine Achab et de Jean Valjean. Je l'emmenai chez les bouquinistes remplacer les livres occidentaux que les Gardes rouges avaient brûlés. Pendant les quelques mois qu'elle passa avec nous, Zhen-Zhen devint ma fille.

En été 1980, ma femme et moi quittâmes le Shanxi pour Wuhan où je devais donner une conférence à l'université des sciences géologiques. Après son accession au pouvoir, fin 1978, Deng eut besoin de toutes les compétences pour relancer le pays, et pendant cette brève période d'espoir, des milliers de Chinois comme moi passèrent de l'état de paria à celui de fonctionnaire utile. Le régime accepta de casser les verdicts de culpabilité prononcés dans « plus de vingt-sept mille huit cents affaires » et d'innocenter les individus concernés, selon un rapport du 25 décembre 1982. Souvent, les affaires en impliquaient plus d'un, et Human Rights Watch/Asia estime à plus de cinquante mille le nombre des personnes blanchies. À l'université, je retrouvai certains des cadres du Parti qui m'avaient envoyé dans les camps vingt ans plus tôt. Aucun d'eux ne s'excusa ou n'aborda même le sujet. « Désolé, vieux, mais les temps étaient durs, semblait dire leur attitude. Tu vois, on s'en est tirés. »

La partie amère de moi-même était incapable d'oublier mais il y avait aussi en moi un côté sentimental que je pouvais à présent reconnaître. Ma nièce Xia Niu (surnom affectueux signifiant petit renard), la fille de mon frère n° 4, exilé dans le Xinjiang où il enseignait, vint habiter chez nous pendant ses études. Un jour, ma femme la gifla et la traita de menteuse. Quoique certain que ma nièce n'avait rien à se reprocher, je dus l'envoyer chez d'autres parents et constater que mon mariage battait de l'aile.

Ma femme demeurait très attachée à ses trois enfants, ce que je comprenais, mais quand je parlai d'une vie nouvelle en Amérique, elle déclara à mes responsables de liberté conditionnelle qu'elle n'approuverait pas ce départ. Furieux, je lui révélai que j'étais resté avec elle en 1979 contre l'avis du capitaine Li, alors qu'elle passait maintenant dans le camp des communistes. La goutte qui fit déborder le vase, ce fut quand son plus jeune fils, que j'avais adopté, vendit trois tableaux appartenant à mon père. Je divorçai.

Du monde cultivé de ma famille, il ne me restait presque rien, juste une magnifique estampe d'un artiste célèbre, Zhang Shan Zi, qui était venu chez nous quand j'étais jeune et avait été invité à la Maison-Blanche par le président Roosevelt dans les années 30. Dessinant avec une encre spéciale sur un papier délicat, Zhang illustrait souvent le vieux proverbe du tigre du pied de la colline, qui rôde le soir, affamé et féroce, tandis que celui du sommet de la colline, repu, reste sur les hauteurs.

Cette estampe représentait deux tigres du pied de la colline cherchant leur repas du soir et portait le sceau personnel de Zhang, le sceau que tout Chinois cultivé utilise pour marquer ses papiers, ses livres, ses œuvres d'art. Classée trésor national, elle ne pouvait être vendue à l'étranger ni même sortir du pays bien qu'elle fût notre propriété personnelle.

J'avais également réussi à sauver un portrait de ma mère réalisé après sa mort. Le peintre avait inséré une photo d'elle dans le tableau qui la représentait avec un châle rouge vif sur les épaules puis avait calligraphié au-dessus des caractères chinois. Des vandales des Gardes rouges avaient endommagé une partie de la calligraphie mais j'étais parvenu à recoller le reste. N'ayant qu'un vague souvenir de ma mère, je conservais précieusement ce portrait d'elle jeune et pleine d'espoir.

Quand viendrait le moment de quitter la Chine, je serais contraint de plier ces estampes, ce qui signifiait qu'elles garderaient à jamais la trace des plis. Mais je préférais cela à les abandonner à une société qui ne respectait pas sa propre histoire.

Je commençai à sortir avec une jeune étudiante d'une autre faculté. Malgré mon divorce, nos relations étaient contraires aux règles. Lu Qing et moi faisions du vélo dans les parcs en tâchant de passer inaperçus, comme le font les gens dans ce pays surpeuplé où quelqu'un vous surveille toujours. À mes yeux, j'étais célibataire. J'avais passé ma vie de jeune adulte dans la solitude et je n'avais pas l'intention de faire de même dans la maturité. J'avais toutefois conscience de notre différence d'âge.

– J'ai vingt-six ans de plus que toi, dis-je à Lu Qing quand nous nous mîmes à parler de mariage. Pense à ce que tu ressentiras quand tu entendras quelqu'un faire ce commentaire : « N'est-ce pas charmant, cet homme qui se promène avec sa fille ? »

Elle me répondit que cela lui était égal, et je la savais sincère. Je découvris l'amour fou qu'on connaît à vingt ans, je n'avais jamais rien connu de tel.

Nous supposions que le Parti était au courant de notre liaison car il avait des espions partout – dans votre rue, à votre étage, à votre bureau. Le responsable politique de Lu Qing aborda la question avec elle en lui disant : « Soyez prudente. Vous devez poursuivre vos études. Ce n'est pas bon pour vous d'être sous l'influence de cet homme. » Elle répliqua que nous avions l'intention de nous marier quand elle aurait son diplôme, et l'homme convoqua les parents de Lu Qing pour leur faire des remontrances. Ceux-ci se montrèrent opposés au mariage mais Lu Qing leur rappela qu'elle venait d'avoir vingt et un ans, qu'elle était libre de faire ce qu'elle voulait. Elle leur vola même son certificat de naissance pour rappeler au Parti qu'elle était majeure.

Il y eut une réunion au siège du Parti pour décider si deux adultes pouvaient se marier, et je craignais que les parents de Lu Qing ne fassent des difficultés en raison de mon âge et de mon passage en prison. Le père garda le silence, la mère, qui s'était fortement opposée à moi, sembla plus irritée encore par le responsable du Parti.

– Ma fille est majeure, déclara-t-elle, nous respectons sa décision.

Après ce revirement spectaculaire, Lu Qing et moi nous unîmes à la Noël 1984. Nous ne pouvions vivre ensemble parce que, nantie de son diplôme, elle travaillait maintenant à Shanghai, et nous faisions la navette pour nous voir le week-end et pendant les vacances.

Au cours de l'été 1985, je persuadai ma faculté de m'envoyer faire des recherches à Shanghai, et nous passâmes deux mois ensemble comme mari et femme. Je n'en désirais pas moins quitter la Chine – j'en avais pris la décision deux ans plus tôt.

Ce fut un stage à Zhengzhou avec deux étudiants de troisième cycle qui me fit basculer. Le 23 septembre 1983, nous étions dans notre dortoir, un peu avant l'aube, quand nous entendîmes un « défilé » dehors – trompettes, haut-parleurs, cris, bruit de pas. Des adultes et des enfants descendaient la rue comme pour se rendre à un match ou au cirque. On nous expliqua que c'était jour d'exécution, et la moitié de la ville – deux millions d'habitants – se rassemblait pour le spectacle. J'avais vu assez souvent la mort dans ma vie mais mes étudiants étaient jeunes et ils me supplièrent de les emmener. Nous partîmes.

J'entendis d'abord la pétarade des motos de la police, puis le grondement de quarante-cinq camions à ridelles transportant chacun un misérable être humain debout, ligoté, une pancarte accrochée au cou : « Voleur », « Assassin », « Violeur ». Peut-être était-ce vrai mais comment croire les autorités ?

Au camp, j'aurais connu l'homme, ou son histoire. Quel était son crime ? Avait-il gribouillé sur un mur une idiotie quelconque contre Mao ? Le tuait-on pour nous faire peur ? Au camp, je savais que personne ne méritait une mort pareille, mais dans cette rue en fête de Zhengzhou je me dis que peut-être, pour certains d'entre eux, le châtiment était juste. Mais pour tous ?

Leur attitude n'était ni repentante ni provocante. Ils ne brandissaient pas le poing en invoquant une noble cause, ils ne clamaient pas leur innocence. Ils savaient qu'ils étaient coupables – coupables de ne pas vivre à la bonne époque, mais il n'y avait peut-être jamais eu de bonne époque en Chine. Le gouvernement mettait en scène cet horrible spectacle pour intimider la population. « On tue le poulet pour effrayer le singe », dit le proverbe.

Le cortège s'étirait sur plusieurs kilomètres jusqu'à un champ où un cordon de police contenait la foule. D'autres policiers sortirent de plusieurs dizaines de voitures noires, firent descendre les prisonniers des camions et les conduisirent au lieu d'exécution. Un officier donna le signal en tirant une fusée ; deux policiers saisirent un prisonnier, un troisième tint une carabine à quelques centimètres de sa tête et pressa la détente. Quarante-cinq détonations simultanées. Les corps s'effondrèrent ; un groupe d'inspection remonta la file. Si l'un des prisonniers remuait encore, on l'achevait d'un coup de pistolet, à bout portant.

Assez près pour tout voir, je fus consterné par la façon dont le spectacle était organisé. Le gouvernement se montrait incapable de nourrir le peuple mais savait mettre en scène le massacre de quarante-cinq êtres humains pour l'amusement et l'édification des masses. Dans la foule, beaucoup réagirent comme s'ils venaient de voir un but magnifique dans un match de football, ou une représentation mémorable au music-hall. Lorsque la plupart des policiers repartirent dans leurs voitures noires, des centaines, des milliers de gens se bousculèrent pour voir les corps inertes de plus près. Des enfants, des adultes peu robustes furent renversés. Je parvins à rester debout mais la foule me poussa vers les cadavres et je m'aperçus, avec un hoquet de dégoût, que j'avais du sang humain sur mes chaussures. Je réussis à me dégager et j'observai la foule, que les policiers s'efforçaient de faire reculer à coups de matraque et de crosse de fusil.

Un officier enfonça un gourdin dans un crâne fracassé et le souleva au-dessus de la foule, comme pour l'asperger de cervelle. Les spectateurs reculèrent pour ne pas être touchés par la mort – mais touchés, ils l'étaient tous, en permanence. Ceux qui étaient restés derrière gardaient une attitude plus sobre. Ils ne riaient pas, ne poussaient pas d'acclamations ; leur mine sombre indiquait qu'ils avaient compris la tragédie de leur pays.

Le lendemain, le gouvernement publia des photos macabres de l'événement, énuméra les prétendus crimes de ces hommes mais ne donna aucun détail sur leur procès, leur condamnation. Étranger à cette ville, j'évitai de me faire remarquer en me montrant curieux, mais rien qu'en écoutant les conversations je sus que certains des prisonniers exécutés n'avaient fait que critiquer le pouvoir, ou refuser d'obéir aux ordres. Ils s'étaient opposés au système, et le système leur avait fait voler la tête en éclats.

Ce jour-là à Zhengzhou commença pour moi une vie d'enquête sur la façon dont la justice est rendue dans mon pays natal. Avec discrétion, je cherchai à recueillir des informations sur les exécutions en masse. Je découvris notamment que le gouvernement ne prévient pas obligatoirement la famille du prisonnier condamné et qu'elle doit payer la balle et les frais d'incinération pour pouvoir obtenir ses cendres.

À Zhengzhou, ces exécutions avaient lieu une fois par mois. À Shanghai, on tua soixante-neuf personnes à peu près à la même époque, à Wuhan cent une, à Pékin soixante-dix-neuf. La Chine compte deux mille districts, trois cents grandes villes. Si vous multipliez deux mille trois cents par une moyenne de vingt exécutions, vous imaginez le nombre de personnes exécutées chaque année en Chine. Et nous savions tous que Deng Xiaoping et son équipe suivaient les traces de leurs prédécesseurs. En 1984, ils mirent fin aux exécutions publiques mais les rétablirent en 1989 après les événements de la place Tienanmen. Il fallait de nouveau faire peur aux singes.

On tue aussi ailleurs qu'en Chine – guerre, révolution, famine, haine raciale, conflits frontaliers. Mais montrez-moi un autre pays qui organise des exécutions publiques à une telle échelle, mois après mois, province après province. Peut-être il y a un siècle ou deux, mais pas aujourd'hui. À l'âge de la télévision et de l'ordinateur, les Chinois en étaient encore à s'entre-tuer.

Je résolus d'émigrer en Amérique. Ma nouvelle femme était jeune, enthousiasmée par l'idée de prendre un nouveau départ. Ma sœur avait écrit qu'elle se porterait garante pour une visite temporaire mais ma demande de visa fut rejetée par le consulat américain à Shanghai. Furieux, je voulus connaître les raisons de ce refus ; je devais prouver que je rentrerais bien en Chine après mon voyage. Je convainquis le secrétaire de section du Parti à l'université de déclarer que j'étais un bon enseignant, avec un bon salaire, et qu'on me garderait mon poste jusqu'à mon retour.

Après le délai d'attente de trois mois, je me rendis à Pékin pour une deuxième demande. Je pensais avoir plus de chance dans la capitale mais l'employé du consulat ne leva même pas les yeux vers moi. Refusé.

– Qu'est-ce que ça veut dire ? explosai-je. Quel est le motif ?

– Désolé, je ne peux pas vous donner de motif, répliqua-t-il, me prouvant que la Chine n'avait pas l'exclusivité des bureaucrates exaspérants.

– Vous êtes cinglé !

Je fis un tel scandale qu'un diplomate s'approcha.

– Il y a un problème ?

– Je n'ai pas vu ma sœur depuis trente ans. Il faut que je lui rende visite, c'était la dernière volonté de mon père.

– Je comprends votre situation, dit l'homme, mais trop de gens font une demande comme la vôtre et ne reviennent plus. Nous donnons la priorité à ceux qui vont voir leurs parents ou leurs enfants, leur mari ou leur femme. Une sœur, ce n'est pas prioritaire.

– Je veux juste faire un voyage aux États-Unis, assurai-je. Je reviendrai.

Il parcourut mon dossier.

– Vous avez de bonnes références. Vous devriez vous faire inviter par une université américaine. Voici ce que je vous suggère. J'ai un quota à respecter, je ne peux laisser partir personne, mais si vous sollicitez l'accord d'une faculté américaine, vous pourriez avoir un visa en qualité de professeur invité.

J'eus alors le grand coup de chance qui changerait ma vie. J'avais écrit un article sur un appareil français perfectionné s'adaptant à une foreuse et transmettant des informations à un ordinateur sans que les chercheurs aient à envoyer des échantillons au laboratoire. Cet article, publié dans une revue chinoise et repris par un magazine scientifique français, attira l'attention d'un enseignant de l'université de Californie. Il m'écrivit pour m'inviter à donner des cours et à poursuivre mes recherches à Berkeley. Sans que je sollicite quoi que ce soit, la solution tombait du ciel. L'homme de Berkeley précisait qu'il devait encore demander des crédits, qu'il n'avait pas les fonds nécessaires, mais je répondis : « Je peux couvrir mes frais. Veuillez m'envoyer l'invitation dès que possible. »

Selon la législation américaine, la déclaration de ma sœur n'était valable qu'un an, de novembre 1983 à novembre 1984. L'invitation de Berkeley me parvint en septembre et je téléphonai à ma sœur pour qu'elle renouvelle sa déclaration.

« Ça suffit, me répondit-elle dans sa lettre. Je l'ai fait une fois, cela n'a pas marché, je ne veux pas recommencer. »

Carrément. Maintenant que notre père était mort, elle ne voulait plus m'aider.

J'allai aussitôt à Pékin faire une nouvelle demande de visa, avec moins d'un mois de délai. Je courais ma chance. Au consulat américain, je tombai par bonheur sur le diplomate qui s'était montré si aimable la première fois. Il me reconnut immédiatement.

– Comment allez-vous ? s'enquit-il.

C'était réconfortant d'entendre quelqu'un vous parler avec respect.

– Bien, dis-je. L'université de Californie m'invite à travailler là-bas.

– Berkeley ? Félicitations.

Il prit son stylo. Remarqua-t-il que le délai de validité de la déclaration de ma sœur était sur le point d'expirer ? Je ne saurais le dire. Il signa le document et me souhaita un agréable séjour à Berkeley.

Je ne me rappelle pas son nom – c'était il y a dix ans. Son visage, sa voix, son attitude représentaient l'Amérique en laquelle je croyais. Le pays qui avait toujours déclaré : « Si vous avez quelque chose à nous apporter, venez. »

Se souvient-il de ce géologue exalté qui avait mis tant d'acharnement à obtenir un visa. Quand, en été 1995, il a vu à la télévision le militant insensé que les communistes avaient arrêté à la frontière, il a peut-être pensé : « Mais c'est mon géologue. J'espère qu'il est fier de moi. »

8

La découverte de l'Amérique

Je téléphonai à ma sœur pour lui annoncer ma venue – pouvait-elle passer me prendre à l'aéroport de San Francisco ? Elle eut l'air estomaqué. À mon arrivée, elle me demanda :
– Comment as-tu fait ? Comment as-tu réussi à sortir ?
Elle savait qu'elle ne m'avait pas beaucoup aidé.
– L'université de Berkeley m'a invité. Je vais enseigner là-bas. J'ai un permis de travail.
Elle ne répondit pas : « C'est bien. » Elle ne dit pas grand-chose, en fait. Après trente ans de séparation, nous étions des étrangers l'un pour l'autre. Elle m'emmena chez elle, une maison pas très grande mais pourvue d'une chambre d'amis – qu'elle ne m'offrit jamais. Elle me fit coucher dans la salle de séjour, sur un canapé convertible qu'elle refermait chaque matin et rouvrait chaque soir. Le message était clair : arrangement temporaire.
Han Lian et son mari ne parvenaient pas à cacher que je les importunais. Un matin, la belle-mère de ma sœur se trouvait chez eux et j'étais en train de replier le canapé-lit quand nous sentîmes tous une odeur de brûlé. Mon beau-frère accourut en me criant : « Qu'est-ce que tu fais ? Qu'est-ce que tu fais ? » La belle-mère expliqua qu'elle se préparait un toast dans la cuisine, que c'était sa faute, mais je compris : j'étais l'arriéré du vieux pays, on ne pouvait pas me laisser toucher à des appareils compliqués comme un grille-pain.
J'avais emporté l'estampe de mon père, irrémédiablement abîmée, quelques vêtements, les quarante dollars qui

me restaient après avoir vendu mes livres, et c'était tout. Han Lian ne semblait pas se soucier de savoir si j'avais besoin de quelque chose. Elle avait toujours été gâtée dans sa jeunesse et se montrait encore plus égocentrique maintenant.

Je me rendis à la célèbre université, à l'autre bout de San Francisco. Elle se dressait, magnifique, sur le flanc d'une colline, face à la baie. Pendant que nous subissions les Gardes rouges dans les années 60, Berkeley connaissait les hippies et les Panthères noires, le mouvement Free Speech. J'étais passé d'une société claustrophobe à une société vertigineusement ouverte. Tout était disponible – mais il fallait avoir de l'argent.

Un métro moderne creusé sous la baie reliait San Francisco à Berkeley, mais l'aller-retour coûtait cinq dollars. Je me présentai à l'université, on me donna un endroit où travailler. Au bout de quelques jours, je demandai à ma sœur de me prêter un peu d'argent jusqu'à ce que je dispose d'un revenu. Bien que son mari eût un bon emploi dans une banque, et elle aussi, elle refusa.

Un jour, sa belle-mère m'invita à dîner, ce qui était très gentil de sa part. « Merci, répondis-je, mais pourrais-je avoir l'argent à la place ? J'en ai besoin pour aller à Berkeley. » Elle me donna vingt dollars et dut en parler à ma sœur car le lendemain, celle-ci me remit une enveloppe pleine de pièces. Je pus traverser la baie plusieurs fois, mais je savais qu'il me fallait déménager.

Je dénichai près de Berkeley un studio à partager avec cinq étudiants chinois. Le loyer était de quatre-vingt-seize dollars par mois. Je sollicitai ma sœur pour le premier loyer et ce fut encore non. Au bout de huit jours, je partis.

J'essayai de transformer en chambre le petit bureau que j'avais à l'université, mais à 9 heures du soir, le gardien m'informa poliment qu'il devait fermer pour la nuit. Je dormis dans ce qui avait été People's Park, le célèbre parc que les marginaux et les gauchistes avaient tenté d'arracher à l'université en 1969. S'il pleuvait, je m'installais dans une gare d'autobus ou une station de métro.

Je trouvai l'un de mes premiers petits boulots chez un marchand de beignets. Je passais des heures debout à faire frire des dizaines de beignets à la fois. Au camp, si vous vous assoupissiez pendant le travail, les gardes vous battaient. En Amérique, si je fermais les yeux, la graisse bouillante éclaboussait mes bras et mon visage. Je n'ai gardé cet emploi que quelques mois mais, encore aujourd'hui, je suis incapable de manger un beignet. Mon travail de recherche ne me rapportant pas un sou, je n'avais pas de quoi payer les quatre-vingt-seize dollars de loyer de ce minuscule appartement partagé avec cinq étudiants. Je dus donc chercher d'autres endroits où passer la nuit. Souvent, j'allais à la bibliothèque de Berkeley, je me couvrais la tête d'un journal et je m'endormais.

Dans une de mes lettres à ma femme – qui dut attendre six mois pour avoir un visa – je lui recommandai de prendre un nom anglais, comme le font beaucoup d'Asiatiques en arrivant aux États-Unis, et lui suggérai de choisir « Diana ». Dès nos retrouvailles, en juin 1986, je compris à son visage que quelque chose n'allait pas. Lu Qing ou Diana, ce n'était plus la jeune fille romantique de l'année d'avant. Je lui laissai un mois ou deux pour s'habituer à la vie en Amérique, mais elle avait toujours des lettres à écrire, et je la trouvai souvent au téléphone quand je rentrais.

En août, elle m'avoua qu'elle était amoureuse de quelqu'un d'autre, un homme de son âge qu'elle avait rencontré à Shanghai. Le coup fut terrible mais j'avais appris depuis longtemps à cacher ma souffrance. Je ne voulais plus être vulnérable pour qui que ce soit. « Cela arrive, dis-je. La différence d'âge, la longue séparation… Je comprends. » Je promis d'accepter ce qu'elle déciderait et elle me demanda si nous pouvions rester légalement mariés jusqu'à ce qu'elle obtienne sa carte verte[1].

Ce n'était pas si simple. Le Service d'immigration avait dans son collimateur les mariages blancs uniquement destinés à légaliser la présence d'un immigré aux États-Unis. Il exigeait que les couples soient mariés dans tous les sens

---

1. Permis de séjour. (*N. d.T.*)

du terme, qu'ils vivent sous le même toit, partagent la même chambre. Nous sauvegardâmes un moment les apparences puis Lu Qing alla vivre avec la famille de Martin Hussman, un homme âgé très serviable qui m'avait aidé à m'installer en Californie. Quand j'acceptai de faire venir aussi le petit ami de Diana, Martin perdit patience et, à ma connaissance, le petit ami ne vint jamais en Amérique. Diana finit par avoir sa carte verte et nous pûmes légalement divorcer. Je crois qu'elle vit encore dans la région de la baie.

Je m'éloignai aussi de ma sœur. Bien que nous n'ayons eu aucun contact pendant des années, je lui envoyai un faire-part quand j'épousai Ching Lee en 1991, et elle nous invita tous deux à dîner. À Noël, nous lui écrivions une carte. Quand *Vents amers* fut publié, en 1994, je lui en envoyai un exemplaire pour qu'elle sache ce que la famille et moi avions connu pendant toutes ces années, mais elle ne me répondit jamais. Elle avait acquis une autre mentalité à Hong-Kong, où les gens se croient supérieurs à ceux qui sont restés en Chine continentale, en raison de ce que Mao nous a fait, de ce que nous nous sommes fait les uns aux autres.

Hong-Kong réintégrera le giron chinois en 1997, et ses habitants auront un échantillon de ce que nous avons connu. Pendant ma détention de 1995, ma sœur n'a pas téléphoné une seule fois à Ching Lee. Je ne m'attendais pas qu'elle le fît. Pour elle, je ne suis qu'une source de problèmes.

J'approchais de la cinquantaine et mon rêve de fonder une famille s'éloignait à tire-d'aile. Je ne pensais pas pouvoir devenir un jour professeur à Berkeley et je m'estimais trop âgé pour travailler dans le domaine de la géologie. J'avais besoin d'argent.

Je trouvai un emploi dans un magasin de vins et spiritueux – quatre dollars et demi de l'heure, c'était mieux que les deux dollars et demi du marchand de beignets, mais il fallait garder un œil sur la porte pour repérer les clients à problème. Je m'occupais aussi d'un vieillard que j'aidais à faire sa toilette, que je lavais quand il s'était souillé – cela ne me dérangeait pas – deux heures par jour, huit dollars de l'heure, le meilleur boulot que j'aie jamais eu en Amérique. Je finis par entrer dans une société de développement de photos, huit ou neuf heures de travail par jour. J'avais foi en l'Amérique. Si on s'accroche, on réussit.

En 1986, on me demanda de faire une conférence sur la Chine à l'université de Californie à Santa Cruz. Les Américains savaient peu de chose sur mon pays parce que, après 1949, leur gouvernement avait longtemps prétendu qu'il n'existait pas. Il a fallu attendre vingt-trois ans pour que Nixon se rendît en Chine, pour que l'homme qui disait haïr le communisme fît le jeu de Mao en légitimant son régime. Ce qui m'étonna le plus en Californie, c'est que les Américains d'origine chinoise ignoraient tout des camps de travail et ne connaissaient même pas le mot *laogai*. Pendant ma conférence à Santa Cruz, je ne pus retenir mes larmes en parlant des morts. Professeurs et étudiants m'écoutèrent dans un silence médusé.

– Nous compatissons, nous voulons vous aider, déclarèrent certains. Nous voyons bien que vous avez souffert. Que pouvons-nous faire ?

D'autres objectèrent :

– Vous n'êtes peut-être qu'un cas isolé.

– Non, répondis-je, il y en a des millions comme moi. Personne en Chine n'a jamais entendu parler de Harry Wu, ajoutai-je. Je n'étais qu'un prisonnier parmi des centaines de milliers d'autres. Si j'avais succombé dans les camps, personne ne se souviendrait de moi. Je ne suis que poussière. Regardez-moi. Vous pensez que je suis un héros ? Je suis juste un homme qui a survécu. Je viens ici représenter ces gens sans nom, sans visage.

Ce soir-là à Santa Cruz, je compris que quelqu'un devait révéler aux Occidentaux ce qui se passait en Chine. Je savais que j'aurais mieux fait de tourner la page – de me construire une vie, comme disent les Américains – mais le *laogai* refusait de me lâcher.

En décembre 1987, je fis la connaissance de Wu Yuan Li, qui avait été vice-ministre de la Défense en Chine et était à présent consultant à l'Institut Hoover sur la guerre, la révolution et la paix, à l'université Stanford. Quand il apprit que j'étais un rescapé du *laogai*, il m'encouragea à donner des conférences et ajouta qu'il y aurait peut-être quelque chose pour moi à Hoover – dont je découvris plus tard la réputation d'institut de droite, profondément conservateur.

J'eus un entretien avec Ramon Myers, directeur du département d'études sur l'Est asiatique. Il s'enquit si j'avais publié des articles, si j'avais un diplôme en sciences sociales ou politiques, si j'étais recommandé par tel ou tel chercheur.

– Non, répondis-je, je suis diplômé en géologie. Je travaille actuellement au département génie civil de Berkeley.

Myers précisa que l'Institut s'attachait exclusivement la collaboration des gens de Taiwan, et je vis qu'il avait déjà inscrit la mention « Refusé » sur ma demande. Après l'avoir remercié de sa franchise, je me levai en disant que je ne voulais pas lui faire perdre davantage son temps.

– Il me reste vingt minutes avant le rendez-vous suivant, répliqua-t-il. Parlons un peu de vous. Qu'est-ce que vous voulez vraiment faire ?

– Des recherches sur le goulag chinois. Le *laogai*.

Myers semblant intéressé, je lui décrivis la vie des camps et il m'écouta pendant deux heures. « Bon, j'ai changé d'avis », m'annonça-t-il. Il réclama à sa secrétaire un nouveau formulaire et m'accepta comme chercheur invité. Il eut recours à mon aide pour écrire son article sur les questions chinoises et m'accorda un crédit de dix-huit mille dollars pour faire des recherches sur le *laogai* – seul crédit que j'obtins jamais de Hoover, mais le soutien de cet institut me fut très précieux.

Sachant que j'avais un débouché à Hoover, je m'engageai à dénoncer les camps. Je quittai Berkeley, trouvai un emploi à la compagnie Meftech, qui fabriquait des puces électroniques. Le propriétaire était un Taiwanais nommé Chen dont je devins l'ami. D'abord chargé de l'entrepôt, responsable des livraisons et des expéditions, je fus nommé ensuite directeur adjoint, avec un salaire de trente mille dollars par an. Je m'achetai une voiture neuve, je commençai enfin à vivre. Meftech m'apprit à importer et exporter, à rédiger des documents d'expédition, à négocier un marché, à connaître les finasseries de la fiscalité et des douanes, à faire passer les frontières à une marchandise – connaissances que j'utiliserais bientôt dans mes relations avec le système pénitentiaire chinois déguisé en entreprise privée. Je n'étais plus un homme de science. Au fond de moi, j'étais maintenant un militant.

Je me mis à rassembler des documents sur le plus grand système de camps de concentration de l'histoire de l'homme. Au moment où Deng Xiaoping et autres vieillards s'efforçaient de lancer la Chine sur le marché mondial, les communistes avaient recours à des méthodes plus sophistiquées. Pendant trente ans, le *laogai* avait été un système de camp primitif, destiné à punir de prétendus crimes. Ces camps occupaient à présent une place dans la production nationale. La Chine se transformait. Elle s'ouvrait au commerce mondial, elle prenait place sur les marchés internationaux. Et elle le faisait en partie en exploitant des gens à peine mieux traités que des esclaves. Le *laogai* avait désormais une double appellation : camps de rééducation sur le plan intérieur, mais « usines » ou « fermes » pour les étrangers naïfs qui commerçaient avec Pékin.

Sous le régime de Deng, les prisonniers continuèrent à effectuer de rudes travaux comme défricher, construire des routes, exploiter des mines, édifier des barrages, cultiver le thé, le coton et les céréales, mais ils fabriquèrent aussi des produits électroniques, mécaniques et chimiques pouvant être exportés. Je finirais par dénombrer cent vingt articles fabriqués par des détenus et vendus sur le marché international.

La Chine ne cessait de clamer qu'elle changeait – et c'était vrai. Le mot d'ordre était maintenant de gagner de l'argent. Les camps faisaient appel à la technologie et aux investissements étrangers, ils envoyaient des délégations techniques et commerciales à l'étranger. Ils étaient devenus l'équivalent chinois des firmes multinationales mais avaient sur elles un énorme avantage : leur main-d'œuvre était en partie gratuite. Le directeur du camp étant un entrepreneur, il devait couvrir ses frais et, s'il dégageait des bénéfices, il en gardait pour lui et versait des primes à ses employés. Pour la première fois, les gardes et les policiers touchaient leur part des profits.

Tout le monde avait intérêt à échapper aux règles internationales sur la main-d'œuvre servile mais Pékin devait encore faire mine de respecter les normes mondialement établies. En 1988, le ministère de la Justice publia une brochure sur la rééducation des criminels qui déclarait :

« La fonction essentielle de nos établissements du *laogai* est de punir et d'amender les criminels. Concrètement, ils remplissent leur tâche dans trois domaines : punir les criminels et les placer sous surveillance ; les rééduquer ; les insérer dans la production, créant ainsi des richesses pour la société. »

Le ministère parlait en réalité de travaux forcés. Sans vergogne.

Mon premier livre s'intitulait finalement *Laogai, le goulag chinois*, et l'Institut Hoover autoriserait gracieusement Westview Press à le publier en 1992. À présent que j'avais rassemblé les faits, je me rendais compte que j'avais toute une vie de travail devant moi.

En 1989, la Chine attira l'attention mondiale d'une manière horrible. En juin, le mouvement pour la démocratie explosa à Pékin, sur le vaste espace appelé place Tienanmen où, plus de trente ans auparavant, j'avais fait partie d'une garde d'honneur d'étudiants pour le président Mao. Cette fois, la foule n'honorait pas le président Deng ni le Parti communiste mais protestait contre les arrestations, la censure, les contrôles, les mauvais traitements, les camps de travail.

Je n'avais rien à voir avec la place Tienanmen, ce n'était pas ma génération. Si ces jeunes avaient sollicité mon avis, je leur aurais répondu : « Vous êtes fous. Assurez-vous d'abord d'avoir la police et l'armée de votre côté avant de vous lancer dans ce genre de choses. » Les jeunes de la place Tienanmen ont peut-être cru refaire les manifestations de Berlin-Est, de Russie, de Hongrie et de Tchécoslovaquie à la fin de l'Union soviétique. En Europe, les manifestants sont allés à la rencontre des soldats et leur ont dit : « Hé, vous n'allez pas nous tirer dessus pour cette cause perdue ? » Et les soldats étaient convaincus au fond d'eux-mêmes qu'ils étaient incapables de tuer leurs compatriotes.

Ce n'était pas le cas en Chine, où les dirigeants savent encore intimider et contrôler l'armée et la police. J'aurais dit aux étudiants que Deng et les autres vieillards n'hésiteraient pas à massacrer des Chinois pour conserver le pouvoir, mais je n'étais que directeur d'un service d'expédition en Californie. Comme le reste du monde, je regardais la télévision, je lisais les journaux. Scènes insoutenables de chars écrasant des jeunes à vélo, de policiers tirant dans le dos de manifestants, de soldats pourchassant des étudiants dans les ruelles de Pékin, leur transperçant le corps de leur baïonnette, d'agents des services de sécurité arrachant des gens à leur maison, à leur boutique pour les expédier dans les camps de travail. Et pourquoi ?

Bien sûr, j'ai protesté. Je suis allé à San Francisco, j'ai participé à un rassemblement devant le consulat chinois en tenant à la main un ballon en baudruche couvert d'idéogrammes chinois signifiant : « Vivre pour la démocratie, Mourir pour la liberté. » C'était tout ce que je pouvais faire : tenir un ballon. Je n'avais pas les capacités politiques ou financières pour aider ces gens mais je pouvais peut-être faire œuvre utile en soulevant la question en Occident.

En juin 1990, la Commission du Congrès américain sur les relations étrangères tint sa première audience sur le goulag chinois. Son président, Alan Cranstor, sénateur de Californie, et Jesse Helms, sénateur de Caroline du Nord, ne connaissaient pas le mot *laogai* mais n'ignoraient pas qu'il se passait quelque chose là-bas. Une règle du Congrès interdit aux ressortissants étrangers de témoigner devant ses commissions mais les sénateurs la tournèrent en invitant Stephen Mosher, professeur au Claremont College de Californie, qui parle couramment le mandarin et le cantonais, et fut l'un des premiers Américains à dénoncer les avortements forcés et autres abus en Chine. Mosher accepta de faire une brève déclaration puis de me présenter comme son principal témoin afin de me laisser parler de ce que j'avais vécu. Un grand nombre de parlementaires, tant démocrates que républicains, avaient une vaste connaissance du goulag soviétique, des camps de concentration hitlériens, des massacres cambodgiens, mais ignoraient tout du *laogai*.

Le jour où j'ai témoigné devant le Congrès, trois représentants de l'ambassade chinoise se tenaient debout dans la salle et me fixaient avec des yeux froids, mauvais, qui disaient : « Nous aurions dû t'achever dans les camps. » Ils savaient qui j'étais, ils savaient où je vivais, ils savaient ce que j'avais fait. Je ne pouvais être sûr qu'ils ne tenteraient rien contre moi en Californie mais il fallait que je continue. On commençait à entendre mon message.

Au printemps 1991, les représentants Frank Wolf et Chris Smith visitèrent la Prison n° 1 de Pékin et revinrent avec la preuve que des chaussettes fabriquées dans cette « usine » par des détenus étaient très probablement exportées aux États-Unis. C'était contraire à la législation et à la tradition américaines, et un nombre important de personnalités officielles étaient maintenant prêtes à mettre en accusation le gouvernement chinois.

La Chine riposta par des campagnes démontrant sa bonne volonté et invitant au tourisme, elle adopta une prétendue loi sur les droits de l'homme afin de conserver le statut de nation la plus favorisée, quel que soit le président. Pékin s'efforçait d'adapter les usages occidentaux pour dissimuler ses crimes. Il fallait que quelqu'un rétablisse la vérité. L'idée de retourner en Chine commença à me trotter dans la tête.

En même temps, je m'exerçais à l'écriture avec un de mes amis enseignants, John Creger, qui m'incita à explorer le côté psychologique de ma vie. « Vide-toi, me conseilla-t-il. La seule façon pour toi de survivre, c'est de tout faire sortir de ta poitrine. » Affronter la bête, le diable. La seule manière de traiter mon passé, c'était d'en parler, de rédiger un livre, de le jeter au visage des autres. Mais lorsque, avec l'aide de John, je m'efforçai de faire resurgir les souvenirs de ma famille, de mes amis, la distance était trop grande. J'avais besoin de me rafraîchir la mémoire. Il fallait que je monte sur la Grande Muraille et que j'en déloge symboliquement quelques briques pour regarder à l'intérieur.

Pour préparer un éventuel retour en Chine continentale, je décidai de me rendre à Taiwan, de l'autre côté du détroit. Et là, il m'arriva une chose inattendue : je tombai amoureux.

9

Ching Lee

Pendant que je préparais mon voyage à Taiwan, mon ancien patron, le marchand de beignets, ne cessait de me répéter que sa femme avait une amie là-bas qui me conviendrait tout à fait. Comme beaucoup d'autres, les Chinois se prennent pour d'excellents marieurs.

– Tu n'es plus jeune, fit valoir mon ami. Tu devrais avoir une famille. Tu ne peux pas rester toute ta vie un chien errant autour du cimetière.

– Qu'est-ce que tu racontes ? J'ai deux divorces derrière moi. Je n'ai pas du tout l'intention de me remarier. Laisse tomber.

Je bluffais, je faisais le brave. J'avais un demi-siècle, l'histoire avait disloqué ma vie ; une partie de moi voulait encore tout risquer pour défier la Chine, mais l'autre partie désirait une épouse, des enfants. Je refusais de l'admettre, face à mes amis comme à moi-même.

Le marchand de beignets écrivit à une femme de Taiwan en insistant pour qu'elle me rencontre. Mon ami précisa que j'écrivais un livre sur la Chine (il ne croyait guère à son succès) ; j'avais une formation de géologue et je venais de quitter la Chine pour la première fois – mais il ne mentionna pas mon séjour dans les camps. Ching Lee téléphona en Californie pour avoir plus de détails.

– Quels sont ses défauts ? voulut-elle savoir.

– C'est un homme bon mais têtu, répondit mon ami.

Dans l'esprit de Ching Lee, je pouvais être n'importe quoi – d'un ex-Garde rouge qui avait saccagé des écoles et des hôpitaux, à un intellectuel envoyé à la campagne pour

« apprendre » au contact des paysans. On lui déclara que je ferais un mari parfait.

– Épouser un homme de Chine continentale ? Impossible, dit Ching Lee, consciente que quarante ans de séparation entre Taiwan et la Chine faisaient de nous des êtres de cultures très différentes. Mais je suis curieuse de le connaître, ajouta-t-elle. Nous pourrions devenir amis.

Après qu'elle eut accepté de faire ma connaissance, ses amis me précisèrent qu'elle était l'assistant du vice-ministre des Affaires économiques, c'était une femme active, célibataire, déjà dans la quarantaine. Selon eux, nous nous ressemblions beaucoup – déterminés, forts, individualistes, entêtés.

Nous convînmes de nous rencontrer le 4 janvier 1990, au coin de la rue Fu Zhou, à Taipei, près du bureau de Ching Lee. Le soleil était déjà couché, et bien que le quartier fût mal éclairé, je sus aussitôt que mes amis avaient raison. Je fais toujours confiance à mon instinct. Dès que je vis son doux visage intelligent, je compris que cette femme serait ma compagne pour le reste de ma vie. Elle était vêtue avec une élégance discrète, s'exprimait d'un ton cultivé, avec un timbre de voix oriental et charmant. Le meilleur de deux mondes. Je sus instantanément que c'était elle.

Je lui demandai de me conseiller un endroit où dîner, et elle aurait pu choisir le plus grand restaurant de Taipei, je l'y aurais volontiers emmenée. Elle proposa une modeste cafétéria du quartier.

Nous nous assîmes, commandâmes des steaks, et je m'aperçus que je me sentais à l'aise pour lui parler. Je résolus de lui dire d'emblée la vérité :

– J'ai été dix-neuf ans en prison.

Elle laissa tomber sa fourchette. Je me hâtai d'expliquer que c'était en qualité de prisonnier politique, pris dans la folie du système de Mao – près de vingt ans à travailler dans les fermes et les usines du *laogai*.

– Qu'est-ce que c'est, le *laogai* ?

Je me rendis compte qu'elle ne savait rien des camps de travail. Ching Lee vivait de l'autre côté du détroit, elle avait grandi sous la menace d'une invasion communiste, mais

Pékin était parvenu à cacher son hideux secret à la plupart des Taiwanais.

Les parents de Ching Lee étaient des gens instruits, entreprenants. Son père, Chen Hsien Cheh, originaire du Hunan, avait été bombardier dans l'aviation chinoise pendant la Seconde Guerre mondiale ; il avait effectué quelques missions au-dessus de l'Inde mais avait surtout lâché des bombes sur les positions japonaises en Chine. Il était parti pour Taiwan en 1949 pour ne jamais revenir. Sa mère, Yen Yu Mei, née dans le Henan, avait écrit une centaine de contes pour enfants, dont la moitié avaient été publiés. Ching Lee était née à Chengdu, dans le Sichuan, en 1945. Sa famille l'avait emmenée à Tainan puis à Taipei. Elle avait fait des études de gestion à l'université Chung Hsing, puis était entrée dans l'administration. Elle vivait encore avec ses parents dans un grand appartement confortable de Taipei, et ils s'étaient rendus une fois en Californie. Ching Lee me confia tout de suite qu'elle espérait faire de sa vie quelque chose de plus intéressant.

– *A priori* je n'avais pas trouvé Harry très impressionnant, dit-elle, mais après quelques minutes de conversation j'ai pensé : « Voilà quelqu'un de différent. » Il avait connu des moments terribles. « Je n'ai rien, a-t-il déclaré, mais je suis maintenant aux États-Unis et j'écris mon histoire. » J'étais très impressionnée qu'il me parle du *laogai* à notre première rencontre. Il était franc avec moi.

» J'avais déjà quarante-cinq ans. Harry voulait retourner en Chine et je connaissais peu de chose sur ce pays. Malgré mon métier, je ne m'intéressais pas à la politique.

Avant la fin de la soirée, je l'invitai à passer le week-end avec moi dans une station balnéaire peu fréquentée en hiver. Tout arriva très vite. En deux semaines, je tombai amoureux de Ching Lee comme je n'aurais jamais imaginé l'être. Je pouvais lui parler, rire avec elle. Je me sentais plus proche d'elle que je ne l'avais été de quiconque. Incapable de lui mentir, je lui exposai mon projet de retourner en Chine au risque de me faire prendre, de mourir d'une balle dans la nuque, anonyme et perdu. Je me sentis tenu de lui parler des représentants du gouvernement chinois aux audiences de la commission du Congrès, des clic curieux que j'entendais parfois sur la ligne téléphonique. L'avenir que je lui proposais n'était pas une existence banale où l'on travaille dur toute la journée avant de rentrer chez soi le soir. Je lui décrivis une vie de controverses, d'émotions fortes et de danger. Elle n'était ni américaine ni chinoise, et je voyais qu'elle hésitait à se laisser entraîner dans une telle aventure.

– Écoute, dis-je, même si tu épousais un Taiwanais, personne ne pourrait te garantir que ça ne finirait pas par un divorce. Les êtres humains sont les mêmes partout. Nous voulons tous un bon mari, une bonne épouse. Je suis un être humain comme toi.

Mes arguments durent l'ébranler car elle déclara qu'elle acceptait de réfléchir à ma proposition. Pendant ces quelques jours, sa curiosité s'éveilla et je la vis essayer de comprendre cet homme passionné qui venait de faire irruption dans sa vie.

Je retournai en Californie mais nous restâmes en contact par téléphone, et nous décidâmes de nous marier en février 1991. Je pense qu'elle espérait que je finirais par surmonter mon obsession des camps, mais je ne pouvais m'en libérer.

Juste avant que je retourne à Taiwan pour me marier, une grande conférence sur les droits de l'homme en Chine eut lieu à l'université Columbia de New York. Les Américains voulaient des informations sur les événements de la place Tienanmen, ce qui les avait causés, quelles en avaient été les conséquences, et je fus invité à prendre la parole.

Immédiatement après, Orville Schell, l'un des plus éminents experts occidentaux sur la Chine, me mit en contact avec David Gelber, producteur de CBS, qui désirait réaliser une émission sur les camps. J'avais maintenant une carte verte, ce qui signifiait que je pouvais aller en Chine et revenir aux États-Unis. Est-ce que j'accepterais d'aller là-bas tourner un film, prendre des photos, faire des interviews, rassembler des documents – tout ce qui pourrait illustrer les camps pour des spectateurs occidentaux ?

Les Chinois verraient-ils la différence entre travailler pour CBS et travailler pour le gouvernement des États-

Unis d'Amérique ? Les dirigeants de Pékin pensent que les Partis républicain et démocrate sont comme le Parti communiste – réservés à une élite triée sur le volet. Risquerais-je ma vie sur la présomption qu'ils saisissent ces nuances subtiles ?

« Laisse tomber, conclus-je. Tu vas te marier. Profite de la vie. Il ne te reste pas tellement d'années pour ça. »

Pourtant, cela faisait cinq ans que j'avais quitté mon pays natal. Je voulais voir et entendre les choses par moi-même. Je voulais retourner là-bas.

J'épousai Ching Lee à Taipei – mariage civil – le 11 février 1991. Ses parents, sa meilleure amie et quelques autres personnes seulement assistèrent à la cérémonie, et nous invitâmes une poignée d'amis à dîner ce soir-là. Je me pris aussitôt d'affection pour ses parents, qui comblèrent une lacune dans ma vie. J'avais été terriblement seul une grande partie de mon existence mais j'avais à présent une femme et une famille. Seul un fou aurait pris le risque de perdre tout cela.

Après notre lune de miel, Ching Lee dut retourner travailler quelque temps à Taipei tandis que je regagnais la Californie. Il me fallait annoncer à ma femme que j'envisageais d'aller en Chine enquêter sur les camps. Un moment, je songeai à partir secrètement mais je ne pouvais pas lui mentir. Elle était trop intelligente, trop fière, trop bonne pour être ainsi traitée. Je ne voulais pas qu'elle ait de mes nouvelles en entendant aux informations de 6 heures à Taipei : « Un Américain emprisonné en Chine. » Et si elle se retournait contre moi ? Si elle se disait, « Je n'ai jamais voulu ça » ? C'était tout à fait possible. Ching Lee avait grandi dans un environnement stable, et elle était mariée à un homme qui prenait de terribles risques. Je ne me livrais pas au trafic de drogue, je n'introduisais pas clandestinement des armes, mais les dirigeants chinois m'accuseraient d'être un criminel, un espion, s'ils me pinçaient à visiter leurs camps.

Rentré en Californie, je retrouvai mon appartement, ma voiture, ma vie tranquille, et vis en pensée les prisonniers en uniforme bleu se rendre aux champs à pas lents. Quelle heure était-il ? Le soir en Amérique, le matin en Chine – les gens partaient au travail. Il y avait sûrement un drapeau rouge planté à la lisière du champ. Si un détenu franchissait cette limite, les gardes l'abattaient. J'étais étendu dans mon lit en Californie, et mon esprit filait vers une mine de charbon chinoise. Je devais aller là-bas, je le savais. Il me fallait en parler à Ching Lee.

– Je sais que tu as décidé de partir, dit-elle au téléphone. Tu le regretteras toujours si tu ne le fais pas.

Après un silence, elle reprit :

– Je pars avec toi. J'utiliserai mes congés annuels.

– Pas question que tu fasses cela pour moi.

– Ce n'est pas seulement pour toi. C'est aussi pour moi. Je suis née en Chine. Je n'y suis pas retournée depuis ma petite enfance. Pendant des années, ce pays a été à la fois très près et très loin de moi. Je veux poser le pied sur ma terre natale. Je veux faire quelque chose pour la Chine.

– C'est trop dangereux, répondis-je, ébranlé cependant par la fermeté de sa voix.

Je n'avais pas affaire à une Chinoise docile trottinant derrière son mari. Après cette conversation téléphonique, je ne doutais plus que Ching Lee était une femme moderne et forte qui se tiendrait à mes côtés.

Mais saurait-elle courir ou ramper pour échapper au danger ? J'avais appris à le faire dans les champs. Frapper le premier la brute qui vous harcèle. Mordre l'homme qui vous vole votre petit pain de maïs. Répliquer au garde. Mentir. Dire la vérité. Faire tout ce qui était nécessaire pour survivre.

Je commençais à peine à redevenir un être humain. Pouvais-je attendre de Ching Lee qu'elle pense comme une bête – qu'elle se conduise comme une bête ? Elle n'élevait jamais la voix, ne bousculait pas les gens et je craignais que ses manières policées de Taiwanaise ne la trahissent aux yeux des Chinois.

Il y avait aussi un problème de langue. Les Taiwanais parlent le mandarin, ils ont la même langue officielle que la Chine, mais après presque un demi-siècle de séparation, les deux langues ont évolué de façon différente. Le lexique taiwanais comporte de nombreux termes reflétant les nuances subtiles de l'Ouest, de la liberté d'expression. Il a intégré des termes techniques, des mots d'argot, des mots anglais que le mandarin continental ne connaît pas encore. L'accent ne pose pas de problème mais une seule phrase peut vous trahir. À Taiwan, pour désigner les nouilles de restauration rapide, on dit « des nouilles trempées », alors qu'en Chine continentale, on parle de « nouilles pratiques ». Et si vous commandez une portion de nouilles dans une rue de Shanghai ou de Pékin, quelqu'un pourrait tendre l'oreille et se dire : « Hmm, Taiwan. »

En outre, Ching Lee se ferait-elle au confort sommaire de la Chine communiste ? Cette femme habituée aux bureaux *high tech*, aux appartements de tour, aux stations balnéaires, devrait voyager dans un pays où les installations sanitaires sont rudimentaires. Pouvais-je l'entraîner dans des situations où elle se sentirait atteinte dans sa dignité, voire menacée ? Il y avait beaucoup de choses que je ne pouvais lui apprendre, de nombreuses situations auxquelles elle ne serait pas préparée. Je n'avais ni le temps ni l'énergie nécessaires. Je n'étais pas assez intelligent pour tout anticiper.

Dans mon esprit, Ching Lee était douce, innocente et vertueuse. Tous les maris ont peut-être besoin de penser cela de la femme qu'ils viennent d'épouser. Je n'avais jamais vu en elle une accompagnatrice possible pour ces voyages. J'avais d'autres volontaires, des personnes habituées à vivre en marge, aimant le danger. Je ne voulais pas ces qualités chez ma femme.

– Ce n'est pas dangereux, insista Ching Lee. Tu ne vas pas là-bas pour des raisons politiques.

Elle fardait la réalité. Nous savions tous deux que j'avais pour objectif de rassembler des informations sur les camps. Nous savions tous deux que j'utiliserais des méthodes qui seraient considérées comme illégales, ou à tout le moins inamicales. Je me sentais capable de supporter tout ce que les Chinois pourraient me faire, mais je ne voulais pas que Ching Lee souffre.

Elle revint à la charge :

– Tu es mon mari, je dois aller là où tu vas. Je serai un soutien moral. Je t'aiderai.

Pendant la majeure partie de ma vie, je n'avais compté que sur moi-même. Je crois que j'avais vécu vraiment seul depuis le jour où j'avais dit adieu à ma belle-mère, où j'avais vu son expression de souffrance, et compris que nous ne nous reverrions probablement jamais. Dans les camps, j'avais fait confiance à quelques prisonniers parce que nous avions besoin les uns des autres pour survivre, mais c'était différent. Au téléphone, la voix de Ching Lee me disait qu'elle me soutiendrait partout où nous irions. Je n'étais plus seul.

10

Premier voyage

Au printemps 1991, je rédigeai mon testament, l'emportai à Taiwan et le remis à mes beaux-parents. Au cas où. Je rentrais, je retournais au pays que j'avais quitté six ans plus tôt. Je ne pouvais en rester éloigné. J'avais l'intention de visiter les camps, de retrouver les détenus, les gardes, de tourner un documentaire et d'écrire un livre sur ma vie au *laogai*. Personne en Occident ne pourrait plus dire qu'il ne savait pas.

Je dois toutefois reconnaître que ma mission avait aussi un aspect plus obscur. J'avais *besoin* de retourner là-bas, de jouer avec le feu, de descendre dans l'arène affronter les taureaux, de traverser une autoroute à six voies, de faire de la corde raide. Toute ma vie, j'avais défié le système, critiqué le système ; maintenant que je vivais à l'Ouest en homme libre, j'étais incapable de me tenir à distance.

Dès mon arrivée à Taipei, je passai de longs moments avec Ching Lee à dresser mes plans. Novice en la matière, j'avais parlé à plusieurs personnes et élaboré trois règles fondamentales, que j'énonçai à ma femme :

– Premièrement, ne jamais discuter, faire ce que je dis.

» Deuxièmement, s'efforcer de rester éloignés l'un de l'autre sur le terrain. Nous nous servirons parfois de talkie-walkie pour communiquer. Ne pas se risquer seul en terrain découvert. Rester dans la foule, ou près des arbres, des bâtiments.

» Troisièmement, si je suis arrêté, battu, ou tué, ne pas essayer de me porter secours ou de récupérer mon corps. Déguerpir le plus vite possible, filer à Hong-Kong, à Taiwan ou aux États-Unis, et prévenir les personnes dont je t'ai donné le numéro de téléphone et l'adresse.

Tous les numéros étaient codés, au cas où ils tomberaient aux mains des autorités.

– La sécurité passe avant tout, déclarai-je à ma femme. Si nous avons un problème, tu disparais. Moi, je resterai, je sais comment m'y prendre avec ces gens. Ils s'occuperont de moi et te laisseront tranquille. Tu dois t'enfuir. Sans poser de questions.

Ching Lee écouta, hocha la tête.

Nous avions une couverture, si l'on s'intéressait à nous. Chen avait déposé le bilan de Meftech en 1991 – je vivais de mes conférences – et je disposais de tout un stock de cartes, papier à en-tête, formulaires d'expédition. Il aurait été dommage de le gâcher.

CBS m'avait confié deux caméras qui tenaient dans des sacs de voyage de dimension modeste. Nous avions découpé dans la toile de petits trous, masqués par des rabats. Pour filmer, il suffisait de les relever. L'un de nous filmerait pendant que l'autre surveillerait les environs. J'informai également Ching Lee que des Chinois et des étrangers passeraient chercher les bandes que nous aurions déjà utilisées. Ces « contacts » ne prenaient pas ce risque pour de l'argent mais parce qu'ils croyaient à ce que je faisais.

J'avais mis en place un second système de sécurité : des numéros de téléphone où, dans diverses villes, on attendait jour et nuit un éventuel appel. J'avais établi un code pour faire savoir ce dont j'aurais besoin, mais ce ne serait pas moi qui téléphonerais. Il y aurait quelqu'un derrière moi – un ami, un compagnon, ou peut-être simplement un étranger courageux, qui ne me quitterait pas des yeux.

– On ne sait jamais, expliquai-je à Ching Lee. Les Chinois me surveilleront peut-être. Ils pourraient s'arranger pour que je sois tué dans un accident. Je pourrais disparaître subitement, et ils prétendraient ne pas être au courant. C'est déjà arrivé. Voilà pourquoi j'ai besoin de gens autour de moi. Pour surveiller. Au cas où.

Comment avais-je appris ces méthodes ? Ni dans un film de James Bond ni dans un livre d'espionnage mais pendant ma détention dans les camps. Au *laogai*, nous avions besoin de signaux secrets, de mots à double sens, pour communiquer entre prisonniers. On faisait confiance à quelques personnes, et on mettait au point tout un code.

Nous savions que le moment le plus risqué, ce serait à la frontière. Mes conférences, mes témoignages devant le Congrès m'avaient donné une modeste notoriété aux États-Unis, et il se pouvait que les autorités chinoises aient pris des dispositions pour empêcher Wu Hongda ou Harry Wu de pénétrer en Chine. Ching Lee obtint son visa sans problème à Taiwan : on franchissait facilement la frontière, des deux côtés on voulait développer les échanges commerciaux.

Parti de Hong-Kong, notre avion se posa à Tianjin, non loin de Pékin. Au contrôle, je présentai mon visa et, à ma surprise, personne ne m'accorda un regard. C'était un document de voyage américain, que n'importe quel étranger nanti d'une carte verte peut se procurer, et je passai, émigré banal en visite au pays natal. Bien que six ans se soient écoulés depuis mon départ, je ne ressentais rien. Ching Lee était moins blasée. Quand l'appareil atterrit, l'émotion de voir sa patrie la submergea. Malgré la division politique entre Taiwan et la Chine continentale, malgré tout ce que je lui avais révélé sur le *laogai*, son cœur était chinois.

Le lendemain matin, je m'aperçus qu'on dissuadait les étrangers de louer des voitures, et nous dûmes recourir au système de location de camionnette avec chauffeur – ce qu'on appelle la « camionnette de pain ». Sachant que certains des chauffeurs travaillaient pour la police, je choisis le mien en m'appuyant sur cette science douteuse qu'est la physiognomonie – sa tête me plaisait. Je lui dis que nous voulions rendre visite à un ami gardien à la ferme de Qinghe et il ne posa pas de questions.

Dans les années 60, j'avais été envoyé deux fois dans ce camp. Comme j'étais arrivé en fourgon, avec des chiens et des gardes qui aboyaient autour de moi, je n'avais jamais vu la ferme de la route, et ce n'est qu'en 1988, en achetant une photo de la région prise d'un satellite, que je m'étais rendu compte qu'elle était aussi vaste. Un de nos sympathisants, un Sino-Américain nommé Chang, s'était procuré la carte légalement auprès d'un service commercial pour mille huit cents dollars.

Dès que notre « camionnette de pain » eut franchi la Yongding au pont Yonghe, une pancarte nous avertit : « Attention, camps de *laogai*. » Notre chauffeur donna une explication aux policiers, qui nous laissèrent passer. Soudain, tout me revint : la terreur d'être envoyé au camp, sans savoir si j'en sortirais un jour. Nous découvrîmes d'interminables champs de maïs et de riz, des groupes de bâtiments rouge sombre, la muraille en brique de six mètres de haut, surmontée d'une clôture électrifiée, et dominée par un mirador plus haut encore, la grille en fer gris, soigneusement fermée. Au-dessus de l'entrée, une pancarte annonçait : « Ferme de Qinghe, Pékin », désignation édulcorée à l'usage des étrangers. Mais pour les hommes enfermés à l'intérieur, c'était en réalité le camp de *laogai* n° 1 de Pékin. C'était la vieille section 585, où l'on vous expédiait quand vous étiez trop faible pour les travaux pénibles. C'était là que mon meilleur ami, Chen Ming, était mort d'avoir mangé un vrai petit pain au maïs que j'avais obtenu pour lui.

Assis à côté de Ching Lee, je ne tenais pas en place. Il fallait que je descende et que ma femme me filme devant cet endroit épouvantable pour prouver au monde – à moi-même – que j'avais survécu. Je demandai au chauffeur, maître Tian, de faire halte parce que ma femme avait envie d'uriner. Il protesta, j'insistai – c'était urgent. Il arrêta le véhicule et nous fîmes quelques pas le long du petit sentier sinueux.

Devant nous s'étendait le champ 586, le terrain d'enfouissement où j'avais abandonné le corps de Chen Ming aux chiens sauvages. Les restes de Xing-la-Grande-Gueule l'avaient fertilisé. Trente ans s'étaient écoulés. Le mur de Berlin avait été abattu, le bloc soviétique démantelé ; la guerre des États-Unis avec le Viêt-nam avait commencé et pris fin mais des hommes peinaient encore derrière le mur rouge de la prison chinoise.

Repérant un agent de la sécurité qui accourait pour examiner notre camionnette, je lançai à Ching Lee :

– Presse-toi !

Après avoir pris quelques photos de moi devant le 586, ma femme, qui avait fait ses études à l'université de Taipei, s'accroupit comme une paysanne pour se soulager.

– Qu'est-ce que vous faites ici ? cria l'agent coiffé d'un chapeau de paille.

– Excusez-nous, ma femme cherche un endroit pour uriner.

– Vous ne pouvez pas venir ici, glapit-il. Filez dès qu'elle aura fini.

Quand Ching Lee eut terminé, elle me murmura :

– Pourquoi ne bavardes-tu pas un moment avec lui ? Je voudrais le filmer.

Je me tournai de nouveau vers l'agent, désignai de la main les parcs à cochons du camp.

– Ces porcs doivent bien faire cent kilos. Avec quoi les nourrissez-vous ?

Il me regarda d'un œil neuf.

– D'où vous êtes ?

– De Shanghai. Nous allons à Chadian rendre visite à un ami qui travaille au service financier de la direction de la ferme.

Il parut désarmé.

– À Shanghai, on n'élève pas les porcs comme ici, déclara-t-il.

Ching Lee filmait et enregistrait cette conversation des plus terre à terre mais c'était important pour moi. Harry Wu osait bavarder avec un agent de la sécurité.

En remontant dans la camionnette, je remarquai des centaines de prisonniers creusant un fossé, torse nu. Des gardes armés de carabines les entouraient, à l'intérieur d'un périmètre délimité par des drapeaux rouges : quiconque franchissait ces limites était abattu.

– Ça n'a pas du tout changé, soufflai-je à Ching Lee.

Les détenus nous fixaient, impassibles. Avec leurs muscles luisants de sueur, leur regard dur, ils semblaient réduits à l'état de bêtes.

– Si je t'avais vu parmi eux, je ne sais pas si je t'aurais épousé, avoua Ching Lee.

C'était vrai. En regardant ces hommes, on se surprenait à penser : « Ils le méritent peut-être. »

– Une chance que tu ne m'aies pas connu à cette époque, répondis-je à voix basse. (Je me tournai vers le chauffeur.) Qui sont ces gens ? Qu'est-ce qu'ils font ?

– Ce sont des prisonniers. Certains ont été condamnés parce qu'ils ont provoqué des troubles sur la place Tienanmen.

– Ils sont prisonniers ? fis-je, feignant la surprise.

Voulant continuer à filmer le camp, Ching Lee entra dans le jeu :

– Je n'ai jamais vu de prisonniers. Qu'est-ce qu'on leur donne à manger ? On les bat ? Maître Tian, vous pourriez retourner là-bas pour que je les voie encore une fois ?

J'intervins en prenant le ton du mari patient.

– Ce que tu peux être curieuse ! Il n'y a rien à voir, ils travaillent.

Poli, maître Tian fit un détour pour passer de nouveau devant les détenus avant de nous ramener à la gare de Chadian. Je lui donnai de l'argent pour déjeuner et lui dis que nous louerions des vélos pour aller voir nos amis. Retour dans deux heures environ.

J'attachai les sacs contenant les caméras sur les porte-bagages et nous partîmes dans la campagne, longeant des clôtures de fil barbelé. Nous pédalions d'un camp à l'autre – fabriques de papier, de matériel électrique, fermes d'élevage de poulets ou de vaches. Nous vîmes des milliers de prisonniers travaillant dans les vignes, les rizières, ou sur les routes.

Nous avons un dicton en Chine : « Les jeunes du troupeau n'ont pas peur du tigre. » C'était le cas pour Ching Lee. Elle n'avait pas assez d'expérience pour être effrayée. Nous nous placions l'un en face de l'autre, nous feignions d'avoir une conversation, voire une dispute, et elle filmait. Je finissais par devenir nerveux et murmurais :

– Bon, assez.

Mais elle me répondait :

– Tout va bien, on continue.

Le photographe typique : encore une.

Je savais ce qu'étaient ces camps. J'en portais les traces. La ferme de Qinghe existait depuis près de quarante ans, depuis l'époque où Mao avait appris de Staline à créer son propre goulag. J'avais envie de me précipiter dans les champs pour libérer ces hommes – paysans, employés de bureau, petits délinquants, tous coupables d'un seul crime : être chinois, de sexe masculin, et de peu de valeur aux yeux du gouvernement.

Sentant ma tristesse, Ching Lee se serra contre moi. « Je ne sais pas comment j'ai fait pour survivre mais j'y suis parvenu, me dis-je. Je suis maintenant marié à cette femme belle et forte. J'ai une cause à défendre. Je dois continuer. »

De retour à Tianjin, j'expliquai au chauffeur que nous ne rentrions pas immédiatement à l'hôtel et lui demandai de nous déposer à un restaurant, n'importe lequel. Après l'avoir payé, nous entrâmes dans l'établissement et, dès qu'il eut tourné le coin de la rue, nous courûmes à la gare. Inutile de nous attarder dans le secteur. Nous étions de retour à Pékin quelques heures plus tard.

Le problème consistait maintenant à faire sortir du pays le plus rapidement possible plusieurs bandes vidéo. Un de mes contacts en garderait une copie en Chine, pour plus de sûreté, tandis qu'un autre ami quitterait Pékin avec l'original.

Le moment était-il venu pour moi de passer la main ? Il régnait une forte tension dans la capitale. Le 4 juin avait été le deuxième anniversaire du massacre de la place Tienanmen, et des renforts de police continuaient à patrouiller les rues pour intimider la population. Nous décidâmes de jouer aux touristes pendant une journée. Ching Lee se jucha sur un rempart surplombant la place Tienanmen, et je la pris en photo au moment où elle agitait faiblement la main, comme notre cher président disparu.

Après six années d'absence, je remarquai que la plupart des chauffeurs de taxi se démenaient pour gagner de l'argent et que beaucoup d'entre eux avaient une piètre opinion de la société communiste. Dans le Shanxi, la femme d'un chauffeur, qui militait activement dans le cercle de la Ligue des jeunes communistes de son entreprise, me déclara :

– Les membres du Parti sont pires que les gens ordinaires.

Quand je lui demandai pourquoi elle en était membre, elle me répondit :

– Intérêt personnel. Si vous n'adhérez pas, pas de promotion ; sans promotion, pas de pouvoir, et sans pouvoir, pas de vie meilleure.

Je comparai son attitude à celle des Chinois des années 50, réellement convaincus que les membres du Parti se dévouaient pour le bien de tous. Le zèle révolutionnaire était mort quelques décennies plus tôt. Pas étonnant que de nombreux dirigeants du mouvement de la place Tienanmen aient réussi à se cacher en Chine des mois durant. Au bout de quelques jours, je compris que je pourrais parcourir le pays sans craindre qu'un citoyen ordinaire, me trouvant suspect, ne me dénonce à la police. Toutefois, les autorités disposaient encore de millions de policiers et de soldats qui maintenaient le reste de la population dans un étau.

Nous connûmes notre première alerte sérieuse le 13 juin, alors que nous roulions à bicyclette vers la ferme de Tuanhe, dans les faubourgs de Pékin. C'est là que j'avais eu le cœur brisé en apprenant, alors que ma peine originelle de trois ans pour activités « de droite » venait d'expirer, que le pouvoir aurait indéfiniment besoin de mes services. C'était à Tuanhe que, pour un navet, j'avais frappé au visage un homme plus faible que moi, que mon ami Lu Haoqin était devenu fou de désir, que mon ami Ao Naisong avait pris conscience qu'il ne jouerait plus jamais de son luth.

Ces souvenirs me revenaient à la mémoire tandis que nous cachions nos vélos dans un champ de maïs. Je me dissimulai dans un petit bâtiment abritant une pompe électrique et, par un trou dans le mur, pris en photo un groupe d'hommes travaillant dans un champ de coton à une centaine de mètres de distance. Je voulus aussi les filmer mais mon émotion était si forte que tout mon corps se mit à trembler.

– Je n'arrive pas à tenir la caméra, murmurai-je.

Ching Lee me remplaça tandis que je me répétais : « Tu es un homme libre, maintenant. Tu visites un endroit où a vécu autrefois un autre Harry Wu. » Je ne pouvais cependant m'empêcher de penser que j'étais encore en prison, que je le serais peut-être toujours.

Le tout était de ne pas se faire reprendre. Enhardis, nous roulâmes entre des vignes, jusqu'à une dizaine de mètres de la zone délimitée par des drapeaux rouges. Je fis semblant de réparer ma chaîne pendant que Ching Lee filmait, les deux mains à l'intérieur du sac.

– Stop ! beugla un policier, agitant son chapeau de paille en direction de deux de ses collègues. Allez devant pour l'arrêter, grouillez !

Je me tournai vers Ching Lee :

– Rappelle-toi ce que je t'ai dit ! Séparons-nous. Vite ! Tu prends à droite au prochain carrefour. Tu verras une grand-route. En une demi-heure, tu seras à la porte du Yongding. Ne t'en fais pas pour moi. Pars !

Je continuai à avancer, pédalant calmement, ménageant mon énergie, conscient qu'il était impossible de leur échapper parce qu'ils avaient des liaisons radio et des voitures de patrouille. Je ne pouvais surtout pas me permettre d'avoir l'air inquiet. Je devais être plus fort que ces brutes.

– Halte !

Deux hommes à vélo convergèrent vers moi. L'un me barra la route tandis que l'autre obliquait délibérément sur moi. Il me heurta de côté, me jeta par terre. Ils me tordirent les bras derrière le dos, me maîtrisèrent. J'étais à leur merci, ils pouvaient me tuer, s'ils le voulaient.

– Où tu fonçais, comme ça ? grogna l'un d'eux.

Rien n'avait changé à Tuanhe – mais je ne leur dis pas que j'étais un ancien « pensionnaire » de l'établissement.

— Qu'est-ce que ça signifie ? protestai-je, haletant. Je suis un touriste américain. Comment osez-vous porter la main sur moi ?

Apprenant que j'étais étranger, ils relâchèrent leur étreinte, me mirent debout.

— Vous êtes vraiment américain ? Qu'est-ce que vous faites ici ?

De la main, j'époussetai mes vêtements en m'efforçant au calme.

— La loi vous interdit de rudoyer les gens, déclarai-je. Qu'est-ce que c'est que cet endroit ?

— Qu'est-ce que c'est ? Un camp du *laogai* !

— Et qu'est-ce que c'est, le *laogai* ? répliquai-je, criant moi aussi.

— Vous savez pas ce que c'est ? C'est un camp de prisonniers. Me dites pas que vous savez pas !

La remarque était fondée : tout le monde en Chine connaissait au moins quelqu'un qui avait disparu dans les camps.

— Comment je le saurais ? braillai-je. Tenez ! Voici mes papiers !

En ouvrant mon sac, je fis délibérément tomber mes dollars et mes yuan. Message implicite : « Y a de quoi faire, les gars. » Ils ne connaissaient pas un mot d'anglais mais ils savaient lire les chiffres sur les billets.

— C'était qui, la femme ?

— Quelle femme ?

— Celle à qui vous venez de parler.

— Je ne la connais pas.

— Vous n'êtes pas venus ensemble ?

— Non. Je lui demandais juste la route. À propos, comment on retourne à Pékin, d'ici ?

Il faut être psychologue avec les policiers. Leur laisser croire qu'ils mènent le jeu, mais s'efforcer de changer l'ordre du jour. Au lieu de discuter de mon infraction, nous parlions maintenant d'itinéraire de retour. Il y avait peut-être un moyen de s'en sortir.

— Même si vous êtes américain, c'est une zone interdite, ici, m'assena un policier trapu. D'après le règlement, on doit vous coller une amende.

Je savais que ce règlement n'existait pas mais j'étais heureux de la tournure que prenait la conversation.

– Je ne sais rien du *laogai*, mais la loi, c'est la loi, convins-je. J'accepte de payer une amende car je suis pressé de rentrer à Pékin.

Ils proposèrent que nous en discutions à leur bureau mais je ne pouvais courir le risque de tomber sur un de leurs supérieurs réfractaire aux pots-de-vin. Ou sur un vieux gardien qui se souviendrait de moi.

– Soyez gentils, plaidai-je. Il se fait tard. Voulez-vous prendre cet argent et le remettre pour moi aux autorités ?

Le cœur battant, je plongeai la main dans le sac, en tirai une poignée de yuan que je tendis au petit trapu. Comme son collègue protestait, je lui fourrai dans les mains une autre liasse de billets.

– Il faut que je me sauve. Désolé !

Je remontai sur mon vélo et m'éloignai, m'attendant à chaque instant à recevoir une balle dans le dos. Je pédalai furieusement jusqu'à Pékin.

Ching Lee avait fait les valises et s'apprêtait à partir pour l'aéroport. J'étais fier qu'elle ait suivi la consigne. Elle avait jeté tout notre matériel vidéo dans un ruisseau pour éviter qu'il ne soit retenu comme preuve contre elle. Nous nous arrangerions plus tard avec CBS, si nous survivions. Par chance, nous avions une autre caméra à l'hôtel.

Le lendemain, je visitai mon ancienne université, où les fanatiques du Parti s'étaient acharnés sur moi à la fin des années 50. Comme on avait tendance, dans la Chine actuelle, à abandonner le culte de Mao, je fus surpris de voir sa statue promener un regard bienveillant sur la nouvelle génération. De la cour, je levai les yeux vers mon ancienne chambre, n° 332, dortoir nord n° 5. Je me rappelai le jour où l'agent de la Sûreté, portant son insigne rouge sang, m'avait fait traverser cette même cour, devant mes condisciples, et je me souvins de la fébrilité avec laquelle j'avais détruit les preuves qu'on aurait pu utiliser contre moi.

Comme nous parcourions le campus, j'avisai Yu Ji Gang, l'un de mes anciens entraîneurs, âgé de près de quatre-vingts ans, et je m'inclinai devant lui, parce que je crois encore au vieux dicton chinois : « Un maître, c'est pour toujours. » Un moment, il parut hésiter, et je lui rappelai que j'avais eu mon heure de gloire : capitaine de l'équipe de base-ball, entraîneur de l'équipe féminine. Wu Hongda. Son visage s'éclaira et je compris qu'il m'avait reconnu. Il me tapota l'épaule, à la manière des entraîneurs, et je m'inclinai de nouveau pour rendre hommage à ses cheveux blancs. Il ne m'avait jamais fait le moindre mal. Se rappelait-il le jour où l'on m'avait emmené ? Nous étions si nombreux – et nombreux aussi étaient les étudiants prêts à nous dénoncer.

Tandis que je parlais à Yu, deux hommes mûrs s'approchèrent et je reconnus en eux d'anciens collègues. Je craignis qu'ils ne me causent des ennuis s'ils apprenaient que je venais des États-Unis puis je songeai que je n'avais encore rien fait contre les communistes et je me détendis.

« Je suis revenu, me dis-je. Ils ne m'ont pas vaincu. »

Rien n'indiquait que nous étions suivis, nous poursuivîmes notre route : un saut de puce en avion de Pékin à Tai Yuan, puis quatre heures de voiture jusqu'à la mine de charbon Wangzhuang, également connue comme le camp du *laogai* n° 4 de la province de Shanxi.

On devinait au premier coup d'œil que ce n'était pas une mine ordinaire, avec les miradors qui dominaient le mur d'enceinte. Je sentis une douleur se répandre dans mes os quand j'approchai de la vieille grille, au-dessus de laquelle étaient encore affichées les trois questions :

« Qui es-tu ? – Je suis un criminel condamné. »

« Où es-tu ? – Dans un camp du *laogai*. »

« Que fais-tu ici ? – Je suis ici pour m'amender par le travail. »

J'avais remonté le temps de douze années pendant le court trajet en taxi. C'était là qu'on avait fracassé le crâne de Yang pour que le père du capitaine Li puisse manger sa cervelle. C'était là que j'avais épousé Shen Jiarui. C'était là que j'avais eu le dos brisé quand trois wagonnets s'étaient renversés sur moi. C'était là que le capitaine Li m'avait fait libérer. J'avais quitté ces visages noircis – ces âmes noircies, dirais-je – pour commencer une vie nouvelle. J'étais de retour avec une autre femme par une magnifique journée de juin, comme si c'était hier, tandis que d'autres hommes à la figure noire de charbon s'arc-boutaient pour pousser les wagonnets. Je revenais en qualité d'« ancien », comme on dit dans les écoles anglaises. Je voulais revoir l'endroit, en souvenir du passé. Si l'on nous avait arrêtés à cet instant, on n'aurait rien pu nous reprocher. Je faisais juste un pèlerinage.

Je frappai à la porte du bureau, déclarai aux gardes que j'étais un ancien détenu, réhabilité et vivant maintenant aux États-Unis. Ching Lee regarda en silence ces vieux hommes bourrus, en short et chemisette, qui m'accueillaient joyeusement. On aurait pu se croire dans un camp de vacances à la campagne.

Telle une touriste, Ching Lee sortit notre seconde caméra vidéo et demanda si quelqu'un voyait un inconvénient à ce qu'elle filme. Les gardes traitèrent l'élégante Taiwanaise et l'ancien mineur américain avec respect, sourirent devant notre coûteux appareil. Quelques-uns d'entre eux exhibèrent le certificat rouge indiquant qu'ils étaient d'anciens détenus passés de l'autre côté. Ils rirent et firent signe à la caméra pendant que Ching Lee les filmait. Si les miradors et le mur d'enceinte se trouvaient aussi sur le plan, c'était tout à fait par hasard.

À mon grand étonnement, je découvris un visage familier – Liu, l'officier qui avait fait descendre un cercueil dans la mine en 1975, quand les wagonnets m'avaient écrasé.

– Tu te souviens de moi ? questionnai-je.

– Bien sûr. Tu es le seul mineur qui ait jamais refusé son cercueil.

Nous éclatâmes de rire tous les deux, ravis d'avoir survécu. Liu avait fait son chemin, il dirigeait maintenant toute la mine.

– Tu n'es pas parti pour les États-Unis ? Pourquoi tu es revenu ? demanda-t-il en nous accueillant chez lui.

Je faisais de mon mieux pour rester calme mais j'avais les mains qui tremblaient. Comment pouvais-je être l'invité de cet homme ?

– Vous avez mangé ? s'enquit-il.

– Oui, nous avons déjeuné avec Yang, le directeur adjoint. Nous sommes aussi descendus dans l'une des fosses. Je voulais revoir tout ça.

Liu me servit une tasse de thé.

– Qu'est-ce que tu fais aux États-Unis ? Combien tu gagnes ?

En Chine, les gens vous interrogent immédiatement sur votre métier, votre âge, votre salaire et le nombre de vos enfants. C'est considéré comme de l'intérêt amical, pas de l'indiscrétion.

– Je suis chercheur dans une université américaine. Je gagne de quarante à cinquante mille dollars par an.

Liu convertit en yuan. En tant que bon communiste, il n'était pas censé s'intéresser à l'argent mais il parut impressionné.

– Et tu arrives à dépenser tout ça ?

– Bien sûr. Prolétaires ou capitalistes bourgeois, tous ceux qui travaillent dur réussissent aux États-Unis. Argent, famille, bonne voiture, distractions – on peut tout avoir, là-bas.

Je songeai à la façon qu'avaient les communistes de tout transformer en lutte politique. Il fallait toujours qu'ils rabaissent leurs adversaires, qu'ils les prennent au piège, qu'ils les tuent. Contenant ma colère, je dis à Liu :

– Il y a douze ans, quand je travaillais ici, on me considérait comme moins que rien. Maintenant, je suis respecté dans une autre société. Peut-être que, dans ton camp de *laogai*, il y a d'autres personnes comme moi qui pourraient vivre dans la dignité.

Liu ne broncha pas quand je prononçai le mot *laogai*. Nous étions de vieilles connaissances et il voyait maintenant en moi un homme de valeur parce que j'étais américain. Moi, je me rappelais les coups, la faim, et surtout les insultes, le manque de respect. Comme je retournais au taxi, Liu me demanda si je savais conduire. Non seulement je sais conduire, répondis-je, mais j'ai deux voitures. Il parut regretter d'être trop vieux, à soixante ans, pour conduire un jour. Il m'invita à passer la nuit chez lui mais je refusai :

– Je prends l'avion ce soir pour Pékin, et je rentre directement à San Francisco demain.

Ce n'était pas vrai mais je ne tenais pas à ce qu'il en sache trop.

Le jour suivant, 17 juin, nous nous rendîmes dans une autre mine, la Shanxi n° 2, où plusieurs de mes anciens camarades de camp avaient été transférés. La région était en plein essor, les villes empestaient la fumée des feux de charbon et tout était recouvert d'une pellicule jaunâtre. Les besoins en énergie de la Chine maintenaient ces vieux mineurs à jamais dans les camps, sans espoir de retour à la vie normale.

Mes amis Chen, Hang et Sun (pour des raisons évidentes, ce sont des pseudonymes) avaient quinze ou seize ans lors de leur arrestation. Ils étaient à présent en âge d'être grands-pères et continuaient à vivre comme des esclaves. Les neuf années passées ensemble nous permirent d'exprimer notre amitié en quelques mots, voire par un simple geste ou une mimique. Ils comprirent aussi que, vivant aux États-Unis, j'étais maintenant en mesure de faire des cadeaux à mes amis.

– Je voudrais prendre le camp vu d'en haut, dis-je à Chen, j'ai un appareil dans mon sac. Conduis-moi là où ce serait le plus intéressant, d'après toi.

Il m'emmena au sommet d'une colline d'où l'on découvrait des murs raboteux sinuant le long des crêtes. Le passé de la Chine est riche en histoires de murs. L'empereur Qin Shihuang bâtit la Grande Muraille pour arrêter les invasions mongoles et consolider son pouvoir. L'empereur Mao construisit ces murs pour isoler sept mille mineurs du reste de la Chine.

Mes amis acceptèrent de poser pour moi en se faisant passer pour des gardes, m'escortèrent dans ma visite.

Ching Lee les filma en train de faire le récit de leur vie. Je demandai à Sun s'il avait encore la passion du jeu et il m'expliqua qu'il était lourdement endetté.

– Je paierai ta dette, promis-je, mais à une condition : tu dois me jurer de ne plus jamais jouer.

Je lui remis trois cents dollars en présence de sa femme, et naturellement, il jura, mais deux mois après mon retour en Amérique, il m'écrivit et me demanda deux mille dollars pour couvrir une autre dette. Cette fois, je ne répondis pas.

Après le tournage de la dernière scène, je pris conscience qu'une vie de « rééducation de la pensée » avait diminué mentalement mes camarades de camp. Le peu d'instruction et de capacité de raisonnement qu'ils avaient, ils l'utilisaient pour lire des histoires de fantômes ou jouer ; le peu de force physique qui leur restait, ils le gaspillaient en rixes. Tous avaient autrefois eu leurs rêves mais ils n'avaient plus ni avenir, ni bonheur, ni espoir. Le système les avait broyés.

Je ne pouvais m'abandonner à la tristesse parce que j'avais besoin de toute ma présence d'esprit. Des ennuis s'annonçaient en la personne de Li Fang, un détenu de soixante ans qui avait toujours été un serpent. En principe, il travaillait encore à la mine, mais son travail consistait essentiellement à faire des courses pour les policiers. Mes trois « gardes », ne pouvant courir le risque d'être vus en ma compagnie, s'éclipsèrent.

– Tu me reconnais pas ? me dit le mouchard.

Réprimant un accès de panique, je répondis :

– Oh ! mon vieux copain Li Fang !

Je m'empressai de lui tendre un paquet de cigarettes Peony et de lui donner du feu.

– Content de te revoir, assurai-je. Tout va bien ? Je ne fume pas, garde le paquet.

En rejetant la fumée, il lâcha négligemment :

– J'ai entendu dire que tu vis en Amérique.

– Qui t'a raconté ça ?

– Oh, un bruit qui court.

Ce type se comportait en flic : il appâtait avec de menues informations dans l'espoir d'en pêcher de plus intéressantes.

– Comment cela se pourrait ? fis-je. Quelqu'un comme moi partir pour l'étranger ? Je te présente ma femme. Nous travaillons tous deux à l'université de Wuhan. Nous allions justement descendre en ville manger quelque chose. Viens, mon vieux, je t'invite.

Je savais qu'il n'était pas du genre à faire une balade au nom de l'amitié. Peut-être bavardait-il pour le repas gratuit, ou pour glaner des renseignements sur nous – ou les deux.

– Nous sommes allés à Pékin pour notre travail et nous en avons profité pour passer voir de vieux amis comme Liu, le directeur de Wangzhuang, dis-je afin de faire savoir à Li que j'avais le feu vert des autorités du camp.

En outre, il avait sans doute remarqué que nous portions ma femme et moi des vêtements ordinaires fabriqués en Chine continentale et que nous fumions des cigarettes chinoises. À la fin de la conversation, le mouchard était gorgé d'informations – certaines vraies, d'autres non. Le temps qu'il retourne à la mine, il serait trop tard pour qu'il fasse son rapport aux agents de la Sûreté. Et le lendemain matin, nous partîmes de bonne heure.

Shanghai était en pleine expansion. Ma ville natale avait totalement changé en six ans ; les vieux quartiers surpeuplés avaient été rasés pour faire place aux gratte-ciel. Les gens humbles qui s'y étaient réfugiés pendant l'invasion japonaise et les exactions des Gardes rouges étaient chassés de leurs foyers, remplacés par des tours réservées à la nouvelle élite technologique.

Le *laogai*, situé au cœur de la ville, participait lui aussi au boom économique. Le 18 juin, nous visitâmes l'usine de tuyauterie d'acier Laodong, où je me fis passer pour un cadre d'une compagnie américaine. Je cherchai à obtenir un contrat signé, des documents, des photos d'une unité de production qui était en même temps un camp de travail, et la fabrique de tuyaux convenait parfaitement. Nous étions déjà en possession d'une brochure désignant Wong Shing Ping comme le directeur du camp, alors qu'un autre document le présentait – même nom, même photo – comme un ingénieur dirigeant l'usine. L'adresse était la même, le numéro de téléphone différent, le numéro de télex identique.

Ma tâche consistait à obtenir d'autres preuves. Je fis à pied le tour de la Shanghai Laodong pour m'assurer que la réalité correspondait au plan et aux adresses. Il y avait effectivement une entrée pour l'« usine » et une autre pour la prison, mais toutes deux ouvraient sur le même complexe.

J'entrai avec ma « secrétaire », Chen Ching Lee, me présentai en remettant ma carte – merci Meftech. Les cadres, qui portaient l'uniforme de la police, se montrèrent aussi accueillants que l'auraient été les dirigeants d'une entreprise américaine. Après avoir parlé affaires un moment, je voulus visiter l'usine, et le responsable à la sécurité accepta. J'adressai un clin d'œil à Ching Lee, qui nous quitta pour aller aux toilettes, où elle mettrait en marche la caméra cachée dans son sac. Lorsqu'elle revint, le responsable nous emmena dans les ateliers où des centaines de prisonniers, la tête rasée, le corps engoncé dans le même uniforme, se penchaient sur leur machine. D'une certaine façon, c'était encore pire que dans les fermes. Ils ne levèrent pas les yeux vers moi, ils avaient perdu leur identité.

Moi qui étais censé être le plus coriace, je me mis à frissonner, non de peur mais de tristesse devant ces âmes perdues rivées à leur machine. J'aurais pu être n'importe lequel d'entre eux.

Sentant mon désarroi, Ching Lee se pencha vers moi et me pressa le bras. Le responsable à la sécurité me demanda si j'allais bien.

– Désolé, répondis-je. J'étais en train de penser au niveau de qualification de ces prisonniers.

J'avais intentionnellement fait usage du mot « prisonnier » et il ne me corrigea pas. La chose allait de soi. La visite se poursuivit mais j'avais une autre idée en tête.

– C'est très bruyant, ici, me plaignis-je. On ne pourrait pas aller dans un endroit plus tranquille ?

Il nous conduisit dans son bureau. Pouvait-il garantir la qualité des produits de sa firme ? m'enquis-je.

– Sans problème, déclara-t-il. Vous comprendrez quand je vous aurai donné cet exemple : un industriel ouest-allemand a acheté nos tuyaux et les a fait passer pour du matériel fabriqué dans son pays. Nos articles sont assez bons pour les Allemands. Qu'est-ce que vous dites de ça ?

Lorsqu'il quitta la pièce pour parler à quelqu'un d'autre, je repérai sur la table une liste de noms et de numéros de téléphone. Ching Lee regarda autour d'elle, hocha la tête : personne en vue. Je m'emparai du document. Je ne me demandai pas : « Est-ce que ça vaut quinze ans de prison ? » parce qu'on ne peut pas se permettre ce genre de pensées, mais je savais que c'était du vol. À mes yeux, je ne faisais que dénoncer le système.

Dehors, j'examinai mon butin, qui dépassait mes espérances. Le document portait le cachet de l'usine, avec un plan et les adresses de tous les camps de travail locaux. C'était le procès-verbal d'une réunion où des dirigeants du *laogai* et du Parti avaient discuté des moyens d'étouffer d'éventuelles révoltes ou tentatives d'évasion.

« Le 12 juin 1991, la direction du camp d'amendement-par-le-travail n° 7 et la municipalité de Xinjing ont tenu avec les représentants des forces de police en poste dans le camp une réunion à l'auditorium... en vue de renforcer la sécurité, de prévenir les incidents au sein de la prison et d'y maintenir l'ordre. » Etc. J'étais sûr que les hommes d'affaires occidentaux clients de la Laodong seraient choqués d'apprendre que cette usine était aussi une prison.

Le lendemain, je subtilisai un autre document à l'entreprise de soudure Huadong quand on nous laissa seuls dans un bureau. Là encore, coup de chance. Le document, émanant du Département politique du Bureau de Shanghai d'amendement-par-le-travail, suggérait que le système pénitentiaire soit dirigé par le Parti communiste : « Il convient d'établir des relations harmonieuses entre le Parti et les organismes gouvernementaux, qui se soutiennent et se complètent. Les objectifs en matière de rééducation et de production devraient être remplis. »

(À mon retour aux États-Unis, en 1991, je soumettrais ces deux documents à une sous-commission de la Chambre des représentants. Pendant mon procès, en 1995, les Chinois les utiliseraient afin de me faire passer pour un espion, mais je ne travaillais ni pour le FBI, ni pour la CIA, ni pour les services de renseignements d'aucun pays. À mes yeux, j'étais un enquêteur au service de la vérité.)

Toujours à Shanghai, je visitai une usine fabriquant de l'outillage destiné aux États-Unis. Les dirigeants durent m'expliquer pourquoi ils ne pouvaient me laisser approcher de la chaîne d'assemblage.

– Nous serons francs avec vous, me dit Lu Weimen. Aux États-Unis, le Congrès a récemment fait toute une histoire sur la nature particulière de nos entreprises.

Malgré sa prudence, il me décrivit en détail le fonctionnement du système :

– Nous passons toujours par une société d'import-export.

Ce qui signifiait qu'ils avaient créé d'autres compagnies pour s'occuper de l'expédition des outils. Ainsi, personne ne connaîtrait leur provenance. Ces types apprenaient vite.

À Shanghai, Ching Lee émit le désir de voir la maison de mon enfance mais je lui rappelai que nous avions décidé de ne pas rendre visite à ma famille.

– Je ne comprends pas, dit-elle. Ta propre sœur, l'endroit où tu as grandi... Pourquoi n'irais-tu pas les voir ?

– Je voudrais bien mais je ne peux pas. Je ne veux pas leur causer d ennuis. Le gouvernement finira par être informé de ce que nous avons fait ici et établira le rapport avec les membres de ma famille. S'ils m'ont rencontré, ils auront des ennuis à n'en plus finir. Il vaut mieux qu'ils ne me voient pas.

Ching Lee revint à la charge sous un autre angle :

– Bon, alors, demain, je prends un taxi pour Wuxi. J'irai me recueillir sur la tombe de mes beaux-parents. Je suis leur bru, après tout.

Je levai les yeux au ciel, soupirai.

– Ching Lee, je comprends tes sentiments. Nous devrions y aller. Moi aussi, je pense à ma famille. Mais... c'est impossible.

C'était frustrant pour moi d'être au cœur de ma ville natale et de ne pouvoir retrouver des visages et des lieux familiers. Cela nous fit saisir l'abîme entre les États-Unis et la Chine. Le dernier soir, nous montâmes au sommet du *Shanghai Portman Hotel* et nous contemplâmes la ville grouillante de vie.

– Partons, murmura Ching Lee. Ne revenons plus jamais. Prends-moi la main.

Nous avions parcouru un chemin long et difficile mais nous devions encore affronter l'épreuve la plus dure, quitter la Chine. À 11 heures, j'avais rendez-vous avec un Américain qui avait promis de prendre nos derniers films et documents, pour que nous puissions franchir la douane le lendemain. Je ne connaissais pas son vrai nom, et lorsque je le rencontrai, dans sa chambre d'hôtel, une seule lampe était allumée dans un coin. Je ne pus distinguer ses traits.

– Vous êtes ponctuel, me dit-il. Que puis-je faire pour vous ?

– Il s'agirait de quelques bandes vidéo, de pellicules et de documents.

Après un instant de silence, il répondit :

– Je ne peux pas pour les bandes et les pellicules, mais pour les documents, c'est d'accord. Je dois d'abord prendre contact avec quelqu'un, je vous rappelle à 11 heures, ça ira ?

Je fus surpris et inquiet parce que les autres fois il n'y avait eu aucun problème. L'homme n'ayant pas téléphoné à 11 heures, Ching Lee me suggéra :

– Appelle-le.

– À quoi bon ? S'il n'a pas téléphoné, c'est qu'il ne veut pas faire le travail.

L'idée me vint tout à coup que l'homme nous avait peut-être compromis.

– Vite, on fait les valises, on s'en va, décidai-je.

Nous nous précipitâmes chez un vieil ami vivant à Hangzhou, au sud de Shanghai. Li (ce n'est pas son vrai nom) fut éberlué de me voir mais je savais que les liens d'amitié forgés au *laogai* étaient comme un pacte d'assistance mutuelle. Il eut la sagesse de ne pas me poser de questions.

– J'ai besoin d'aller à l'aéroport, dis-je à mon ami. Voici les bagages de ma femme et son billet d'avion de Hangzhou à Hong-Kong. S'il te plaît, va là-bas faire enregistrer sa valise, il y a de l'argent dans cette enveloppe. Rapporte-lui son billet deux heures avant le décollage.

– Je ne connais pas bien la route de l'aéroport, marmonna-t-il. Il vaudrait peut-être mieux changer de plan. C'est tellement inattendu, tout ça.

– Pas de discussion, décrétai-je. Comment tu iras là-bas, c'est ton affaire. Je te retrouve deux heures avant le départ.

On ne peut s'adresser ainsi qu'à un vieil ami en qui on a confiance. Je savais qu'il ferait la même chose pour moi.

Des copies des bandes vidéo étaient dissimulées quelque part en Chine, au cas où il nous arriverait quelque chose, mais il nous fallait une copie des huit derniers rouleaux de pellicule et des documents dérobés dans les usines. Je trouvai un petit studio de développement express à Hangzhou, et j'expliquai à la photographe, avec des arguments sonnants et trébuchants, que nous étions pressés, que nous n'avions pas besoin d'un tirage, simplement des négatifs. Elle interrompit son travail et développa les huit rouleaux devant nous. Pour le double du prix normal, elle accepta volontiers de ne pas s'intéresser à ce qu'il y avait sur les négatifs.

Mon ami nous rejoignit. Il avait porté la valise de Ching Lee à l'aéroport comme convenu, et nous dissimulâmes les bandes dans le bagage sans faire mine de nous connaître. Quant aux documents provenant des usines, Ching Lee les plia, les cacha dans ses chaussures et ses sous-vêtements.

Je restai un peu en arrière tandis que Ching Lee franchissait la douane. Si c'était moi qu'ils voulaient, ils ne l'arrêteraient pas parce que j'étais encore dans la file. Quand elle fut de l'autre côté, je m'approchai du guichet, présentai mon billet et mon document de voyage américain. Il ne se passa rien. Ching Lee et moi rentrâmes à Hong-Kong comme de simples touristes.

J'etais impatient de voir les bandes, impatient de voir le documentaire que CBS ferait sur mon voyage. En retrouvant brièvement ma vie au *laogai*, je l'avais peut-être exorcisée.

11

Deuxième voyage

Il n'y avait qu'un petit problème : CBS aimait tellement notre bande vidéo qu'elle en voulait davantage et la chaîne décida de faire son propre reportage. *60 Minutes* nous proposa de refaire une tentative, cette fois avec une équipe de professionnels, après avoir obtenu l'autorisation de travailler en Chine sur un autre sujet.

CBS était prêt à couvrir les frais d'un autre voyage en Chine afin d'enquêter dans des régions de cet immense pays que je n'avais jamais vues. Mes efforts pour dénoncer la barbarie chinoise ne devaient pas être réduits à néant par mes médiocres talents de cameraman qui avaient gâché une partie de la bande vidéo. Je n'avais jamais prétendu être un génie de la vidéo mais, cette fois, je m'entraînai à manipuler la caméra, à la tenir plus fermement, puisque je me rendrais seul dans plusieurs endroits avant l'arrivée de CBS.

CBS enverrait sa meilleure équipe, avec Ed Bradley, le célèbre journaliste de *60 Minutes*. Je savais que Bradley, afro-américain, se passionnerait pour ces hommes traités en esclaves. Au lieu de faire simplement un documentaire sur moi, la chaîne projetait maintenant de mener sa propre enquête.

Mon itinéraire serait différent. Je connaissais la côte est, les villes, mais le cœur du système de *laogai* se trouvait dans l'ouest – la Sibérie chinoise. Les Russes nous avaient donné l'exemple avec leurs goulags ; les dirigeants chinois les imitaient et les dépassaient. Un ancien agent des services de renseignements américains – aujourd'hui collaborateur d'un sénateur à Washington – m'a confié :

– Quand je travaillais pour la CIA, nous recevions beaucoup de photos prises par satellite ou d'un avion espion U-2. On y voyait des trains bourrés de gens partir pour le Qinghai ou le Xinjiang et revenir vides.

Depuis plus de quarante ans, le gouvernement de Pékin envoie ses prisonniers dans de vastes régions où il y a assez d'espace pour en perdre un million ici, un million là. L'un de ces millions de déportés était particulièrement important pour moi : Wei Jingsheng, éloquent symbole de la résistance chinoise, avait passé cinq ans et demi au Qinghai avant d'être transféré plus près de Pékin. À ce jour, je ne l'ai toujours pas rencontré mais j'ai pour lui une grande admiration. L'ironie de l'histoire, c'est que Wei appartient à cette classe même que le gouvernement est censé représenter – les ouvriers. Fils d'un cadre moyen du Parti, Wei était électricien au zoo de Pékin et, malgré le magazine qu'il publiait pendant ses loisirs, il n'avait pas l'estime des intellectuels chinois.

Il est néanmoins devenu un héros pour sa génération. Lorsque Deng Xiaoping déclara : « Notre objectif, ce sont les quatre modernisations », Wei eut le courage de placarder sur un mur de la capitale une affiche proclamant qu'il était d'accord avec Deng mais ajoutant : « Nous avons besoin d'une cinquième modernisation – la démocratie. » Tout le monde y vit une attaque directe et personnelle contre Deng et sa politique. Wei fut envoyé dans le Qinghai. Je voulais voir le camp où il avait été détenu, je voulais montrer ce que la Chine fait aux meilleurs et aux plus brillants de ses fils.

Un homme peut facilement disparaître dans le Qinghai – surtout un citoyen chinois explorant, caméra à la main, des endroits qu'il n'est pas censé visiter. Orville Schell m'avait mis en garde : j'étais fou de risquer ma vie de cette façon. Je lui remis une caisse de documents en le priant de les publier si je ne revenais pas.

– Je connais les risques, fis-je valoir. Si j'allais là-bas comme un aveugle monté sur un âne, je paierais le prix. Ils me connaissent mais je les connais aussi. Comme le dit

Sun Tze dans *L'Art de la guerre* : « Connais ton ennemi et connais-toi toi-même, et tu pourras livrer cent batailles sans risque de défaite. »

Je partis seul avec l'intention d'opérer la liaison plus tard à Shanghai avec l'équipe de CBS. Quand l'employé du consulat chinois de Hong-Kong tamponna obligeamment mon visa en moins de vingt minutes, cela ne fit qu'éveiller mes soupçons. Et s'ils me laissaient entrer uniquement pour m'arrêter, en qualité de citoyen chinois ? Curieusement, je me sentis mieux quand j'eus des problèmes pour passer la frontière après qu'un petit bateau parti de Hong-Kong m'eut déposé au port de Jianshazui, proche de Guangzhou. Une jeune femme de la police appela à la rescousse deux de ses collègues pour discuter de cette anomalie : un citoyen chinois nanti d'un document de voyage américain.

– Chez qui irez-vous ? Vous n'avez pas de famille en Chine ?

– À dire vrai, il me reste quelques parents mais nous ne nous voyons plus. En 1957, j'ai été taxé d'activités droitières et envoyé dans un camp ; mes parents et presque tous mes amis m'ont tourné le dos. Je veux aller dans le Shanxi voir un ami.

Les Chinois détestent qu'on leur rappelle cette mauvaise période. Les policiers ne s'attardèrent pas sur le sujet et me demandèrent l'identité de cet ami. Je lâchai le nom de Li Tonglin, à présent secrétaire adjoint du comité du Parti du Shanxi, qui avait été mon officier disciplinaire à la mine de Wangzhuang. Si nos rapports avaient commencé comme le jeu du chat et de la souris, sa fille était ensuite venue vivre chez moi.

La jeune femme me restitua mes papiers. Je n'avais naturellement pas l'intention de rendre visite à Li Tonglin. La bande vidéo du premier voyage était inutilisable, je devais retourner au deuxième camp pour montrer qu'on faisait encore travailler des détenus dans les mines.

Bien que placés sous surveillance policière, trois de mes anciens amis vivaient à l'extérieur des baraquements, et je me glissai sans être repéré dans leur petite maison. En me voyant, Zhao s'exclama : « Te revoilà ! » et ne posa pas de questions.

Je savais que l'équipe de nuit finissait à 22 heures et j'avais l'intention de filmer les prisonniers sortant de la mine en file indienne, sales et épuisés.

– Je voudrais monter sur la colline, dis-je sachant que, de là-haut, je pourrais filmer l'intérieur du camp par-dessus le mur.

Mes amis acceptèrent de m'aider. Si l'on nous demandait ce que nous faisions, nous prétendrions nous intéresser à la nature. Pour échapper aux regards des gardes postés dans le mirador, je m'accroupis derrière un gros rocher, la caméra dans mon sac, avec un objectif longue distance. À 22 heures, aucun signe de vie.

– Ils ne prennent pas le travail ? questionnai-je.
– Ils sont déjà au travail, répondit Hang.
– Mais je ne les ai pas vus entrer dans la mine.
– Les prisonniers ne sortent jamais des baraquements. Il y a un tunnel qui mène directement aux galeries.

Les malheureux ne voyaient jamais la lumière du jour – pas même pendant une heure, dans la cour. Ils vivaient comme des taupes. Quelle existence misérable ! J'avais juré de ne plus jamais redescendre dans la mine. J'entendais encore le grondement des wagonnets fonçant sur moi, et mon dos brisé me faisait encore souffrir. Pourtant, il fallait que je rejoigne mes frères pendant cet enfer souterrain.

– Je veux aller au fond, annonçai-je.
– Tu es fou !

Air connu, et j'insistai jusqu'à ce que mes amis cèdent.

Le lendemain soir, vers 21 heures, Chen m'attendait avec un uniforme de détenu, des bottes, un casque, un sac à outils crasseux et une lampe de mineur. J'enfilai la tenue, cachai ma caméra dans le sac. Comme j'avais l'air trop grave pour ce genre de travail, je pris un morceau de charbon et m'en frottai la figure et les mains.

Deux autres amis me firent monter dans une benne vide, et je descendis, *wooouf*, plusieurs années en arrière. La galerie faisait deux mètres cinquante de haut à son début mais, lorsqu'ils s'y enfonçaient, les mineurs avançaient à quatre pattes, seul moyen pour attaquer une veine d'un mètre. Dès que mes yeux se furent accommodés à l'obscurité, tout me revint. Ce n'était pas comme dans le monde libre, où les mineurs risquent leur vie pour extraire le charbon. C'était une prison – longue, étroite et dangereuse.

Le « personnel » de la mine était divisé en quatre catégories.

D'abord, les policiers, munis d'armes automatiques, pour faire face à toute tentative d'évasion ou d'émeute.

Deuxièmement, les cadres de la Sûreté, en uniforme mais sans armes, qui donnaient les ordres aux détenus. Parce qu'ils connaissaient tous les mineurs, ils étaient les plus dangereux pour moi.

Troisièmement, des prisonniers chargés de surveiller d'autres prisonniers pour les empêcher de s'échapper.

Quatrièmement, des centaines d'ouvriers semblables à Hang contraints de rester comme électricien, mécanicien, etc.

Je tenais mon casque devant mon visage pour éviter les regards des surveillants. Mon ami Sun marchait devant moi avec une lampe de mineur. S'il se passait quoi que ce soit d'inhabituel, il donnerait l'alarme en agitant la lampe. Hang resta avec moi et Chen se tint dehors pour faire le guet mais personne ne me remarqua. Dans les galeries basses et étroites, je me sentais oppressé, pris au piège, mais aussi, je dois l'avouer, curieusement en sécurité. Je me rappelai le *Conte de deux villes*, de Dickens, dans lequel le docteur Manette ne peut oublier le métier de cordonnier qu'il a appris en prison. Il demeurerait toujours un prisonnier – et moi également, semblait-il.

Dans ce tunnel sombre d'un mètre de haut, une pensée terrifiante me vint à l'esprit : et si, pris dans une file de prisonniers, j'étais obligé d'aller dans le baraquement ?

– Mais je n'ai rien à faire ici !

– Mais oui. Va raconter ça à Deng.

Autre scène familière : deux officiers de la Sûreté battant un détenu avec un poteau d'étayage. Ses cris de douleur se noyaient dans le grondement des wagonnets.

La poussière soulevée au front de taille, là où les hommes abattaient le charbon, tourbillonnait dans le puits. Le sol humide dégageait une odeur fétide. Le dos courbé, les détenus peinaient jusqu'à onze heures par jour pour atteindre le quota.

Je guettai une occasion de filmer mais les lumières n'étaient jamais assez fortes au fond de la mine pour que je fasse une tentative. Au bout de trois quarts d'heure, j'en avais assez vu. J'adressai un signe de tête à mes amis : on sort d'ici.

Ils avaient leurs entrées partout, y compris aux douches, où l'eau graisseuse et malodorante faillit me faire tourner de l'œil. Bientôt, je retrouverais la Californie, les douches bien chaudes, le savon parfumé, les serviettes épaisses, mais ces pauvres gars étaient condamnés à vivre ainsi le reste de leur vie. Des larmes me montèrent aux yeux, comme pour les laver de ces horribles scènes. Dans le seul camp, six mille hommes au moins menaient cette existence jour après jour, année après année. C'était ce que les dirigeants du Parti appelaient « l'amendement-par-le-travail ». Quel amendement ?

Du Shanxi, je passai au Qinghai – une région dure de montagnes et de déserts, d'hivers rigoureux et d'étés abrutissants. Peu choisissaient d'y vivre, ce qui ne gênait pas le gouvernement. Le Qinghai était l'endroit parfait pour des détenus. Dans les années 50, de nombreux prêtres catholiques que j'avais connus à Shanghai furent envoyés dans le Qinghai pour crime de fidélité à leur foi.

À Xining, chef-lieu de la province, je me rendis dans la rue Nanshan, où les fabriques et les usines s'alignent l'une après l'autre sur dix kilomètres : articles de maroquinerie, équipement pour eau et électricité, matériel de construction, mousse plastique, etc.

Je savais que plusieurs d'entre elles étaient gérées en commun par des camps du Qinghai et des industriels de Hong-Kong. La plupart des bâtiments avaient un aspect ordinaire – miradors mis à part selon un ancien détenu, les prisonniers ou anciens prisonniers et leurs familles représentaient un tiers des neuf cent mille habitants de Xining. J'allais faire des affaires avec l'une de ces « entreprises ». Il y avait tant d'étrangers dans cette ville qu'au lieu de porter des vêtements de mauvaise qualité pour avoir l'air chinois, je mis un costume à l'occidentale, me munis d'une mallette importée et arrivai en taxi. Cela m'ouvrirait les portes.

J'avais porté mon choix sur la Peausserie du Qinghai, également appelée camp de *laogai* n° 2, bien que ses dirigeants ne s'empressent pas de vous le révéler. Je montrai ma carte de Meftech et les représentants de l'entreprise se lancèrent dans leur boniment, me parlèrent avec fierté de leurs agences à Hong-Kong, de leurs exportations au Japon et en Australie. Me prenant pour un Américain, ils me proposèrent soixante mille mètres carrés de peau d'agneau, à quatre dollars quarante-neuf le mètre carré, payable en dollars. Je signai le contrat en sachant que je ne tiendrais jamais mes engagements. À moins que…

Je fis un calcul rapide. L'agneau se vendait autour de dix-huit dollars dans certains pays. Si je reniais mes principes et devenais homme d'affaires, je pouvais gagner un million de dollars. J'envisageai cette possibilité – une ou deux secondes. Après avoir manifesté mon intérêt, je m'enquis :

– Quel est le niveau de qualification des prisonniers ? Vous garantissez la qualité de vos produits ?

Wan Xiaohua, directeur du service peaux, me répondit :

– Vous comprendrez quand vous les aurez vus.

Il me conduisit auprès du responsable du camp, un certain Mr. Gao, et je remarquai les détenus en uniforme bleu, la tête rasée, travaillant sur des peaux de mouton. Dans la salle d'exposition, je vis, accrochés aux murs, des échantillons en provenance de pays étrangers, ainsi que des médailles et des diplômes décernés par le gouvernement, et une licence d'exportation encadrée.

– Je peux prendre des photos ? demandai-je, bouillonnant comme un homme d'affaires occidental en visite dans une contrée exotique, fasciné par les profits en perspective, et ne se souciant absolument pas des droits des ouvriers.

– Bien sûr, répliqua Gao d'un ton chaleureux. (D'un geste, il désigna un autre diplôme que je n'avais pas remarqué sur le mur du fond.) Sauf celui-ci.

« Distinction collective pour avoir mis fin à la rébellion et rétabli l'ordre », disait le document, délivré en octobre 1989 par le ministère de la Justice. Le *laogai* n° 2 du Qinghai avait été l'un des trente et un camps honorés après la répression de la place Tienanmen.

– Certainement, ça ne m'intéresse pas, assurai-je, prenant en photo les échantillons et les autres diplômes.

Quand ils regardèrent ailleurs, je pivotai subrepticement et clic, le monde extérieur verrait un directeur se pavanant devant des documents proclamant sa double fonction : opprimer des détenus et gagner de l'argent.

On m'autorisa ensuite à passer dans l'atelier de derrière où je découvris un prisonnier presque entièrement caché par une cuve d'un produit chimique destiné à saler les peaux d'agneau. Il s'avança et, à mon grand étonnement, commença à ôter son uniforme. Quand il fut entièrement nu, il descendit dans la cuve et entreprit d'en remuer le contenu avec son corps. J'eus un frisson en pensant à l'effet que ce produit avait sur sa propre peau. Je réussis à prendre quelques photos à la dérobée. Gao remarqua cependant l'intérêt que je prenais aux prisonniers.

– Laissez-moi vous expliquer, dit-il. Aux États-Unis, ils ont leurs lois, et ils voudraient les imposer à la Chine.

Gao et Wan me communiquèrent le nom de la société de Hong-Kong qui exportait les peaux. Quant à moi, je n'avais plus qu'une idée : sortir de cet endroit.

(Des mois plus tard, après que *60 Minutes* eut diffusé mes photos de la peausserie du Qinghai, le bruit courut que Gao et Wan avaient été punis pour m'avoir laissé pénétrer dans l'entreprise. Mais en 1995, j'appris par la police de Wuhan que les deux hommes avaient été jugés irréprochables puisqu'ils avaient appliqué la politique du gouvernement. Je sais quel châtiment leur aurait convenu – une journée dans la cuve.)

L'étape suivante de mon voyage devait m'amener au camp de Wei Jingsheng, situé dans le bassin de Qaidam, à quelques centaines de kilomètres à l'ouest. Un de mes vieux amis, Liu Jinging, était prêt à courir le risque de m'accompagner. Il avait été arrêté en 1956 pour avoir essayé de rejoindre ses parents, qui avaient émigré à l'étranger, et avait été condamné à huit ans de prison. Comme la plupart d'entre nous, il avait été contraint de rester au camp après l'expiration de sa peine. En 1971, il avait de nouveau tenté d'entrer en contact avec ses parents et avait purgé une autre peine de trois ans avant d'être enfin libéré. Les travaux pénibles lui avaient déformé le dos et il ne cessait de tousser. Deux de ses filles étaient parties chercher une vie meilleure à New York, et Liu emmena sa cadette – qui ne devait pas avoir plus de dix ans – avec nous. J'étais content de sa présence : la police se montrerait peut-être un peu moins méfiante devant un enfant.

Moyennant quelque argent et des cigarettes, Liu avait emprunté un uniforme d'agent de la Sûreté – pantalon vert olive à bande rouge, chemise beige à boutons dorés. Il y avait même les insignes, que j'enlevai. Je ne voulais pas qu'on pense que j'avais l'intention délibérée de me faire passer pour un policier. L'absence d'insignes ne me ferait pas remarquer car beaucoup de policiers ont une tenue relâchée, et certains membres de leur famille portent eux aussi l'uniforme parce que c'est bon marché et facile à trouver.

J'engageai un chauffeur à qui j'expliquai que nous roulerions près d'une semaine dans le désert, parcourant plus de mille cinq cents kilomètres. J'omis de préciser que nous visiterions sept ou huit camps. Je me présentai comme un reporter travaillant pour la Sûreté, et il accepta de me conduire, sans doute à cause de mon uniforme emprunté.

Lorsque nous parvînmes en rase campagne, je songeai à mes années d'étude, trente ans plus tôt, quand je rêvais de devenir géologue, d'explorer les montagnes et les déserts lointains de ma patrie. Je me rappelai une vieille chanson :

> « Les nuages blancs s'enroulent autour des monts Qiliam,
> Des fleurs éclosent dans la prairie du Qinghai,
> Où paissent d'innombrables vaches et moutons.
> Les montagnes reculées recèlent des ressources
> précieuses en abondance. »

Le ciel du Qinghai était d'un bleu vif et, bien qu'on fût au début du mois d'août, de la neige recouvrait les cimes. Dans la prairie s'étendant à perte de vue, des bergers avaient planté des yourtes blanches, et leur bétail se dispersait sur les flancs des collines. Le pays était aussi beau que les tableaux et les poèmes le promettaient, mais c'était aussi le pays de la terreur.

Le 26 avril 1990, un tremblement de terre – 6,9 sur l'échelle de Richter – s'était produit dans la région. Selon la presse communiste, le séisme n'avait fait aucune victime à la ferme de Tanggemu, mais, une fois sur place, je découvris en interrogeant la population que les bâtiments en plaques de ciment préfabriquées s'étaient écroulés sur les policiers et leurs familles, causant de nombreux morts. Le tremblement de terre ayant eu lieu en fin d'après-midi, la plupart des détenus travaillaient encore dans les champs, et peu d'entre eux, probablement, furent blessés. Les journaux gouvernementaux déclarèrent avec fierté qu'aucun détenu n'avait tenté de s'échapper, ce qui était peut-être vrai. La ferme s'étend sur soixante-dix kilomètres environ d'est en ouest, et dans cette vaste prairie entourée de déserts, sans arbres ni maisons, sans eau ni nourriture, où auraient-ils pu s'enfuir ?

Au coucher du soleil, nous approchions de la ferme où Wei Jingsheng avait peiné cinq ans et demi. Il nous faudrait passer la nuit dans l'hôtel situé à l'entrée du camp. Notre angoisse croissait à mesure que nous avancions parce qu'il n'y avait ni touristes ni étrangers à la région aux alentours. Le moment était venu d'utiliser ma couverture : l'uniforme de policier emprunté par Liu.

J'emmenai la fille de mon ami avec moi quand j'entrai dans le bureau pour réserver. J'espérais que l'enfant nous porterait chance.

– Des lits pour quatre, dis-je à l'employé.
– Pour combien de nuits ?
– Trois.

Liu me coula un regard en biais en se demandant sans doute comment nous pourrions rester trois nuits mais il observa la règle : pas de questions. Quand l'employé réclama mes papiers, je montrai mon uniforme mais il insista :

– Il me faut votre carte d'identité.

Je me tournai vers le chauffeur, qui me croyait bel et bien policier.

– J'ai laissé la mienne dehors ; donnez-lui la vôtre, s'il vous plaît, pour que je n'aie pas à retourner à la voiture.

L'employé prit les papiers du chauffeur et nous enregistra. En allant à la chambre, je murmurai à Liu :

– Ne t'en fais pas, nous ne restons pas trois jours. On part demain.

On nous mit dans une sorte de chambre-dortoir avec des lits en bois mais ni salle de bains ni eau. En tentant de m'endormir sous une couverture douteuse, je songeais à tous les policiers qui nous entouraient. Mon sommeil fut agité.

Le lendemain matin, j'étais pressé de décamper. J'enfilai mon uniforme, demandai au chauffeur de rouler cinq kilomètres sur la route et de cacher la voiture dans un fossé. Je dissimulai mon appareil photo et ma caméra dans un sac que j'avais acheté en Chine, fidèle à mon principe de ne jamais attirer l'attention en portant des articles de fabrication occidentale.

Je m'approchai de la clôture pour mieux voir la ferme où Wei avait vécu et j'avisai un haut bâtiment de brique rouge avec des miradors. Préoccupé par les dangers que nous courions, ou absorbé par mon évocation de Wei, je fis un faux pas et perdis l'équilibre, tombai dans le fossé bordant la clôture. Une chute d'un mètre seulement mais une vive douleur me transperça l'épaule.

Tenant mon bras gauche avec ma main droite, je retournai en titubant au fossé où la voiture était cachée. Liu et le chauffeur palpèrent le renflement de mon épaule sans pouvoir dire si j'avais une fracture ou une luxation.

– On n'y connaît rien en médecine, dit mon ami. Il faut retourner à Xining.

– Non, répondis-je. Nous sommes venus jusqu'ici, je ne peux pas rentrer les mains vides. Venez ici, tenez-moi le bras et faites ce que je dis !

Sûr d'avoir l'épaule déboîtée, je m'appuyai à la portière de la voiture, demandai à Liu de tourner mon bras gauche lentement, en tirant. Il s'exécuta et, finalement, remit l'os dans sa cavité. J'épongeai la sueur de mon visage, empruntai une ceinture pour tenir mon bras en écharpe. Je regrettais d'avoir jeté mes Advil quelques jours plus tôt pour ne pas avoir de médicaments américains dans mon sac chinois. J'avais du travail à faire avant de retrouver les pilules occidentales contre la douleur. L'épaule palpitante, je ramassai le sac contenant la caméra et marchai péniblement vers l'entrée principale du camp de Wei, en essayant de me fondre parmi les dizaines de gardes en uniforme. Je n'avais pas de casquette mais la plupart d'entre eux non plus. Certains gardes escortaient les détenus de la prison aux champs tandis que d'autres allaient prendre leur service.

Les policiers armés du mirador me firent signe de la main. Je sursautai, recouvrai mon calme et leur rendis leur salut. Arrivé à la grille, je m'aperçus que, pour entrer, les gardes devaient signer un registre. On attachait le passe-partout à une corde et on le faisait descendre du mirador pour ouvrir la grille et laisser un groupe de prisonniers entrer ou sortir. Haute sécurité. Je me glissai à l'intérieur avec un groupe de détenus et de gardes.

« Ça y est, me dis-je, tu es dans la place », mais je n'eus pas le temps de savourer ma victoire. Ne pouvant me servir de mon bras gauche après ma chute, je dus me débrouiller pour tenir mon sac de voyage de la main droite et faire marcher la caméra. Je filmai les prisonniers se rendant sur leur lieu de travail, leurs yeux vides, leurs uniformes râpés, leur labeur exténuant sous le soleil de la mi-journée.

(À ma vive surprise, une partie de la bande vidéo se révéla utilisable. *60 Minutes* la diffuserait en septembre, établissant un lien entre le gouvernement chinois et ce camp de travaux forcés.)

Dès mon retour à Shanghai, je téléphonai à Taiwan pour rassurer Ching Lee, qui n'avait pas entendu le son de ma voix depuis cinq jours. J'avalai quelques cachets contre la douleur et je pris un bain. Mon épaule me faisait encore mal mais je n'avais rien de cassé.

L'équipe de CBS était arrivée : Ed Bradley, son producteur David Gelber, un cameraman et un éclairagiste. La chaîne avait obtenu l'autorisation de réaliser d'autres reportages sur d'autres sujets, ce qui nous fournissait une couverture. Les Chinois ne reconnaissaient pas en Bradley une star de la télévision quand ils le croisaient dans la rue. Il n'est absolument pas imbu de lui-même et c'est d'un ton détaché qu'il me fit remarquer qu'il n'aurait pu se promener aussi tranquillement à Hong-Kong. Pendant quelques jours, il pourrait faire son travail de journaliste sans être gêné par son statut de célébrité.

Nous nous intéressâmes d'abord à la fabrique d'outillage Laodang de Shanghai, qui exporte aux États-Unis depuis des années. J'avais déjà acheté par correspondance une clef anglaise et d'autres outils, en guise d'échantillons. Maintenant, c'était le grand jeu. CBS loua une suite au *Portman* et y cacha trois caméras, y compris un appareil de la taille d'un briquet ayant une portée maximale de dix mètres.

Ed Bradley attendait en haut dans une autre pièce ; le cameraman se fit passer pour mon supérieur immédiat quand nous accueillîmes quatre dirigeants de la firme – le président, un adjoint, un vice-président, et un ingénieur qui parlait anglais. Feignant de les installer conformément à leur rang hiérarchique, je m'efforçai en réalité de les placer sous un bon angle pour les trois caméras. Je me déclarai préoccupé par les lois commerciales concernant les articles fabriqués dans les camps de travail, mais le grand chef me rassura :

– Nous sommes en mesure d'exporter par des voies indirectes.

Ce qui signifiait qu'ils avaient trouvé un moyen de tourner cette loi américaine dérangeante.

Nous conclûmes un accord pour quatre-vingt-huit mille dollars de matériel – et plus ultérieurement. Dès qu'on commença à parler argent, le cameraman décrocha le téléphone, s'entretint un moment avec Bradley puis se tourna vers nous et annonça :

– Notre vice-président vient d'arriver. Je l'ai informé que nous sommes sur le point de signer, il est très satisfait mais il veut être présent pour la signature.

Dix minutes plus tard, Ed Bradley fit son entrée – le Grand Patron serra la main de tout le monde. De son ton assuré de journaliste de télévision, il réclama certaines garanties sur la qualité du matériel. Il fit mon éloge devant les Chinois mais ajouta :

– Comme nous souhaitons établir des relations à long terme avec votre compagnie, nous devons être sûrs de la compétence de votre personnel.

Les Chinois nous rassurèrent : pas de problème, ils dirigeaient ces usines depuis quarante et un ans. Bradley posa aussi la question des contrôles de qualité et me demanda :

– Harry, vous avez visité leur usine ?

– Non. J'ai vu le directeur, mais pas les ateliers.

Le journaliste prit une mine contrariée.

– Harry, pour être en règle avec notre assurance, vous devez visiter les ateliers.

Il nous laissa pour retourner dans sa chambre, et les Chinois parurent hésiter. Le contrat était signé mais il ne vaudrait rien si l'on ne suivait pas la procédure de la compagnie américaine. Je savais qu'une visite des ateliers posait problème parce que, dans les entreprises chinoises, on sépare nettement le secteur production du secteur commercial – d'un côté, les visages souriants, de l'autre, la hideuse réalité. Vous rencontrez le directeur du département commercial, jamais celui de la production.

– Je suis embêté, marmonnai-je. Si je n'obtiens pas cette visite, je ne pourrai probablement pas faire entériner le contrat. C'est dommage, parce que nous voulons travailler avec vous.

Ils téléphonèrent à leur patron, ne réussirent pas à le joindre. Je les invitai à prendre une collation en bas, et quand le climat se fut détendu, ils nous confièrent que le directeur général de l'usine était aussi le directeur adjoint du Bureau du *laogai* – précisément ce que nous voulions établir. Finalement, ils promirent d'arranger une visite le lendemain. Je répondis que nous serions déjà repartis, que ce ne serait pas possible cette fois-ci. Ils ne cessaient de s'excuser et je ne cessais de répéter :

– La prochaine fois, la prochaine fois.

Nous ne verrions pas les ouvriers au travail mais les bandes vidéo de la réunion à l'hôtel et le contrat signé apportaient la preuve du lien entre le commerce extérieur et le système pénitentiaire chinois.

Le lendemain, nous prîmes l'avion de Shanghai à Tianju pour nous rendre à la ferme de Qinghe, là où Ching Lee et moi avions pris des photos deux mois plus tôt. Je parvins à caser trois *lao-wai* (étrangers), Ed Bradley, David Gelber et le cameraman, Norman Lloyd, à l'arrière d'une petite camionnette dont j'avais masqué les vitres latérales avec des rideaux.

– Ne bougez pas, et ne filmez pas sans mon feu vert, leur dis-je.

Partis de l'hôtel *Hyatt* de Tianjun, nous roulâmes une heure en direction du pont Yonghe sur la Yongding. Avisant deux soldats, je demandai au chauffeur de faire halte pour laisser les *lao-wai* se dégourdir les jambes. David Gelber, inquiet, voulait déguerpir mais je chargeai le chauffeur d'aller présenter une requête aux gardes :

– Ces visiteurs étrangers aimeraient voir les câbles du pont.

Comme ils hésitaient, je leur offris deux cigarettes Marlboro. C'est quelquefois aussi facile que ça. Nous avons continué à rouler sur une vingtaine de kilomètres, tandis que des voitures de patrouille nous doublaient, l'une après l'autre. Des milliers d'ouvriers creusaient un canal, réparaient des routes. Je priai le chauffeur de se garer sur le bas-côté et invitai les trois membres de l'équipe à descendre de la camionnette et à passer devant les gardes, comme si leur présence était tout à fait normale. Je faisais le pari que les gardes étaient tellement peu préparés à voir des étrangers que nous pourrions filmer quelques instants et repartir aussitôt. Encore aujourd'hui, je me demande pourquoi personne ne nous en a empêchés.

De retour sur la route, nous repérâmes des prisonniers travaillant dans des vignes dont le raisin servait à faire le vin Dynastie, vendu en Californie et dans d'autres régions des États-Unis. La firme française Rémy-Martin était associée avec Tianjin dans l'opération.

J'invitai Ed Bradley à acheter du raisin tandis que le cameraman filmait la scène de la camionnette.

– Cet étranger voudrait du raisin, dis-je au garde.
– Pas de problème. Notre Rosé Délicieux a mûri. Il est excellent. Vous pouvez le goûter.

Il tendit à Bradley une grosse grappe et prononça bel et bien ces mots :
– Attendez, je vais demander aux criminels de vous en cueillir de toutes fraîches.

Quelques minutes plus tard, cinq ou six ouvriers crasseux et décharnés approchèrent avec deux chariots de raisin et remplirent pour nous un grand panier – une dizaine de kilos environ. Nous goûtâmes, nous nous répandîmes en compliments : « Mm, délicieux, en effet », nous payâmes et nous repartîmes avant que la police ait eu le temps de se demander pourquoi un groupe de *lao-wai* se baladait dans le coin et achetait du raisin. Après avoir vu les prisonniers retourner à pas lents dans les vignes, nous perdîmes tout appétit et nous laissâmes les raisins dans la camionnette.

De Tianjun je pris l'avion pour Hong-Kong tandis que l'équipe de CBS se rendait à Pékin, où Ed Bradley avait rendez-vous avec Tong Zhi Guang, vice-ministre de l'import-export au ministère du Commerce extérieur.

Tong n'avait manifestement pas été prévenu du style inquisiteur de *60 Minutes*. Devant les caméras, Bradley déclara au ministre que la firme Laodong de Shanghai avait assuré qu'elle pouvait exporter des articles fabriqués dans un camp de travail.

– Pas à ma connaissance, répondit Tong dans un très bon anglais. Aucune unité de production ayant des liens avec le système pénitentiaire n'a le droit de participer aux échanges commerciaux. C'est interdit.

Bradley agita une liasse de documents sous le nez de Tong.

– Voilà la preuve, ces choses se passent en plein cœur de Shanghai.

– Pour moi, c'est inconcevable, bredouilla Tong. Ils ne sont pas censés faire ça… Si c'est vrai, ils violent notre législation… Le gouvernement chinois n'autorise jamais l'exportation de ce que vous appelez la production en travaux forcés.

– Le gouvernement applique-t-il ses propres lois ? s'enquit Bradley.

– Il doit s'agir d'une erreur, dit Tong.

Bradley lui montra un exemplaire d'une brochure gouvernementale de 1988 se targuant d'une augmentation de vingt pour cent des exportations de produits fabriqués en camp de travail.

– C'est écrit noir sur blanc, déclara-t-il.

– Je ne suis pas au courant, murmura le ministre.

Il jetait des regards alentour, cherchant un soutien, espérant peut-être que deux agents de la Sûreté saisiraient cet étranger insolent pour le conduire dans un camp lointain.

Tong était juste assez malin pour savoir qu'il s'était fourré dans un guêpier. La Chine n'ayant jamais connu la liberté de la presse, un dignitaire comme lui, si loquace et cultivé fût-il, était totalement désemparé. Un homme politique américain aurait été capable de sourire à la caméra et de mentir effrontément. Le dirigeant chinois passait un mauvais quart d'heure.

– Quelle est votre fonction ? insista Bradley, fournissant ainsi à Tong la possibilité de prétendre qu'il y avait erreur.

– Vice-ministre de l'import-export, répondit-il misérablement.

– Et cette brochure officielle ?

– Les publications gouvernementales peuvent comporter des inexactitudes, argua Tong.

Bradley lui offrit une échappatoire en suggérant que les choses seraient plus faciles si les deux parties essayaient simplement de conclure le meilleur accord possible, sans autres considérations.

– Les affaires sont les affaires, récita Tong d'un ton plein d'espoir.

L'interview fournirait matière à une remarquable émission en septembre. Quand Ed Bradley en eut fini avec lui, le vice-ministre avait perdu la face. Tout étranger ayant vu l'émission se souviendrait de la manière dont Tong s'était dérobé quand on lui avait présenté des preuves irréfutables.

À mon arrivée à Hong-Kong, j'entrepris de préparer notre dernière mission – la société commerciale représentant la peausserie de Xining.

L'équipe de CBS me retrouva au *Sheraton*. Cette fois, Ed Bradley dut rester hors de vue parce qu'on l'aurait reconnu à Hong-Kong, et c'est Norman, le cameraman, qui joua le rôle du patron.

Devant nos caméras cachées, je fis dire à Mr. Pung, intermédiaire de la société, qu'il était l'expert en cuir qui se rendait dans les camps. Il me raconta que beaucoup d'ouvriers étaient des voyous, des prisonniers qu'on pouvait mettre au pas. Le seul problème, c'est qu'il s'exprimait en mandarin, ce qui nécessiterait une traduction pour la télévision américaine. Mais tous les détails étaient dans la boîte – ventes annuelles, chiffres de production, d'expédition, etc.

En quittant le *Sheraton*, j'étais impatient de jeter un coup d'œil au film. Le cameraman proposa de retourner à l'hôtel mais je refusai :

– Non, je veux en voir quelques secondes tout de suite.

Et, dans la rue même, il rembobina et essaya de passer un extrait. Rien. Pour une raison quelconque, la bande était restée vierge. Norman était livide. Même si la caméra était cachée, même s'il n'avait pu vérifier son fonctionnement pendant l'opération, il était responsable. Il était furieux contre lui-même, il avait peur de perdre son travail.

– Allons à l'hôtel, suggérai-je. Je trouverai quelque chose.

À notre étage, nous tombâmes sur le preneur de son, Ned Hall, en tenue très décontractée.

– Tu as un costume ? lui demandai-je.

Il me regarda comme si je délirais.

– Qu'est-ce qui se passe ?

Je lui expliquai qu'il venait de devenir importateur de peaux et qu'il devait s'habiller chic pour jouer son rôle. Je lui suggérai de prendre ma carte de crédit et de se précipiter dans le hall de l'hôtel pour se faire faire un costume (il y a toujours un tailleur dans les bons hôtels de Hong-Kong) mais Ned est un professionnel qui emporte toujours un costume dans ses déplacements, au cas où.

Je téléphonai à Mr. Pung.

– Je suis content de notre entretien mais mon patron vient d'arriver et il tient beaucoup à faire votre connaissance.

À mon grand soulagement, il accepta de nous rencontrer immédiatement. Le technicien revint, magnifique dans son costume d'homme d'affaires. Sur le chemin du *Sheraton*, je lui appris tout ce qu'il devait savoir sur le commerce des peaux d'agneau.

Mr. Pung et son assistante furent très impressionnés par mon patron – sûrement à cause du costume. Je pressai un bouton pour mettre en marche la caméra cachée, et ce fut encore mieux cette fois. Rendue euphorique par son déjeuner, l'assistante se mit à pérorer en anglais. Notre preneur de son se déclara préoccupé par la qualité des produits et demanda comment on pouvait imposer des contrôles de qualité à des détenus.

– Pas de problème, dit Mr. Pung en chinois.

La secrétaire, qui portait une longue jupe à fleurs et une blouse rouge, développa en anglais :

– Ils ont leur propre règlement. Nous envoyons aussi nos experts pour vérifier la qualité. Si elle n'est pas satisfaisante, le prisonnier est battu ou puni d'une autre façon.

Pour souligner ses propos, elle fendit l'air du tranchant de la main.

À peine sorti de l'hôtel, je vérifiai le film. Cette fois la caméra avait marché.

J'appelai Ching Lee et l'invitai à quitter son emploi à Taiwan et à partir pour les États-Unis avant le 15 septembre, date du *60 Minutes* consacré à nos documents. *Newsweek* publierait aussi un long article avec photo en couverture et on organiserait une petite fête à New York à cette double occasion. Ma femme avait contribué au succès de notre mission, elle devait absolument participer à la soirée. Elle prit l'avion le lendemain et ce fut le début de notre vie commune.

Outre *60 Minutes* et *Newsweek*, le *Washington Post*, *Business Week* et un magazine en langue chinoise se firent aussi l'écho de mon voyage. Il en résulta plusieurs audiences publiques du Congrès et des services des douanes des États-Unis en automne.

Si les Chinois n'avaient pas remarqué Ed Bradley quand il se promenait dans leurs rues, il retenait maintenant toute leur attention. Le 19 septembre, le porte-parole du ministère des Affaires étrangères déclara à Pékin :

– CBS et *Newsweek* ont gravement déformé les faits. Ils sont connus pour leur penchant à dénigrer la Chine. Aveuglé par des préjugés idéologiques et par sa haine farouche envers le système social choisi par le peuple chinois, l'auteur de l'article confond blanc et noir, vérité et mensonge.

J'appris plus tard qu'on avait vu l'émission dans les grands hôtels qui accueillent les clients étrangers dans les principales villes de Chine. Quand on commence à équiper son pays de matériel électronique moderne, on ne peut plus contrôler totalement les informations qu'il véhicule.

Le gouvernement chinois réussit cependant à interdire *Newsweek* cette semaine-là et brouilla plus tard la BBC et la *Voix de l'Amérique*, qui parlaient de mon voyage.

CBS reçut un Emmy pour cette émission, et tout le monde fut ravi – sauf les comptables. Rentré en Californie, je présentai une note de frais de dix-huit mille dollars, en détaillant les principaux chapitres, tels que billets d'avion, etc., mais aussi d'autres dépenses : « Chauffeur de taxi 200 $, officier de police 100 $, anciens détenus 300 $. » J'avais déjà expliqué à David Gelber que je ne pouvais pas réclamer de reçu car cela aurait facilité le travail de la police. Les comptables de la chaîne exigeaient des justificatifs, ainsi que le remboursement de la caméra que Ching Lee avait jetée quand les gardes nous poursuivaient, pendant le premier voyage. J'avais risqué ma vie pour CBS mais, apparemment, cela ne comptait guère pour le service comptabilité. Finalement, Betty Bao Lord, l'écrivain, épouse du diplomate Winston Lord, ancien ambassadeur en Chine, en toucha un mot à Don Hewitt, le patron de *60 Minutes*, qui régla l'affaire en moins de soixante minutes. Quatre ans plus tard, lorsque les Chinois me libéreraient, je rembourserais ma dette envers Hewitt en lui accordant une interview exclusive.

Maintenant que *60 Minutes* m'avait rendu tristement célèbre dans toute la Chine et ailleurs, beaucoup présumaient que je m'en tiendrais là.

– Représentez-vous la scène, leur dis-je. Par une chaude journée de printemps, nous retournons à la ferme de Qinghe, au champ 586, et nous déposons des fleurs sur la fosse commune où mes amis sont enterrés.

12

Meihua

Mon second voyage en Chine avait eu une autre conséquence. J'avais renoué contact avec Meihua. Incapable d'accepter la façon dont elle m'avait rejeté des années plus tôt, j'étais allé la voir avant de quitter Shanghai. Ching Lee était au courant. Elle sait qu'elle est l'épouse de mon cœur, la femme que j'attendais, mais elle sait aussi qu'il y a une place dans mon cœur pour Meihua.

Dix-sept ans s'étaient écoulés depuis le jour de mon départ pour la mine. Je voulais toujours savoir pourquoi elle m'avait rendu la croix que je lui avais offerte, pourquoi elle avait rompu si abruptement. Que lui avait-on raconté ? Quelles menaces avait-on exercées sur elle ? Quelles peurs le président Mao avait-il instillées dans chaque Chinois ?

Nous ne devions plus avoir peur maintenant. Si j'étais préoccupé par les ennuis que notre rencontre pourrait lui valoir, les autorités chinoises semblaient n'avoir aucune idée de mes activités. En outre, je n'avais pas l'intention de me confier à Meihua, ni de lui demander de cacher des bandes. Je ne l'aurais compromise pour rien au monde, je voulais juste la revoir – cette femme maintenant quinquagénaire, et tenter de me rappeler la jeune fille que j'avais aimée.

Je la retrouvai par sa famille. Meihua vivait avec son mari dans la banlieue de Shanghai, et elle me fit savoir qu'elle me rencontrerait chez sa belle-sœur. Je me précipitai là-bas à l'heure convenue et la découvris – ce visage que j'avais vu en pensée pendant des années, à présent encadré de cheveux blancs. Je remarquai qu'elle portait un pantalon ordinaire, un sweat-shirt et des chaussures basses, rien de particulièrement chic. Nous n'étions pas de jeunes célibataires de vingt-cinq ans faisant connaissance dans un bar, elle maquillée et sortant de chez le coiffeur, moi vêtu d'une chemise criarde et empestant l'eau de Cologne, à l'orée de quelque grande aventure. Rien de tout cela. Nous étions de vieux amis qui se retrouvaient chez un parent.

Cette fois, Meihua n'eut pas peur de me regarder en face. Je m'approchai, je la pris dans mes bras et nous demeurâmes quelques minutes joue contre joue. Je sentais l'étreinte d'une amie véritable, d'un être qui avait encore des sentiments pour moi. Et la pression de mes bras lui disait la même chose.

Je n'ai pas l'art de décrire. Je puis simplement dire que, selon les critères chinois, Meihua n'est pas une star ni même une belle femme – taille moyenne, traits banals. Mais je songeais, en voyant son visage, que c'était ma Meihua, la jeune fille de ma jeunesse, de mes rêves perdus.

La belle-sœur, qui allait et venait d'un air affairé, finit par déclarer qu'elle devait faire des courses et serait de retour dans une heure. Meihua me servit le thé dans la cuisine.

– Tu es si mince, fis-je remarquer.

Elle était en effet svelte et souple, très différente de la traditionnelle grand-mère chinoise.

– Je pratique la danse du sabre, expliqua-t-elle. Tu sais, les arts martiaux, comme le *tai-chi*. Chaque jour, je vais m'entraîner au parc, près de chez moi. Il faut prendre de l'exercice. Nous avons presque soixante ans.

– Pas encore, protestai-je. Il nous reste quand même quelques années avant la soixantaine. Comment vas-tu ? Il paraît que tu as eu des problèmes de santé.

– Je vais bien. En 1957, ils m'ont exilée en Mandchourie. Il faisait froid, nous n'avions pas assez à manger.

Elle me raconta qu'elle avait essayé de se faire renvoyer à Shanghai mais qu'elle n'avait pas les relations politiques adéquates parce que sa famille était étiquetée « de droite », comme la mienne. Elle avait dû alléguer de gros problèmes de santé pour que les autorités consentent finalement à ce qu'elle parte pour Shanghai.

– J'ai de petits problèmes, mais rien de grave, conclut-elle.

Elle savait que je vivais aux États-Unis. Je lui dis que je faisais de la recherche en Californie mais n'entrai pas dans les détails de mes activités, et elle eut la sagesse de ne pas poser de questions. Je lui parlai de Ching Lee, du rendez-vous au coin d'une rue de Taiwan arrangé par des amis communs, du bonheur que je connaissais auprès d'elle, et je compris, au sourire de Meihua, qu'elle était heureuse pour moi.

– Tu as des petits-enfants ? m'enquis-je.

Sa fille n° 2 lui avait donné une petite-fille. Je ne lui posai pas de questions sur son mari – ni son métier ni même son nom. Au risque de paraître peu sensible ou bizarre, je dois avouer que son mariage n'avait aucune importance pour moi. Nous ne nous reverrions plus ; notre relation appartenait au passé. L'important, c'était d'être assis dans cette pièce en compagnie de cette femme d'âge mûr, et de sentir le poids énorme du passé.

Je lui demandai si elle avait de vieilles photos de nous, ou du quartier, de nos amis d'alors, en ces temps d'innocence. Elle répondit que la plupart des biens de sa famille avaient été détruits par les violences des Gardes rouges. Une photo de jeunes amoureux passait alors pour un vestige de l'ère bourgeoise, un obstacle au nouvel âge où tout le monde aimait avant tout Mao.

Nous recommencions tous sans passé. J'avais à côté de moi une femme dont le sourire et le regard triste semblaient resurgis de ma mémoire. Qu'est-ce qui m'avait fait l'aimer tellement autrefois, et me faisait encore l'aimer maintenant ? Je n'avais pas de réponse à cette question.

– Nos rencontres sont plutôt espacées, plaisantai-je. Je ne sais pas si je pourrais te revoir dans dix-sept ans.

La tragédie politique avait engendré des millions de tragédies personnelles, mais Meihua et moi n'en étions peut-être pas une. Nous nous étions séparés avant d'avoir pu être amants, fiancés, mari et femme, et aucun de nous n'aurait pu dire si nous aurions réussi notre vie commune. Nous avions tous deux un caractère difficile, et nous aurions peut-être fini par nous quereller, nous en vouloir et nous éloigner l'un de l'autre. Nous ne pouvions le savoir. On ne nous avait pas donné la chance de le découvrir.

Heureusement, pour chacun de nous, la vie continuait. Je prenais le thé dans la cuisine avec cette femme d'une cinquantaine d'années et je pensais à l'adolescente qui parcourait Shanghai avec moi à bicyclette dans une autre existence.

– Je suis content d'être revenu te voir, déclarai-je.

Je ne pouvais lui révéler ce que je pensais réellement – qu'elle était toujours dans mon cœur, mon premier amour. Je ne pouvais prononcer ces mots

Sa belle-sœur revint et je compris qu'il était temps pour moi de partir. Je me demandai si le responsable du Parti pour le quartier signalerait que Meihua et moi nous étions rencontrés dans la maison d'une parente. En tout cas, je n'avais rien fait qui pût la compromettre. J'avais gardé mes secrets. Je la serrai de nouveau dans mes bras sur le seuil de la porte, promis de lui écrire et descendis hâtivement l'escalier pour retourner auprès de Ching Lee, en Californie. Bien des années nous séparaient encore de l'an 2008.

13

Je deviens une fondation

Le téléphone sonne. Une voix en mandarin à l'autre bout du fil : « Nous allons vous tuer. » Clic.

Cela arrive de temps à autre, juste assez pour me tenir sur le qui-vive.

Après mon passage à *60 Minutes,* les gens me connaissaient, pour le meilleur et pour le pire. Je trouvais des messages sur mon répondeur ou un mot dans le courrier : « Tu es un traître. Laisse la Chine tranquille. Nous savons où te trouver. »

On ne peut échapper au terrorisme. Les vieilles querelles franchissent les frontières. Un Taiwanais se fait descendre aux États-Unis pour ce qu'il a écrit dans une lettre d'informations. Un Chinois meurt dans une explosion à Washington. Un Bulgare se fait piquer par la pointe empoisonnée d'un parapluie dans le métro de Londres. Un diplomate disparaît de son ambassade ; on retrouve son corps, on conclut au suicide mais qui sait ? S'ils tenaient vraiment à me liquider, ils le feraient, mais je ne devais pas laisser cette perspective m'effrayer. Sinon, c'est eux qui gagneraient.

Je sus que je progressais quand, en 1993, j'allai à Genève pour une conférence sur les droits de l'homme et qu'une demi-douzaine de Chinois m'interpellèrent sur le trottoir en m'accusant d'avoir commis des erreurs dans mon livre sur les camps.

– Je l'admets, certaines informations sont inexactes, convins-je. Tout le monde fait des erreurs. Votre grand dirigeant lui-même n'en a-t-il pas commis ? J'ai le droit de parler.

– Vous travaillez pour des étrangers, me lancèrent-ils.

– Tous les étrangers ne sont pas mauvais. Et Marx ? Et Staline ? C'étaient des étrangers. Pourtant, vous les aimez bien, non ?

– Vous mentez.

Je demandai à mes accusateurs d'où ils tenaient leurs informations et je découvris rapidement qu'ils n'avaient rien lu, qu'ils prenaient simplement pour argent comptant la propagande de Pékin. Ce qui m'ennuyait, c'était qu'ils se disaient dissidents et prétendaient avoir participé au mouvement de la place Tienanmen, ce qui pouvait être vrai ou non. Exilés, ils avaient peur, ils ne se sentaient pas en sécurité et cherchaient peut-être à ne pas trop provoquer la colère de Pékin. Très bien, j'acceptai d'être le bouc émissaire si cela pouvait détourner d'eux les foudres de la Chine.

Je n'étais plus désormais un Chinois solitaire parcourant le monde en quête de justice. Après mon premier voyage, j'avais témoigné devant le Congrès et fait la connaissance de Jeff Fiedler, secrétaire-trésorier de la fédération Restauration et Services alimentaires de l'AFL-CIO, qui avait publié une carte du *laogai* établie d'après mes premières recherches. Manifestement, ce syndicat n'apprécie pas l'importation aux États-Unis de produits fabriqués en Chine par des détenus non rétribués, mais surtout, il s'oppose au travail forcé où que ce soit dans le monde. Notre amitié allait bien au-delà des activités syndicales de Jeff. En septembre 1991, il s'était rendu en Chine pour la première fois afin d'enquêter sur des produits fabriqués en camp de travail par une grande firme américaine. En 1993, il fit un autre voyage pendant lequel il fut suivi par sept agents de la Sûreté et, grillé, ne put plus retourner en Chine.

Jeff avait été soldat au Viêt-nam, il y était revenu plus tard pour ses études, sa femme est vietnamienne. Il avait ensuite œuvré en Turquie pour y organiser le mouvement syndical et je savais donc qu'il comprenait ce qui se passait dans d'autres parties du monde. Il se sent profondément concerné par la question des droits de l'homme et a travaillé avec un étudiant chinois dissident qui a réussi à s'échapper après les événements de la place Tienanmen.

Jeff devint rapidement l'un de mes meilleurs amis et me donna des conseils politiques, me désignant par exemple les parlementaires de l'un ou l'autre parti qui pourraient s'intéresser à ma cause. Avant de le rencontrer, je concentrais uniquement mes efforts sur la dénonciation des camps chinois, mais il me pressa d'être plus dur envers les firmes américaines qui, selon lui, devraient être sanctionnées parce qu'elles encourageaient le système de main-d'œuvre pénitentiaire.

J'étais quasiment à court d'argent avec tout ce que je dépensais en billets d'avion, et Jeff eut une idée : « Les gens ne font pas de dons aux particuliers. Ils donnent aux fondations. » Avec l'aide de Linda Pfeiffer, une femme de San Jose qui soutenait notre cause, Jeff et moi fîmes enregistrer la Fondation de recherche sur le Laogai, dont nous assurâmes tous deux la direction avec Jean Pasqualini, un homme ayant la double nationalité chinoise et française, qui a décrit dans *Prisonnier de Mao* sa propre expérience douloureuse du *laogai*. Simon Leys a qualifié ce livre de « document fondamental sur le goulag maoïste ».

Une grande partie des ressources de la fondation provient de mes conférences, mais nous sommes également aidés par quelques amis, et le Fonds national pour la démocratie. Pour des raisons de politique et de sécurité tous les dons recueillis sont consacrés aux dépenses et aux recherches effectuées aux États-Unis plutôt qu'à mes expéditions à l'étranger. J'ai également commencé à publier des brochures sur des aspects spécifiques du système – je les tire à cinq cents ou mille exemplaires et les envoie à des personnes qui font l'opinion dans le monde entier. J'inclus des cartes des camps, des exemples de produits exportés en Occident, etc.

L'une de mes premières critiques de la politique américaine porta sur le Memorandum of Understanding (MOU) du président Bush, par lequel Pékin acceptait de respecter certaines normes en matière de droits de l'homme et de droit international afin de conserver ses privilèges commerciaux. Bien que mon anglais soit loin d'être parfait, il m'arrive d'avoir de bonnes idées, et je parcourus le pays en expliquant que le sigle MOU signifiait en fait Meaning of Useless, Sens de l'Inutile. La formule plaisait tellement à Jeff qu'il la répétait à tout le monde.

Plus je vis en Occident, plus je me rends compte que beaucoup d'Occidentaux sont profondément torturés par les maux de leur société.

– L'Amérique compte des millions de prisonniers, disent-ils. Nous avons encore des forçats enchaînés, dont un grand nombre sont des prisonniers politiques, condamnés pour leurs opinions, ou la couleur de leur peau, ou l'endroit où ils sont nés.

Je leur réponds :

– Vous voulez vraiment comparer une chaîne de forçats en Géorgie au goulag russe ou au *laogai* chinois ? Les communistes emmènent leurs prisonniers à des milliers de kilomètres de chez eux et les incarcèrent pendant des dizaines d'années, à seule fin de les faire travailler plus longtemps pour eux. En Chine, si vous criez : « À bas le Parti communiste », on vous met en prison. En Amérique, si vous criez : « À bas les démocrates » ou : « À bas les républicains », vous n'avez aucun problème.

La Chine n'a pas pour habitude de se justifier et j'ai été étonné quand, le 11 août 1992, Pékin a publié un Livre blanc pour expliquer sa politique en matière de camps de travail. Je suis absolument convaincu que ce sont nos efforts qui ont amené les autorités chinoises à publier ces justifications inhabituelles.

« La Chine est le pays le plus peuplé du monde, dit le texte. Son taux de criminalité demeure cependant beaucoup plus bas que la moyenne mondiale grâce à une série de mesures adoptées par le pouvoir politique du peuple pour stimuler la croissance de l'économie et maintenir la stabilité sociale.

» Un des objectifs fondamentaux de la rééducation est de transformer le délinquant en une personne différente, qui respecte la loi et qui subvient à ses besoins par son travail, ainsi que de le réinsérer dans la société en citoyen libre. »

On peut aisément résumer les grandes lignes du système :

I. Les gens peuvent être amendés.

II. Selon la loi chinoise, les droits d'un criminel sont protégés pendant sa captivité et ne peuvent être violés.

III. Il est essentiel que les criminels aient des activités productives et utiles à la société.

IV. La plupart des criminels étant des jeunes très peu instruits et ignorant les lois, une partie importante de l'amendement-par-le-travail consiste à les aider à s'instruire, à accéder à une prise de conscience morale, culturelle et juridique, à acquérir des capacités professionnelles.

V. Méthodes de persuasion : Bibliothèques. Livres. Troupes de théâtre. Conférences d'ex-détenus.

VI. Traitement humain des prisonniers conformément à la loi.

VII. Application des peines infligées aux criminels.

VIII. Emploi, réinsertion, éducation et protection des détenus.

Le Livre blanc posait plus de questions qu'il n'apportait de réponses : combien de camps, combien de prisonniers, combien de droit commun et de prétendus contre-révolutionnaires ? Le texte faisait état de plus de quarante mille appels adressés aux autorités – nombre que nous avons trouvé incroyablement élevé étant donné les carences du système judiciaire en Chine. « Les criminels, poursuit le texte, ont droit à une vie normale », et les repas de la prison ont un taux de protéines proche de la moyenne nationale – ce que je ne puis croire après avoir goûté la « cuisine » des camps. Les détenus ont le droit de correspondre et de pratiquer leur religion – droits que je sais inexistants, là encore. Le texte mentionnait également un sursis de deux ans accordé aux condamnés à mort et « pendant lequel ils suivent le programme d'amendement-par-le-travail, afin de vérifier s'il peut être efficace ». Ne serait-ce pas plutôt pour les avoir sous la main jusqu'au jour où l'on aura besoin de leurs reins pour une transplantation ?

Plus loin, le texte affirme qu'« en Chine, les produits fabriqués par les détenus servent avant tout à satisfaire les besoins du système d'amendement-par-le-travail ». Si c'était vrai, pourquoi affubler les camps de faux noms et les faire passer pour des usines ordinaires ?

Enfin, le texte estime à 0,08 % la part des fermes et des usines-prisons dans la production nationale en 1990. Cela paraît peu – jusqu'à ce que l'on songe à l'immensité de la Chine. Cela représente des millions de dollars de revenus tirés des camps de travail. En outre, j'ai toujours mis l'accent sur l'individu, la personne qui peine pendant des décennies, peut-être pour des raisons politiques. 0,08 %, c'est un chiffre énorme quand on en fait partie.

Jeff finit par me convaincre que nous devions surveiller les compagnies américaines qui commercent avec les Chinois. Je ne tardai pas à soupçonner Wal-Mart d'importer des produits fabriqués par des prisonniers, et je réussis à me faire inscrire sur la liste des personnes pouvant s'adresser aux quinze mille actionnaires à leur assemblée annuelle de Fayetteville, Arkansas. Les gros bras de la compagnie qui assuraient la sécurité de la réunion confisquèrent la caméra vidéo de Ching Lee – ce que les autorités chinoises n'avaient jamais osé faire pendant nos voyages. Heureusement, Jeff s'était arrangé pour que deux autres personnes – portant les T-shirts et les casquettes de Wal-Mart – pénètrent dans la salle avec des caméras. Ils filmèrent une scène classique : Rob Walton, fils de Sam Walton, le fondateur de la firme, me coupa la parole au bout de trois minutes exactement, le temps qui m'était imparti, et je quittai la tribune sous les huées de quinze mille actionnaires.

Craignant que je ne sois offensé et effrayé, Jeff me demanda :

– Tu as déjà affronté une foule hostile comme celle-là ?

– J'ai vu des rassemblements de ce genre, où l'on utilise des enfants et des drapeaux pour susciter l'émotion, et où on ne permet pas le débat, répondis-je en quittant la réunion. C'était en Chine communiste.

Une fois notre fondation solidement établie, l'idée me vint de rassembler des photos et des récits de survivants des camps. En Occident, il est facile d'inciter les gens à raconter leur histoire, mais les Chinois n'ont pas envie de se rappeler les années qu'ils ont passées dans les camps. Ils ont peur, ils veulent seulement continuer à vivre.

À Hong-Kong, je fis la connaissance d'un rescapé du *laogai* nommé Feng qui travaillait comme photographe. En mars 1993, j'allai chez lui avec Ching Lee – une chambre sordide et minuscule, pas de salle de bains, pas de cuisine. J'en eus les larmes aux yeux : cet homme avait tant souffert pendant des années et n'avait presque rien. Je lui offris quatre mille dollars pour réaliser des interviews. Il quitta son travail et parcourut la Chine en prenant des photos de survivants des camps. Je lui communiquai également les noms et adresses de six ou sept usines-prisons installées au cœur de grandes villes. Je lui recommandai de ne pas se servir d'une fausse identité, et de ne pas enfreindre la loi. S'il avait l'occasion d'acheter des articles bon marché fabriqués dans ces camps, je le rembourserais.

En définitive, le travail de Feng ne produisit pas une seule photo intéressante, pas une seule interview de survivant. À soixante ans, il était trop âgé et trop effrayé pour être efficace. Il me raconta en outre qu'il avait laissé une pellicule chez un ami et que la police l'avait confisquée. Bien que mécontent, je l'aidai à faire sortir sa femme de Chine grâce à un tiers et demandai à des amis d'essayer de lui procurer un meilleur emploi. Encore aujourd'hui, j'ignore ce que Feng avait en tête, mais je sais que mes relations avec lui refirent surface à mon procès en 1995. Feng n'était qu'une des personnes qui travaillaient avec moi en Chine, et même si cette opération fut un échec, elle contribua au moins à l'aider à survivre.

La Chine changeait. Moi-même, je devais l'admettre. Dans les années 50, les dirigeants croyaient au système et au lavage de cerveau. Ils s'imaginaient pouvoir faire en sorte que tout le monde pense et parle de la même façon. De mon temps, la plupart des gens disaient : « Le communisme est notre avenir, impossible de s'y opposer. » Si vous

vous échappiez d'un camp, vous n'aviez aucun endroit où vous réfugier. Si vous aimiez vos parents, vous évitiez tout contact avec eux car ils seraient étiquetés à jamais s'ils vous hébergeaient ne serait-ce qu'une nuit. Si vous n'aviez pas de ticket d'alimentation, vous mouriez de faim. Et quant à trouver un emploi, il ne fallait même pas y penser.

Pourtant le lavage de cerveau ne fonctionna pas. La génération suivante engendra ses rebelles, ses dissidents, ses penseurs – un électricien nommé Wei Jingsheng écrivant des textes audacieux sur la démocratie. Au début des années 90, les gouvernants chinois ne se préoccupaient plus tellement de lavage de cerveau. Fini l'idéologie. Deng ouvrit le pays aux échanges commerciaux, au téléphone, aux voyages. On parla bientôt de se brancher sur les réseaux mondiaux, d'accéder aux autoroutes de l'information. Il serait plus difficile de maintenir la société en vase clos.

Le régime changea donc de tactique. En 1983, Deng fit de chaque camp une entité économique autonome, comme une firme ou une usine. Les dirigeants doivent payer les uniformes, les salaires, la formation des gardes et des ouvriers qualifiés, mais s'ils couvrent leurs dépenses, le personnel en bénéficie. Le directeur de prison à l'ancienne mode s'est transformé en chef d'entreprise. Sa marge de profit dépend du travail qu'il réussit à obtenir de ses détenus. Quand un représentant d'une organisation de défense des droits de l'homme, d'un gouvernement étranger ou de la Banque mondiale visite le camp, les gardes se montrent un peu moins durs ce jour-là et servent une soupe meilleure.

La Chine changeait, et pas nécessairement en bien.

14

Sauvé de justesse

Mon projet suivant concernait un pays entier transformé en camp de travail. Pour le reste du monde, le Tibet est une entité indépendante qui a sa langue, son peuple, son histoire, mais les Chinois en ont fait une « région autonome », sans guère d'autonomie.

Le Tibet a commencé à me fasciner quand j'étais étudiant à Pékin en 1959. Les autorités nous faisaient monter dans des autocars et nous amenaient à un rassemblement contre le Tibet. On nous montrait des photos et des documents qui décrivaient une contrée rétrograde, primitive et cruelle, où les moines accumulaient d'immenses richesses, couchaient avec toutes les femmes qu'ils désiraient, vous coupaient les mains ou vous enterraient vivant pour vous punir. Le Tibet avait grandement besoin d'être amendé par la Chine – dont il faisait d'ailleurs partie, nous assurait-on. Le 31 mars 1959, quand le Dalaï-Lama franchit les montagnes pour se réfugier en Inde, j'avais mes propres difficultés avec les autorités chinoises.

Ces exactions se retournèrent contre la Chine puisque le Dalaï-Lama devint un des personnages les plus respectés au monde, connu pour son intérêt pour la science, ses manières paisibles et ouvertes. Trente ans plus tard, on lui remit le prix Nobel de la paix et il est aujourd'hui le chef spirituel et politique de tous les Tibétains, exilés ou captifs. J'ai eu le plaisir de le rencontrer à Washington en 1992 à une conférence pour la paix. Il a signé un poster de notre fondation, en a gardé un pour lui et nous a envoyé plus tard une lettre de soutien.

Les communistes ont commencé à envoyer des prisonniers et des colons chinois pour augmenter la population han, minoritaire au Tibet mais majoritaire en Chine. En 1993, des rapports firent état de douze nouveaux camps de travail. Je dois être franc et déclarer que la question des droits de l'homme au Tibet n'est pas populaire en Chine, même pour les courageux manifestants de la place Tienanmen. Pour la plupart des Chinois, les Tibétains sont « autres » et ne méritent pas leur sollicitude.

S'il est un endroit idéal pour y établir un camp de travail, c'est le Tibet – le « toit du monde », comme on l'appelle. Bordé par l'Himalaya au sud et par le désert de Taklamakan Shamo au nord, le Tibet est un lieu parfait pour accueillir des prisonniers, politiques ou autres. Le ressentiment des Tibétains à l'égard de la Chine est si profond qu'aucun d'eux ne viendrait en aide à un détenu chinois évadé.

Je décidai de dénoncer les camps de travail du Tibet et du Qinghai, au nord, mais en février 1993, ma demande de visa fut refusée à Hong-Kong, sans explication. De même, la jeune femme du consulat taiwanais écrivit sur la demande de Ching Lee : « Épouse de Harry Wu. Entrée refusée. »

Je m'y pris autrement, entrai en contact avec plusieurs exilés tibétains, leur expliquai que j'avais besoin d'aide pour pénétrer au Tibet par la frontière avec le Népal. Ce devait être le plus secret de mes voyages – codes, contacts cloisonnés, etc.

Après plusieurs mois de préparation, les exilés furent prêts, et en août 1993, je pris l'avion à San Francisco pour Hong-Kong, Bangkok et Katmandou, capitale du Népal, située à une centaine de kilomètres de la frontière chinoise. Je fis connaissance de mon guide, un jeune Tibétain nommé Katuga, qui parlait mandarin, d'une jeune Tibétaine qui se ferait passer pour ma femme, et du frère de Katuga. Dans leur propre intérêt, je ne leur révélai que mon prénom. Faisait également partie de l'escorte un homme d'affaires du nom de Capu qui accepta de m'aider à franchir la frontière. Ne me sentant pas à l'aise avec cet homme sorti de nulle part, ignorant tout de lui, je demandai si je pouvais le prendre en photo, sachant que les exilés n'aiment pas être identifiés. Il hésita et finit par me le permettre, ce que j'interprétai comme un signe de confiance.

Le lendemain matin, Capu partit seul en alléguant ses affaires. Aucunement ébranlés par cette défection, Katuga, les autres guides et moi montâmes dans la voiture et prîmes la direction de la frontière. Pendant les quatre heures de trajet, une pluie violente provoqua des glissements de terrain et de petites crues. Nous dûmes descendre et pousser pour arracher notre véhicule à la boue. Vers 3 heures de l'après-midi, nous arrivâmes à Tato Pani – Eau Chaude en népalais –, village de vingt ou trente familles à quatre kilomètres de la frontière avec la Chine ou le Tibet, comme vous voudrez. Après trois postes de contrôle, nous nous retrouvâmes dans une zone neutre où les Chinois se déplaçaient librement, semblait-il. J'étais si crotté que je pris un bain dans les sources chaudes de la colline, au risque de me faire remarquer.

Nous trouvâmes à nous loger dans une épicerie-bazar-café-auberge, où ma modeste chambre avait un plafond si bas que ma tête le touchait presque. La fenêtre donnait sur la grand-rue – le Népal d'un côté, le Tibet de l'autre. Je sentais quelque chose de bizarre. J'étais dehors quand une Jeep venue du côté chinois s'approcha, fit halte près d'une fontaine. Un homme en descendit, se mit à prendre des photos, et je remarquai que sa plaque d'immatriculation portait les lettres GA, initiales de Sûreté publique en chinois.

L'homme ne photographiait pas au hasard. Il braquait son objectif dans diverses directions mais revenait toujours sur la façade de notre hôtel. Je m'aperçus que le chauffeur de la Jeep portait un uniforme de la police. C'était moi qu'ils cherchaient. Je remontai aussitôt dans ma chambre.

Elle n'avait pas l'électricité et, comme il faisait déjà sombre, cela me donnait un avantage sur eux : je les voyais mais ils ne pouvaient pas me voir. Au bout de quelques minutes, l'homme remonta dans la Jeep, qui partit en direction du Népal. Avec l'aide de Katuga, je préparai mes appareils photo : je voulais constituer un dossier sur eux, comme ils en constituaient un sur moi. J'étais sûr qu'ils reviendraient.

Je savais qu'il fallait trois quarts d'heure pour aller de Tato Pani au village voisin, et lorsque je vis la Jeep revenir moins de vingt minutes plus tard, je devinai qu'ils s'étaient simplement éloignés pour discuter de la meilleure façon de me capturer. Le véhicule s'arrêta pile devant l'hôtel.

Je commençai à m'inquiéter. J'avais été accosté par la police au cours de mes deux premiers voyages mais c'était la première fois que je faisais l'objet d'une surveillance aussi agressive. Ils cherchaient soit à m'intimider, soit à me remettre dans une prison chinoise. Même si je voyageais avec un document américain, je n'avais pas la nationalité américaine, j'avais peur que les Chinois ne puissent encore me réclamer comme ressortissant chinois, et la frontière avec le Népal semblait assez poreuse.

Je me postai à la fenêtre avec mon appareil, pris des photos, plaçai ma caméra sur un trépied et la mis en marche. Des villageois passaient la tête par la fenêtre, d'autres se hâtaient de quitter la grand-rue. La police cherchait quelqu'un en particulier. Traitez-moi de paranoïaque mais j'étais sûr que c'était moi. Je repérai cinq hommes : l'un prit position en face de l'hôtel tandis que les autres pénétraient dans le magasin, juste en dessous de moi. Il n'y avait aucune autre issue par laquelle j'aurais pu m'échapper. L'oreille collée à une fente du plancher, je les entendis interroger le vieux commerçant.

– Demande-lui ! A-t-il vu des étrangers dans l'auberge ?

Un traducteur répéta la question en népalais mais, à ma grande satisfaction, l'aubergiste joua les idiots, bredouilla et ne dit rien. Ne pouvant obtenir de lui une seule réponse, les policiers repartirent. Lorsque je descendis, je demandai au vieil homme ce qu'ils voulaient. Il se montra aussi impénétrable qu'il l'avait été avec eux.

Un des guides assura que nous pourrions rester cette nuit au Tibet, et je songeai aux douze camps de travail tibétains que je tenais tant à voir. Si j'avais été seul, j'aurais franchi la frontière à cheval, déguisé en un de ces « cowboys » qui mènent yaks, taureaux et chevaux à travers l'Himalaya, mais ce n'était pas seulement ma vie qui était en jeu. Je décidai qu'il valait mieux que Katuga traverse d'abord la frontière pour retrouver Capu et savoir ce qui se passait. Au bout d'une heure, son compagnon népalais revint et me remit un message. Dans ce genre d'activités, on ne met jamais rien noir sur blanc, mais le mot de Katuga disait que tout était en ordre, je pouvais franchir la frontière le lendemain matin, ou lui faire porter le matériel par l'autre guide. Il tenterait de rassembler des documents sur l'existence des camps. J'acceptai et lui confiai appareil photo et caméra.

« Essaie avant tout de revenir, fis-je dire à Katuga. Si on te demande des aveux, avoue. S'ils veulent l'argent, donne-leur. Jette le matériel. Je veux juste que tu reviennes. Si tu reviens sans document, je ne te ferai aucun reproche. »

Le lendemain, afin de faire diversion, j'allai à pied jusqu'au milieu du « pont de l'Amitié », comme un touriste, posai un pied de l'autre côté de la ligne rouge marquant la frontière, me fis photographier et bavardai avec les gardes. Je montai ensuite ostensiblement dans le car et quittai la frontière, pour bien montrer que je n'allais pas au Tibet.

Il n'y avait rien d'autre à faire que rentrer en Californie. Je commençai à m'inquiéter pour Katuga en retournant à Katmandou. Il n'avait aucun secret à livrer mais je ne voulais pas avoir sa mort sur la conscience. Je n'eus pas de ses nouvelles pendant des semaines. Très inquiet, je demandai à mes contacts parmi les exilés tibétains de se renseigner sur son sort. J'appris que Katuga allait bien mais je ne fus pleinement rassuré que lorsqu'il eut quitté le Tibet.

Trois semaines plus tard, je reçus un coup de téléphone de Lhassa, la capitale du Tibet.

– Je vous ai acheté une paire de chaussures, annonça la voix à l'autre bout du fil.

– Quelle taille ?

– Du quarante.

– Merci, dis-je avec ferveur avant de raccrocher.

Katuga était sain et sauf. Le nombre quarante signifiait « tout va bien ». Katuga était rentré à Katmandou. J'étais si excité que je partis sur-le-champ retrouver cet homme que je considérais comme un héros. Je fus encore plus impressionné en constatant qu'il était allé dans presque tous les endroits que j'avais indiqués sur la carte. Il rapportait des bandes vidéo, des photos. J'achetai un petit écran et projetai le film en lui demandant d'identifier chaque plan – date et lieu. Il avait filmé au moins dix camps, et il nous fallut deux jours pour examiner le tout. Nous avions quasiment ce qu'il fallait pour réaliser un documentaire de première qualité sur le Tibet enchaîné. Il ne manquait qu'une scène montrant Katuga sur le point de franchir la frontière.

– Non, je ne peux pas, dit-il.

– Pourquoi ? C'est sans danger, plaidai-je. On te filme près de la frontière et c'est fini. Je suis américain, je t'accompagnerai.

Il s'obstina avec tant de véhémence dans son refus que je soupçonnai qu'il s'était passé quelque chose.

– Je t'en prie, dis-moi la vérité.

Il finit par reconnaître qu'il avait été arrêté à Lhassa, la capitale, et contraint de remettre bandes vidéo et pellicules aux autorités chinoises, qui les avaient développées. La police avait menacé de le jeter en prison s'il ne révélait pas l'identité de ce mystérieux « Harry ». Comme il ne connaissait pas mon nom, Katuga se sentit libre de dire tout ce qu'il savait et eut ainsi la vie sauve. Mais pourquoi l'avait-on laissé repartir ? Et qui l'avait dénoncé ? Apparemment, quand les agents de la Sûreté chinoise l'avaient reconduit à la frontière, Capu y bavardait avec des policiers chinois. Mais ils avaient relâché Katuga et lui avaient même rendu les films et les photos après en avoir fait une copie, avec l'espoir qu'il les conduirait à moi. Mais Katuga me restait loyal et s'opposait à ce que nous retournions à la frontière, où les Chinois m'auraient arrêté.

J'avais une dette envers Katuga. Je ne pouvais utiliser le film qu'il avait tourné pour ne pas mettre en danger ses parents restés au Tibet. Je téléphonai aux exilés tibétains, leur déclarai qu'eux aussi étaient responsables de la vie de cet homme et les prévins que je parlerais au Dalaï-Lama. Encore maintenant, je téléphone régulièrement au Népal pour vérifier qu'il n'est rien arrivé à Katuga.

Je pense encore à tous ces hommes emprisonnés au Tibet, non seulement aux détenus chinois mais aussi aux Tibétains, coupés de leur histoire et de leur foi. Le Dalaï-

Lama annonce sombrement qu'il est le dernier de la lignée, et il ne fait aucun doute que la Chine entend influer sur l'avenir du bouddhisme tibétain. Il est pour le moins curieux qu'un régime qui se targue de mépriser toute religion veuille intervenir dans le choix de la prochaine génération de leaders du bouddhisme tibétain. Pékin cherche à désigner le prochain Panchen-Lama, dignitaire situé au-dessous du Dalaï-Lama dans la hiérarchie tibétaine. Le dixième Panchen-Lama mourut en janvier 1989 et les Tibétains se mirent à la recherche de sa réincarnation. Par quelque procédure mystique, les moines trouvèrent un enfant de six ans et le présentèrent au Dalaï-Lama, qui déclara qu'il était bien le onzième Panchen-Lama.

Le gouvernement chinois fit promptement disparaître l'enfant et sa famille, le remplaça par un autre garçon de six ans, ce qui provoqua un schisme profond chez les Tibétains. Si le Dalaï-Lama, âgé maintenant d'une soixantaine d'années, venait à mourir avant le rétablissement du Panchen légitime, les Chinois parviendraient probablement à imposer leur propre candidat. Le ministre des Affaires étrangères de Pékin a assuré que l'adolescent choisi par le Dalaï-Lama n'était « ni porté disparu ni emprisonné ». Le jeu est rude dans cette partie du monde.

Je suis également peiné que tant de dissidents chinois luttent avec opiniâtreté pour leurs droits mais ne considèrent pas que les Tibétains méritent la même liberté, le même droit de choisir.

Peut-être aurais-je dû voir un avertissement dans l'épisode népalais, mais je ne pensais qu'à mon impuissance à aider le Tibet. Je ne pouvais rester sur un échec.

15

Reins et cornées

Je commençai à recevoir des informations qui m'amenèrent à me féliciter d'avoir connu les camps à une autre époque : le gouvernement chinois exécutait maintenant des prisonniers pour procéder à des transplantations avec leurs organes.

Human Rights Watch/Asia, principale source de ces informations, estimait que de deux à trois mille organes (principalement des reins et des cornées) étaient prélevés chaque année sur des prisonniers, et réservés en priorité aux dirigeants gouvernementaux. Selon Amnesty International, quatre-vingt-dix pour cent des transplants chinois proviennent de détenus exécutés. Human Rights Watch, divers magazines de Hong-Kong et la télévision japonaise ont donné des informations détaillées sur le sujet, parfois même avec des témoins visuels.

Je n'étais pas totalement surpris. Juste avant de quitter la Chine, en 1985, je m'étais procuré un document officiel confidentiel sur les premières transplantations. J'avais cru tout d'abord à un retour à l'ancienne pratique chinoise consistant à manger un organe pour ses prétendues vertus curatives – un pénis de tigre séché, par exemple, pour guérir l'impuissance, ou le cerveau d'un prisonnier exécuté que le capitaine Li, à la mine, avait servi à un père à l'esprit vacillant. Mais il s'agissait d'autre chose. C'était la science chinoise à l'œuvre.

J'étais révolté. Vous êtes l'ennemi du pouvoir, ou prétendu tel. On vous garde en vie en vous donnant un minimum de nourriture, un minimum de liberté ; on vous fait travailler pour enrichir d'autres personnes, on vous fait subir un lavage de cerveau. Et finalement on vous tue pour prélever sur votre corps des organes qui iront à quelqu'un de mieux considéré par le Parti, ou qui seront vendus à des étrangers. Y a-t-il jamais eu dans l'histoire un autre pays se livrant au prélèvement d'organes sur des prisonniers exécutés ?

Nous rassemblâmes des témoignages provenant de nombreuses sources. Ma Po, ancien journaliste émigré aux États-Unis en décembre 1989, parle d'une dissidente du Jiangxi condamnée à mort au printemps 1986 pour avoir écrit : « À bas Hua Guofeng » sur un mur. Mais comme à l'hôpital militaire de Nanchang un pilote attendait un rein, la direction de l'hôpital s'est arrangée avec la police locale pour reporter l'exécution jusqu'à ce qu'un chirurgien de l'armée puisse traiter la prisonnière avec des anticoagulants. Elle fut ensuite abattue, transportée par ambulance, et le rein fut greffé au pilote.

D'autres témoignages nous parvinrent – un militant pour les droits de l'homme en 1988 à New York, le *South China Morning Post* à Hong-Kong en 1988, Associated Press à Hong-Kong en mars 1991, *Lancet* en 1991. Apparemment, les transplantations étaient un secteur florissant. Le *Hong-Kong Standard* rapporta en 1991 qu'un magnat de Hong-Kong, Deacon Chiu, avait fait don d'un million de dollars à l'hôpital de la faculté de médecine Sun Yat-sen de Guangzhou à la suite d'une transplantation de rein. Selon une source interne de l'hôpital, le rein transplanté provenait d'un prisonnier exécuté.

D'autres patients payaient des honoraires plus courants mais cependant importants. Dans la *Transplantation Review* de juillet 1992, le Dr Ronald D. Guttmann, du Canada, écrit qu'en 1989 4596 reins ont été greffés en Chine. « Les prisonniers exécutés représentent une proportion importante de donneurs, dénonce-t-il. Les reins sont transplantés dans un grand hôpital où les étrangers, généralement des Chinois de la diaspora, paient environ trente mille dollars l'opération. »

En 1993, cette question fit l'objet d'un débat dans le monde entier. La Commission des Nations unies contre la torture demanda au gouvernement chinois « si la peine de mort ne constitue pas une forme de châtiment cruelle… si les corps de personnes exécutées peuvent être utilisés pour des greffes d'organe ». Cette même année, le gouvernement britannique envoya en Chine une délégation qui pressa par la suite les autorités chinoises de définir, en matière d'exécution, « un code de conduite interdisant… l'utilisation d'organes prélevés sur des prisonniers exécutés », selon le Rapport de visite en Chine de la Délégation conduite par Lord Howe of Aberavon en juillet 1993.

Après la vague de révélations de 1993, Pékin prit une décision spectaculaire en interdisant l'exportation d'organes vers tout pays à l'exception de Hong-Kong. Chaque jour, cependant, des malades désespérés continuèrent d'affluer de Hong-Kong, de Macao, de Singapour, des États du Golfe, du Japon et des États-Unis.

Il ne s'agissait pas d'opérations clandestines ou de cliniques privées. Le bruit court que, dans certains pays, on assiste des gens pour leurs organes, ou que des gens misérables vendent l'un de leurs reins pour nourrir leur famille. La législation chinoise interdit la vente d'organes mais les progrès économiques de Deng Xiaoping ont permis à des hôpitaux modernes d'offrir une aide miraculeuse à des patients qui ont les moyens ou l'influence politique requise. Ce qui m'indignait le plus, c'était que des médecins étaient impliqués dans cette horrible pratique. « Nous utilisons les déchets de la société pour guérir des malades », arguaient-ils, reprenant ce que des docteurs nazis disaient des prisonniers juifs pendant l'holocauste.

Désireux de trouver un praticien ayant réellement pris part à ces exécutions, je me rendis à Hambourg en novembre 1992 pour rencontrer un chirurgien chinois en exil. Pour ne pas donner l'impression que je m'intéressais uniquement à lui, j'invitai une douzaine d'autres exilés à dîner et m'arrangeai pour m'asseoir à côté de lui. Pendant le repas, il me raconta que le gouvernement chinois l'avait envoyé en Thaïlande dans le cadre d'un programme d'aide médicale des Nations unies, et que, après les événements de la place Tienanmen, il avait participé à Bangkok à une manifestation contre le massacre. Lorsque l'ambassade chinoise avait voulu le faire rentrer en Chine, il avait obtenu l'asile politique en Allemagne.

Je lui expliquai que je désirais tourner un documentaire sur les raisons pour lesquelles des Chinois quittaient leur pays. Les autres dissidents bavardaient en mangeant, me fournissaient des informations. L'un d'eux déclara qu'il avait fait partie de la police, qu'il avait battu et torturé des gens jusqu'au jour où il avait décidé de s'enfuir.

C'était en fait le médecin que je voulais interviewer. L'année suivante, alors que je préparais une émission pour la BBC, je le rencontrai de nouveau à Hambourg et tentai de le convaincre de faire des déclarations publiques mais il se montra prudent.

– Ma famille vit encore en Chine, fit-il valoir. Et les autorités sont capables de vous kidnapper à l'étranger.

Je lui dis que j'envisageais d'enquêter sur le boom des greffes du rein en Chine – pouvait-il au moins me fournir des détails sur la façon dont se passaient les transplantations ? Il venait d'obtenir son diplôme quand on lui demanda d'accompagner deux médecins plus âgés en mission.

– On m'a envoyé prélever des reins avec deux autres chirurgiens dans le district de Xindu, à vingt-cinq kilomètres de la ville de Chengdu, me dit-il. À notre arrivée, on nous a révélé que nous nous trouvions dans une prison. Un détenu anesthésié était étendu dans une salle à part. Nous ne connaissions pas son nom, nous ne pouvions voir son visage. Rapidement, nous l'avons ouvert, nous avons prélevé ses deux reins, nous les avons placés dans un conteneur spécial, nous les avons remis à un membre du personnel qui est aussitôt monté dans un hélicoptère de l'armée… Nous avons recousu le prisonnier… Sur le chemin du retour, le chirurgien-chef m'a expliqué que le prisonnier avait été condamné à mort et serait exécuté le lendemain. »

Le médecin de Hambourg précisa que huit reins avaient été prélevés par quatre équipes chirurgicales, pour procéder dans la même nuit à huit transplantations. Prendre deux reins à une même personne revient à une exécution, et le docteur ajouta que le receveur à qui on destinait ces organes était un militaire de haut rang.

Lorsque j'invitai de nouveau le médecin à faire des révélations publiques, il me répondit qu'il ne pouvait pas.

Je me demandai comment la Chine justifiait cette pratique odieuse. Je ne tardai pas à découvrir que le gouvernement agissait à la chinoise : d'abord on fait, ensuite on définit les règles. Dans la plupart des pays occidentaux, la loi précède la pratique. Pas en Chine. Pékin avait déjà envoyé deux millions de personnes au *laogai* avant de commencer à rédiger un règlement sur la rééducation-par-le-travail publié en 1954. Cette politique rétroactive semble s'appliquer aussi aux prélèvements d'organes.

C'est en 1979 que le professeur Xia Shuisheng, de la faculté de médecine de Tongji, entreprit les premières transplantations, mais il fallut attendre le 9 octobre 1984 pour que les agences gouvernementales le reconnaissent officiellement. Six ans plus tard, le document légalisant cette pratique fut finalement publié sous le titre : « De l'utilisation des corps ou organes de criminels condamnés. » Il autorisait le prélèvement à trois conditions : premièrement, que le corps ne soit pas réclamé ; deuxièmement, que l'on obtienne le consentement du prisonnier sur le point d'être exécuté ; et troisièmement, celui de sa famille.

Il y avait d'autres règles : « L'utilisation de corps ou organes de criminels exécutés doit rester secrète... Un fourgon chirurgical du ministère de la Santé peut être autorisé à se rendre sur le lieu de l'exécution pour le prélèvement mais il est interdit d'utiliser un véhicule portant le nom du ministère, de mettre des blouses blanches. Des gardes doivent rester postés autour du terrain d'exécution pendant le prélèvement. » Ces deux restrictions trahissaient le désir du gouvernement de cacher à la population ce que faisaient les médecins. Manifestement, policiers et docteurs travaillaient en étroite collaboration – l'offre et la demande se combinant, pourrait-on dire, avec des conséquences dramatiques pour les prisonniers qui se trouvaient être au mauvais endroit au mauvais moment, avec l'organe et le groupe sanguin adéquats.

Selon le code pénal entré en vigueur le 1er janvier 1980, seize crimes sont passibles de la peine de mort, notamment la corruption, le détournement de fonds et le trafic de drogue, mais neuf sont qualifiés de « contre-révolutionnaires ». Parmi les prisonniers chinois, combien y avait-il de violeurs ou d'assassins ? Combien n'avaient fait que protester contre la corruption, l'incurie ou la bêtise ? Le gouvernement refusait de répondre. Amnesty International fait état de 750 exécutions en 1990, 1 050 en 1991, 1 079 en 1992, et 1 419 en 1993.

Le nombre des exécutions s'élève en même temps que celui des transplantations. Dans un rapport d'août 1994, Human Rights Watch/Asia avance deux raisons au développement des programmes de transplantations : « D'abord, le lancement d'une campagne contre le crime (*yan-da*) chaque année depuis 1983, ce qui a grandement accru le nombre des condamnés à mort et, partant, les sources potentielles d'organes transplantables ; deuxièmement, l'introduction en Chine de la Cyclosporine A, "médicament miracle" qui a beaucoup fait croître le taux de réussite dans les transplantations. »

Sensible à la dénonciation des prélèvements d'organes sur des prisonniers, le gouvernement chinois ne nie pas pour autant qu'on les pratique. La Commission des Nations unies contre la torture reprend les commentaires de l'ambassadeur Jin Yongjian et de sa délégation en 1993 : « Le prélèvement d'organe sans l'autorisation de la personne concernée ou de sa famille n'est pas une pratique normale. Dans certains cas, on a cependant autorisé le prélèvement sur le corps de personnes exécutées. »

Les Chinois n'ont pas pour habitude de donner leurs organes comme cela se fait aux États-Unis et dans de nombreux autres pays. J'ai dans mon portefeuille une carte rose de donneur, et mes organes pourront continuer à vivre dans le corps de sept ou huit personnes, mais en Chine, la tradition veut que le corps soit enterré entier. La crémation elle-même est une mesure radicale devenue nécessaire parce qu'un grand nombre de Chinois vivent dans des villes surpeuplées, et qu'on ne peut transporter tous les morts pour les enterrer dans leur village natal avec leurs ancêtres. Pourtant, les Chinois demeurent dans l'ensemble attachés à l'enterrement traditionnel.

Il en allait déjà ainsi du temps où la cour impériale avait recours à un groupe de fonctionnaires triés sur le volet à qui on pouvait confier la garde des femmes parce qu'ils avaient été castrés dans leur jeune âge. Les parties génitales des eunuques de la cour étaient conservées avec soin. Quand l'un d'eux mourait, sa famille veillait à faire enterrer ses testicules avec le reste du corps, pour qu'il entre dans l'au-delà en individu complet. Ces croyances ne meurent pas facilement. Il y a quarante ans, la plupart des Chinois riches choisissaient encore de se faire enterrer dans un cimetière privé, et si la crémation est une pratique relativement nouvelle, elle est infiniment mieux acceptée que le don d'organe.

Les médecins savent qu'ils ne peuvent obtenir d'organes de personnes décédées à l'hôpital ou dans un accident de voiture parce que le facteur temps s'y opposerait, sans parler des familles. Ils se tournent donc vers les détenus et commencent par leur faire une analyse de sang, sans leur révéler pourquoi.

En février 1994, je me rendis à Toronto pour travailler avec un Canadien d'origine chinoise employé à CBC. Il téléphona à un nommé Li, administrateur de l'Hôpital du peuple n° 7 à Zhengzhou, la ville où j'avais assisté aux quarante-cinq exécutions en 1983. Faisant croire à Li qu'il voulait arranger une transplantation pour son patron, le Canadien le fit parler et nous enregistrâmes la conversation.

Li expliqua qu'on exécutait plus de prisonniers d'une balle dans la tête que dans le dos parce qu'il était devenu plus facile de se procurer des cornées autrement. « On peut les prélever sur des patients qui meurent, dit-il. Mais si on veut un rein ou un autre organe interne, une balle dans le crâne et le cerveau est mort. »

Li avait été envoyé à Anyang prélever des reins sur un prisonnier exécuté. On lui recommandait toujours de ne pas parler des transplantations aux étrangers. « Les organes proviennent de condamnés à mort... Nous achetons les cadavres... Avec l'accord des autorités. »

Li exposa ensuite le déroulement de l'opération :

– Nous amenons le fourgon chirurgical sur le lieu même de l'exécution... Dès que le prisonnier est mort, et après application des procédures requises par le tribunal et le Bureau de la Sûreté, le corps nous appartient... Nous achetons tout le corps... D'un point de vue légal, une fois le prisonnier abattu, il n'existe plus en tant qu'être humain. Il n'a pas de psychisme, il n'est plus qu'un cadavre, une chose.

Il ajouta qu'on déclarait la « mort cérébrale » du prisonnier, ce qui signifiait que les médecins pouvaient légalement prélever les organes, mais, bien entendu, les détenus devenaient des « cerveaux morts » sur demande, avec l'aide de la police et des médecins. Les cadavres étaient ensuite incinérés.

– Ce que l'on remet à la famille, c'est une urne de cendres, dit Li. Les policiers, les juges reçoivent de petits cadeaux – cigarettes, invitations à dîner – parce que nous avons besoin de leur aide pour porter le corps dans le fourgon, pour monter plus longtemps la garde autour du lieu d'exécution, afin que personne ne puisse voir le véhicule...

C'était la première fois que j'entendais parler de « cerveau mort ». J'eus un haut-le-cœur. On transformait toute une couche de la société chinoise en profanateurs de sépultures, en détrousseurs de cadavres. Naturellement, les techniques policières devaient suivre les progrès médicaux. Autrefois, on se contentait de tirer une balle dans le crâne du prisonnier, comme je l'avais vu faire à Zhengzhou, mais, par la suite, les autorités eurent besoin de photos pour établir quels prisonniers étaient morts, et la balle dans la tête abîmait le visage. À présent, on alterne les méthodes d'exécution, selon l'organe demandé.

Je rencontrai Gao Pei Qi, ancien commandant en second d'une brigade de police criminelle à Shenzhen, qui a fui la Chine et vivait alors à Hong-Kong mais habite maintenant Londres. Pendant les dix années passées à la brigade, il n'entendit jamais un prisonnier autoriser l'État à prélever un organe sur son corps. Il nous parla de la nouvelle technique d'exécution par balle dans le cœur tirée par-derrière.

– Cela peut paraître un peu plus civilisé parce que le visage reste intact, mais si on rate son coup, le prisonnier ne meurt pas immédiatement. J'ai vu une bande vidéo d'un détenu qui se tordait de douleur en hurlant. Il a fallu tirer une deuxième fois pour mettre fin à ses souffrances.

» Pour ne pas manquer la cible, on trace une marque à la craie dans le dos du détenu à l'emplacement du cœur. Même avec ces précautions, il arrive aux bourreaux de tirer à côté, et l'un d'eux a même blessé à la main un garde qui soutenait le criminel. Parfois, après que l'ordre de tirer a été donné, le bourreau pique le dos du criminel avec une baïonnette pour qu'il se tienne tranquille puis il fait feu... Au Henan, j'ai vu deux policiers tenir un prisonnier tandis qu'un troisième l'abattait par-derrière... On lui a ensuite donné trois coups de pied dans le dos et on lui a marché sur le ventre pour s'assurer qu'il était bien mort. Après le coup de grâce, tiré dans la tête, un technicien du laboratoire de la police a trituré le cerveau en enfonçant une paire de longues pinces par le trou qu'avait fait la balle.

Certains aspects demeuraient pourtant inchangés. Les exécutions avaient encore lieu la veille de jours fériés et rivalisaient avec le cinéma et les matches de football comme spectacle populaire.

Plusieurs hôpitaux faisaient de la publicité pour leurs transplantations à Hong-Kong et dans d'autres villes. On pouvait même envoyer un fax pour se déclarer intéressé. C'est ce que je fis avec l'hôpital de l'université de Chine de l'Ouest, et je reçus en réponse un document me donnant tous les détails. Ils s'enorgueillissaient d'un taux de survie après un an chez leurs transplantés rénaux de 83,35 %, chiffre passé en 1991 à 90,29 %. Le taux de survie après trois ans était de 70,33 %, de 61,45 % après cinq ans, et le doyen de leurs transplantés avait, à cette date, survécu treize ans et sept mois.

Les autorités chinoises célébraient leur succès. Pas moi. Cette pratique m'apparaissait comme le summum en matière de violation des droits de l'homme. Il fallait que quelqu'un passe de l'autre côté du Rideau de Bambou pour recueillir d'autres preuves. Qui, sinon moi ? Mais comment pouvais-je retourner en Chine ?

À la fin de 1993, ma demande de naturalisation fut prise en compte par l'administration américaine mais la procédure demande généralement une année. Après avoir rempli quelques formulaires le 5 janvier 1994, je fus, à mon grand étonnement, envoyé immédiatement chez le directeur du service local d'immigration et de naturalisation, qui me conduisit *illico* devant un juge. On me fit lever la main droite et prêter serment de fidélité aux États-Unis d'Amérique. *Vlan.* Un cachet sur le document et, en un jour, j'étais devenu citoyen américain.

L'ennui, c'est que je n'avais pas prévu que les choses iraient aussi vite et que personne ne m'accompagnait. Pas d'amis, pas de témoins, pas de photos, pas de fête.

Douze jours plus tard, mon passeport arriva par la poste. Quand on m'avait demandé quel nom je voulais y voir figurer, j'avais répondu « Peter Hongda Wu », en souvenir du prénom occidental que j'avais aussi porté dans mon enfance. Sur le document, c'était devenu « Peter H. Wu ». Encore mieux. Pékin ne possédait pas l'équipement informatique permettant de vérifier tous les éléments concernant tel ou tel – nom, visage, etc. – et j'adressai au consulat de Chicago une nouvelle demande de visa, qui fut acceptée. Peut-être que « Peter H. Wu » parviendrait à recueillir des informations sur les transplantations d'organes en Chine.

16

L'Ouest sauvage

N'ayant pas réussi à pénétrer au Tibet, pays enchaîné, je décidai de me rendre dans une autre contrée asservie, la Région autonome du Xinjiang-Ouïgour, dans le nord-ouest de la Chine.

Le Xinjiang devenait rapidement le centre de l'industrie du *laogai* avec d'énormes gisements d'uranium, de charbon, d'or, de graphite et, selon les Chinois, des réserves pétrolières s'élevant à 74 milliards de barils. Pas étonnant que Pékin veuille contrôler ce 1,6 million de kilomètres carrés de montagnes et de déserts, ainsi que la population indigène, des musulmans turcs appelés Ouïgours. Après son accession au pouvoir en 1949, Mao commença à peupler le Xinjiang de soldats du Kuomintang vaincu accompagnés de leur famille. Mon frère n° 3, Wu Hong Dao, y fut envoyé comme enseignant en 1959 et je ne l'ai pas revu depuis. S'il eût été trop compromettant pour moi de le rencontrer, je voulais me sentir proche de lui, peut-être simplement marcher dans sa rue.

Je n'avais jamais visité le Xinjiang mais j'avais suivi le développement impressionnant de sa population, passant de quatre millions d'habitants en 1952 à environ seize millions en 1994 – répartis à peu près également en 41 % de Hans et 45 % d'Ouïgours.

Pékin reconnaît qu'il détient plus de cent cinquante mille prisonniers au Xinjiang, mais je multiplierais ce chiffre par cinq. En 1990, le *Journal du Xinjiang* écrivait : « Le Xinjiang est une des provinces où notre système de *laogai* joue un rôle relativement important. Les détenus ont colonisé le désert pour en faire des terres cultivées, planté des arbres, construit des routes et des ponts, extrait du charbon, produit des biens manufacturés. » Le journal donnait de ces hommes une image héroïque de pionniers ou de colons, mais je connaissais la vérité : ils avaient accompli leur tâche sous la menace des armes.

Encore aujourd'hui, la Banque mondiale ferme les yeux sur le « détail » des camps de travail et continue à financer de grands travaux au Xinjiang. Les dangers étaient nombreux dans cette province pour un fauteur de troubles en maraude, et je souhaitais les partager avec quelqu'un.

Je reçus justement un coup de téléphone d'une journaliste de Londres, Sue Lloyd-Roberts, qui travaille souvent pour la British Broadcasting Corporation, la meilleure agence de presse internationale au monde. Spécialisée dans les droits de l'homme, elle avait visité divers coins du globe assez durs et souhaitait aller en Chine et au Tibet. Est-ce que je connaissais quelqu'un qui serait prêt à l'accompagner ?

Peu de temps après, je passai par Londres et dînai avec elle. Pendant le repas, je tirai de ma poche mon passeport américain flambant neuf et m'exclamai : « Regardez ça ! Les Chinois ne savent pas que je suis maintenant citoyen américain. Je pars avec vous. » Elle parut surprise que je prenne ce risque après un passage à *60 Minutes* qui m'avait fait connaître un peu partout mais je lui assurai que ce nouveau passeport permettrait à Peter H. Wu de refaire ce que Wu Hongda avait fait. Nous nous mîmes d'accord : la BBC financerait le voyage et fournirait même la caméra. Nous commencerions par les camps du Xinjiang et nous enquêterions ensuite sur les transplantations d'organes. Cette fois, je ne pouvais me faire passer pour un homme d'affaires ou un touriste ordinaire puisque la région était fermée aux étrangers. Je modifiai donc mon papier à en-tête et mes cartes de visite pour me transformer en Peter Wu, professeur d'anthropologie à l'université d'Oklahoma, et Sue devint mon assistante. Nous n'avions évidemment aucune relation avec cette université mais j'estimai que nous ne faisions de mal à personne avec ces fausses lettres de créance.

Officiellement, notre objectif était de faire des recherches sur la Route de la soie, que Marco Polo avait jadis empruntée pour rapporter des tissus et des épices à Venise. Il existe en fait trois routes qui portent ce nom, et nous choisîmes celle du milieu, le long du Tarim, juste au nord du Taklamakan Shamo, parce que c'est là qu'est concentrée la majorité des camps de travail.

Je retrouvai Sue Lloyd-Roberts à Francfort. Elle avait demandé à la BBC de nous fabriquer un sac spécial pour caméra cachée, avec un rabat en plastique, translucide d'un seul côté, afin de recouvrir l'objectif. Nous prîmes l'avion pour Almaty, au Kazakhstan, puis pour Urumqi, au Xinjiang, et Aksu. Nous n'eûmes aucun problème à la frontière et je poussai intérieurement un grand soupir de soulagement.

Nous étions en Chine mais j'avais le sentiment de me trouver dans un monde différent, un pays musulman où la population me regardait comme un étranger. Les femmes étaient vêtues de robes aux couleurs vives, se couvraient parfois la tête et le visage de longs voiles en soie qui ne faisaient qu'attirer l'attention sur elles. Les hommes portaient des vestes sombres. Certains d'entre eux parcouraient à cheval les longues vallées verdoyantes menant à des collines grises raboteuses. Sur ces hauteurs, des bergers nomades vivaient dans des tentes en feutre appelées yourtes, laissant leurs chevaux et leurs moutons paître en liberté, confiant les tâches dures aux chameaux. On avait un sentiment de liberté, l'impression que ce peuple estimait que cette terre lui appartenait, qu'il en reprendrait possession dès qu'il serait débarrassé de ces visiteurs temporaires – mais les visiteurs n'avaient aucune intention de partir.

Nous commençâmes par louer une voiture avec chauffeur. Nous savions que, si les autorités coffraient le chauffeur, il parlerait. Nous le payâmes donc grassement, en espérant qu'il ne ferait pas trop attention à nos activités.

J'étais plutôt enclin à engager un Ouïgour, en partant du principe qu'il répugnerait à renseigner les autorités chinoises, mais nous fîmes connaissance d'un Han qui était non seulement chauffeur mais aussi mécanicien, ce qui pouvait se révéler utile là où nous allions. Je m'interrogeais sur son tempérament car il avait l'oreille et le front bandés. Il nous expliqua qu'il s'était battu dans la rue avec un Ouïgour, que cinq ou six autres étaient venus à la rescousse du premier.

– Quand il y a une bagarre, des tas d'Ouïgours s'en mêlent, nous dit-il. Tandis que les Chinois ne se soutiennent pas entre eux. Ils restent à l'écart.

Quoi que prétende la propagande officielle chinoise, les Ouïgours considèrent les Chinois comme des intrus. Ils ont leur religion, leur langue, que la plupart des Chinois hans (moi compris) ne comprennent pas. Des liens très forts les unissent, par-delà les frontières nord, aux États à population majoritairement musulmane de l'ex-Union soviétique, et l'on comprend que les autorités chinoises soient inquiètes. Des émeutes indépendantistes ont agité Kashi dans les années 80 et des bombes y éclatent encore de temps à autre.

Comme les Ouïgours ont traditionnellement une nombreuse progéniture, le gouvernement autorise les couples mariés à avoir deux enfants au lieu d'un seul, limite légale imposée partout ailleurs dans le pays. À en juger par ce que j'ai pu voir pendant notre voyage, la plupart des familles en comptent davantage, entorse qu'explique le vieux dicton chinois : « Les montagnes sont hautes et l'empereur est loin. »

L'empereur de la Chine contemporaine a pris des mesures pour faire régner l'ordre dans les montagnes et le désert. Il y a approximativement deux millions de militaires au Xinjiang, dont plus de quatre-vingt-dix pour cent de Hans. Pour dire les choses simplement, le Xinjiang est une colonie, une colonie riche en minerais et en main-d'œuvre captive.

Malgré sa rixe, notre chauffeur embauchait des Ouïgours et nous proposa même l'un d'entre eux pour un court voyage.

– Vous voyez, j'ai rien contre les Ouïgours, souligna-t-il, et j'eus l'impression d'avoir affaire à un homme qui ne sauterait pas sur la première occasion de me livrer.

Je lui racontai que j'étais un professeur faisant des recherches sur la Route de la soie, et que je voulais qu'il suive cette route au nord du désert.

Je savais que les camps de travail se trouvaient le long du fleuve, source d'eau et exutoire pour les déchets des usines.

– Jadis, on voyageait à dos de chameau. Les chameaux ont besoin d'eau, j'aimerais voir où on les faisait boire, expliquai-je. Il y a peut-être une rivière plus bas.

Nous quittâmes Aksu et prîmes à l'est, traversant des villages où des paysans en costume régional agitaient la main, souriaient. Nous vîmes des enfants adorables qui devaient parcourir jusqu'à quinze kilomètres pour aller à l'école, des adultes qui, en milieu de journée, jouaient dehors au billard. Le gouvernement chinois prétend que le chômage n'existe pas au paradis socialiste, mais j'ai vu des hommes très nombreux chercher de l'embauche sur les marchés du travail en plein air.

Non loin d'Aksu, j'avisai un camp et me mis à filmer.

– Qu'est-ce que vous filmez? me lança le chauffeur. C'est un camp de travail.

– Qu'est-ce que c'est, un camp de travail? demandai-je, jouant l'imbécile. Je suis un chercheur américain, je n'ai jamais entendu parler de ça.

Nous poursuivîmes notre route vers l'est. Le voyage était pénible. Nous étions en avril, après la saison des neiges, mais il faisait froid et sombre. La première fois qu'il plut, Sue et moi fûmes éberlués: de grosses gouttes de boue brune – sable mêlé à l'eau – tombaient du ciel et s'écrasaient sur notre pare-brise. Du sable dans le nez, dans la bouche, dans la gorge. Une vraie tempête du désert.

Dans mon premier livre, où je dresse la liste de tous les camps, j'avais mis la mention emplacement « inconnu » en face de la ferme de Talimu. Il ne reste plus guère d'endroits

« inconnus » dans le monde mais je n'avais pas réussi à localiser Talimu dans l'immensité du Xinjiang.

Cette fois, nous parvînmes à le dénicher. Talimu est la principale source de coton pour les vêtements exportés en Occident, et ce coton est récolté par les prisonniers.

Quand nous fûmes à proximité, je demandai au chauffeur de prendre la direction du sud mais il fit des difficultés. Je cherchai à le rassurer en disant que c'était notre idée, que nous en prendrions la responsabilité, et que, de toute façon, nous faisions juste des recherches sur la Route de la soie, qu'il n'y avait pas de problème. Il ne fut pas rassuré pour autant.

– On doit pas aller vers le sud. Il y a des camps de *laogai* par là-bas. Ils me feront sauter ma licence.

– Nous dirons que nous sommes perdus, arguai-je. On essaie ?

C'était à la fois une requête et un ordre. Il s'exécuta mais il était nerveux – et moi aussi.

La voiture s'engagea sur le chemin privé de la ferme, roula cinq cents mètres jusqu'à la lisière d'un champ de coton s'étendant derrière un bosquet. L'endroit était morne, effrayant. Je repérai des prisonniers gardés par des soldats armés à quelques centaines de mètres. Mon cœur se mit à battre à grands coups sous l'effet d'une poussée familière de colère et de peur.

Le chauffeur voulut faire demi-tour et filer.

– Attendez, réclamai-je.

Je descendis de voiture avec Sue, avançai dans le champ en filmant. Nous nous dirigeâmes vers un fossé bordé de buissons avec l'espoir d'approcher des détenus.

Soudain, un homme surgit des buissons à moins d'un mètre de moi.

– Capitaine ! cria-t-il, me faisant sursauter.

Je reconnus celui à qui j'avais affaire : un vieux prisonnier en uniforme bleu chargé de monter la garde. J'avais moi-même rempli cette tâche des années plus tôt. Si l'on vous faisait assez confiance pour surveiller les autres prisonniers, on vous laissait arracher au sol quelques légumes, ou vous servir le premier de petits pains de maïs. Cela infléchissait parfois le fléau de la balance entre la vie et la mort. Je n'avais rien contre cet homme. Il luttait pour survivre. Je souhaitais juste qu'il la ferme et me laisse filmer.

– Capitaine ! brailla-t-il de nouveau.

Je savais ce dont il avait besoin – une dose d'autorité.

– Tais-toi, lui intimai-je. Moi aussi, je cherche le capitaine.

M'entendant parler un mandarin cultivé sur un ton impérieux, l'homme hésita. Il n'était plus sûr de lui. De maître temporaire, il était redevenu esclave.

Un officier de police se dirigea vers nous, parut troublé de découvrir deux civils dans le champ. J'expliquai que nous étions perdus, il nous indiqua la direction à prendre, et je fis durer ses explications en posant plein de questions, tandis que Sue repérait les prisonniers qui convergeaient vers nous.

– Allons-y, fit le policier. D'où êtes-vous ?
– Des États-Unis, répondis-je.

Pour gagner du temps, Sue se mit à bavarder avec le policier, lui fit du charme. Il se détendit et sourit. Tout en parlant, elle réussit à lui tourner le dos, à prendre la caméra et à filmer des dizaines d'hommes en uniforme marchant à pas lents dans un champ de coton. Quand elle eut terminé, elle se retourna et nous remontâmes en voiture.

L'après-midi, nous traversions les terres du camp de Tainan quand nous vîmes un prisonnier travaillant seul près d'une remise. Personne en vue – nous décidâmes de faire halte. Nous pourrions toujours prétendre, si on nous interrogeait, que nous étions égarés.

Au cours de mes deux premiers voyages, je n'avais pas eu la possibilité de parler aux détenus. Comme ils travaillaient entourés de gardes, je n'avais pu que les observer de loin, et prendre éventuellement des photos. L'occasion était trop belle – un prisonnier seul sur le bord de la route.

J'engageai la conversation. L'homme semblait faible, abattu. Quand il me révéla qu'il était lui aussi de Shanghai, ma ville natale, je me sentis doublement touché par son sort. Il s'était retrouvé mêlé à une rixe au mauvais moment, après que Deng Xiaoping eut annoncé une campagne contre la violence dans la rue. À l'âge de dix-huit ans, il avait été condamné à la prison à vie mais au bout de onze ans, on découvrit qu'il souffrait d'un cancer de l'estomac et les autorités du camp lui déclarèrent brutalement qu'elles refusaient de payer l'opération. Par « mansuétude », elles réduisirent cependant sa peine à quinze ans de prison, de sorte qu'il ne lui restait plus que quatre ans à faire – s'il vivait assez longtemps pour cela.

Il nous fit ce récit en toute tranquillité. Il n'y avait aucun garde à proximité – et, dans son état, que risquait-il ? Trop malade pour travailler dans les champs, il avait été affecté à la remise.

Sue prit sa caméra. Je m'efforçais de rester insensible, je me répétais que c'était mon métier d'enquêter sur la misère humaine mais ce malheureux me fendait le cœur. J'avais le même âge que lui quand mes ennuis avaient commencé. Il avait peut-être commis des erreurs, il s'était livré à des actes violents, mais, contrairement à moi, il était quasiment sûr de mourir jeune. J'avais les larmes aux yeux en l'écoutant. Toute une vie gâchée. Il nous laissa jeter un coup d'œil dans la remise, qui était aussi l'endroit où il couchait – un étroit lit de camp, pas d'eau, et deux petits pains rassis dans un bol.

Plongeant la main dans mon sac à dos, je lui donnai les nouilles déshydratées, les biscuits et les barres de chocolat que nous avions emportés dans le Xinjiang désolé. Je lui offris même les paquets de Marlboro à la menthe que nous comptions utiliser pour graisser la patte de ces fumeurs invétérés que sont les Chinois.

Je vis Sue écarquiller les yeux comme pour dire : « Qu'est-ce que nous allons manger pendant trois semaines ? » Mais à mes yeux, nous au moins nous avions de l'argent, nous au moins nous avions de l'espoir, et des passeports pour sortir de là. Ce pauvre détenu était condamné à mourir jeune dans les terres désolées du Xinjiang, pour une bagarre de rue.

Il semblait solitaire. Personne ne lui avait probablement adressé un mot gentil depuis son enfance. J'avais envie de rester pour le protéger mais je vis Sue ranger sa caméra et me faire signe. Par la porte ouverte de la remise, j'aperçus, à l'autre bout du champ, un gros tracteur tirant une charrette de prisonniers escortés par des gardes.

– Fichons le camp d'ici, murmura Sue.

Je savais que c'était insensé mais je ne pouvais me résoudre à quitter le jeune prisonnier.

– Harry ! s'impatienta-t-elle.

Je remontai en voiture. Nous n'eûmes pas besoin de dire au chauffeur de déguerpir, il avait déjà démarré et passé en première. Quinze secondes plus tard, je m'écriai :

– Retournez là-bas ! Retournez là-bas !

Tous deux me traitèrent de fou mais j'insistai. Le chauffeur repartit en sens inverse, s'arrêta devant la remise. Je sautai de voiture. Les gardes approchaient...

– Hé, rends-moi les cigarettes, dis-je au détenu. Je ne te donne pas ces saletés, c'est mauvais pour la santé.

Je sais que cela peut paraître bizarre mais j'agissais sous le coup de l'émotion et du désir de le protéger.

Il me rendit les Marlboro, je lui offris d'autres barres de chocolat, d'autres boîtes de conserve.

– Cache-les sous ton lit pour qu'ils ne te les volent pas, lui recommandai-je, désignant les gardes de la tête.

– Harry ! appela Sue.

Je voulais faire quelque chose de plus pour cet homme. Je tirai de ma poche une fausse carte de professeur de faculté – mais dont le numéro de téléphone était authentique.

– Je sais que tu ne peux pas me joindre d'ici mais si un jour tu te trouves près d'un téléphone et que tu aies besoin d'aide, appelle-moi.

Penchée par la fenêtre de la voiture, Sue filmait le tracteur. Si les gardes nous arrêtaient, nous aussi nous irions travailler dans les champs. Je montai précipitamment dans la voiture et le chauffeur démarra en trombe.

Je vois encore le jeune prisonnier au bord de la route, ma carte cachée quelque part dans son uniforme poussiéreux.

Nous poursuivîmes vers l'est, traversant un désert qui ondoyait parfois comme la mer. La route était à peine visible. Avec la fonte des neiges, des ruisseaux descendaient des montagnes du nord vers le Tarim. Le sable jaunâtre, toujours en mouvement, rendait la marche difficile, excepté pour les chameaux. Avec le soleil, le paysage était grandiose mais déprimant sous la pluie parce que la voiture s'embourbait et qu'il fallait attendre le passage d'un camion pour se faire remorquer. Nous crevâmes deux fois, et nous dûmes changer de roue dans la boue. Dans les tempêtes de sable, on ne voyait plus rien et il fallait attendre que le vent tombe.

Nous passions la nuit dans des endroits sordides s'arrogeant le titre d'hôtel. Nous ne pouvions nous doucher parce qu'il n'y avait pas d'eau courante ; en guise de repas, nous devions nous contenter de chocolat, de noisettes et de boîtes de conserve. Quelquefois, nous essayions de manger dans les villages que nous traversions mais mon organisme s'était depuis longtemps accoutumé à la saine nourriture occidentale, et je ne tenais pas à courir le risque de tomber malade.

Sue et moi commencions à nous taper mutuellement sur les nerfs. J'ai un tempérament assez vif et j'aime commander. Sue a le même caractère. Un jour, devant un hôpital, elle faisait ce qu'on appelle un *standup*, c'est-à-dire qu'elle s'adressait à la caméra. Je faisais des progrès avec l'appareil mais elle s'obstinait à me donner des instructions entre les prises : « Ne bouge pas la caméra ! » ou : « Rapproche-toi. » Naturellement, j'avais mes propres idées. Le soir, elle jeta un coup d'œil sur ce que j'avais filmé et marmonna : « Mauvais, mauvais. » Elle m'expliqua que, si j'excellais dans mon domaine, le sien, c'était la télévision, et que je ferais mieux de l'écouter au lieu de la houspiller. « Harry, j'étais en Roumanie au moment de la chute de Ceausescu, poursuivit-elle. J'y ai passé une semaine, je me suis fait arrêter chacun des sept jours. » Elle avait été en reportage dans suffisamment de points chauds pour savoir comment survivre. Elle n'avait peur de rien – moi compris. Après un échange de mots assez vifs, nous convînmes de travailler ensemble, même si cela impliquait qu'il y aurait deux généraux pendant ce voyage.

Nous approchions du gigantesque camp du 13ᵉ Régiment de la Première Division, un de ces complexes moitié ferme moitié caserne perdus dans l'immensité du Xinjiang. C'était là que mon frère n° 3, Hong Dao, vivait depuis plus de trente ans, exilé à cause de sa famille contre-révolutionnaire. Il était maintenant proviseur de lycée, et bien que n'ayant jamais été détenu, il avait peu de chances de quitter un jour le Xinjiang.

Je savais que je ne pouvais courir le risque qu'il me voie mais notre chauffeur se gara par hasard devant le lycée et j'entendis bavarder les professeurs et les élèves. Mon frère se trouvait parmi eux. Nous ne nous étions pas vus depuis 1955. Me reconnaîtrait-il ? Que penserait-il de moi ? Après tout, c'était en partie ma réputation de « réactionnaire » à l'université qui lui avait valu des ennuis. Une partie de moi avait envie de le rencontrer, de lui serrer la main et de dire : « Quoi qu'il soit arrivé, je suis ton frère, je pense à toi, j'ai de l'affection pour toi. Ta fille est ma fille. » Et une partie de moi savait que ce serait le baiser de la mort, pour moi à coup sûr, et peut-être pour lui. J'éprouvais soudain le besoin de partir, de le laisser vivre tranquillement ici, sans que son trublion de frère lui attire encore des ennuis.

– En route, dis-je au chauffeur, et je mis mes lunettes noires pour que personne ne puisse reconnaître mon visage ni voir mes larmes.

Nous continuâmes à rouler vers l'est dans l'intention de nous rendre au Lop Nur, le grand lac desséché situé en bordure du désert, mais la route était barrée. Notre chauffeur parut soulagé car il savait que sa voiture n'était pas assez solide pour affronter les ondulations de planche à laver de la route.

Dans cette région désolée, nous remarquâmes des gens à la peau marquée de hideuses plaques blanches. Lorsque nous les interrogions, ils parlaient de *leur* maladie, mais Sue et moi savions qu'il s'agissait d'autre chose. Il n'y avait plus de poissons dans les rivières, et les poires parfumées du Xinjiang, dont les Japonais étaient si friands, ne trouvaient plus preneur. Les Japonais ne les refusaient pas parce qu'elles étaient cueillies par des travailleurs traités en esclaves mais parce qu'ils ne voulaient pas de poires lumineuses dans le noir.

C'était dans cette région que les Chinois avaient commencé leurs essais nucléaires en 1964, sans se soucier de détails mineurs comme les vents dominants. L'Union soviétique, située juste au nord, s'alarma – on ne s'en étonnera pas – des nuages radioactifs qui dérivaient vers elle et les deux pays, unis en apparence par les liens fraternels du communisme, furent à deux doigts de se faire la guerre.

Nous rencontrâmes un homme qui nous raconta que la police militaire l'avait contraint à pénétrer dans la zone des essais, sous prétexte de rassembler des moutons égarés. Les autorités chinoises avaient fait venir des docteurs spécialistes et divisé la population en groupes de contrôle, utilisant les prisonniers et leurs familles pour procéder à des recherches scientifiques. Un témoin, technicien médical, affirma que les autorités savaient ce qu'elles faisaient.

– Elles savaient que nous étions là. Nous avons vu un long article disant que la Chine avait procédé à un essai nucléaire.

Ces essais furent considérés comme un triomphe pour Mao et le communisme – même quand, plus tard, des plaques blanches apparurent sur la peau d'un grand nombre de personnes. En 1986, quelques Chinois courageux protestèrent contre la poursuite des essais, et le régime dut réprimer le mouvement. La plupart des gens que je rencontrais ne comprenaient apparemment pas ce qu'on leur avait fait, et je n'avais pas le cœur de le leur révéler. Une partie du monde adopte aujourd'hui une attitude plus responsable à l'égard des essais nucléaires, et les Russes y ont même renoncé unilatéralement, mais on ne peut prédire ce que les dirigeants chinois feront aux prisonniers, aux Ouïgours, aux Tibétains, à l'environnement.

Nous retournâmes à Korla, où nous prendrions le train pour Urumqi, et nous fîmes nos adieux à notre chauffeur à l'oreille bandée. Il avait été formidable, prenant des risques même quand il devinait que nous mijotions quelque chose de louche. J'espérais qu'il ne lui arriverait rien.

Si la capitale du Xinjiang porte un nom mongol signifiant « jolie pâture », on n'y trouve plus guère de quoi paître. Urumqi, située au centre de gisements pétroliers, ressemble à une de ces villes champignons de l'Ouest américain au XIXe siècle, mais s'enorgueillit aussi de posséder un *Holiday Inn* de quinze étages, avec un restaurant-discothèque tout en haut, dans une avenue bordée d'arbres, sur fond de gratte-ciel et de montagnes. C'est une ville de près d'un million et demi d'habitants, où des dirigeants, des brasseurs d'affaires hans sont en contact avec Taipei, Hong-Kong, Los Angeles et Vancouver. Ce n'est plus un trou perdu.

À la gare, Sue et moi essayâmes d'acheter des billets avec des yuan, la monnaie chinoise. Les employés voulurent nous faire payer quinze pour cent de plus parce que nous ne payions pas en devises étrangères. Les soupçonnant de s'adonner au capitalisme à leur profit personnel, j'argumentai, tandis que Sue filmait la gare, les gens faisant la queue, achetant des billets. Quand je me retournai, je vis deux femmes de la police se diriger vers elle. Elles nous conduisirent au premier étage de la gare et nous firent un sermon. Je répondis que je n'avais vu aucune pancarte interdisant de prendre des photos. Un policier me réclama mon passeport. Je savais que s'il l'examinait trop attentivement, je risquais de gros ennuis. Il y jeta un coup d'œil, constata que j'étais américain, et je le lui repris sans qu'il s'y opposât.

– Je veux voir votre chef, exigeai-je.

Si j'avais été un simple citoyen chinois, ils m'auraient passé à tabac, je ne l'ignorais pas. Habituée à ce genre de tracas, Sue se mit à crier : « Ne me touchez pas ! » pour attirer l'attention de leurs supérieurs. Le chef accourut, je me plaignis des quinze pour cent supplémentaires sur les billets.

– C'est du vol ! protestai-je.

Un autre policier me répliqua :

– L'argent ne va dans les poches de personne, c'est peut-être un malentendu.

Je continuai à faire un esclandre, déclarant que j'étais très déçu par ce comportement, menaçant de porter plainte à mon arrivée à Pékin. La seule mention de la capitale les inquiéta et le policier s'excusa.

Sentant que je remportais la partie, je lui demandai pourquoi il importunait Sue avec cette histoire de film.

– Oh, c'est bon, grommela-t-il. Vous pouvez partir.

Je ne pus résister à l'envie de taquiner les deux femmes qui nous escortèrent jusqu'à la rue.

– J'ai une suggestion à vous faire, dis-je. Je respecte les autorités chinoises – loin de moi d'enfreindre la loi – mais vous devriez vraiment mettre une pancarte prévenant qu'il est interdit de prendre des photos.

Elles parurent excédées :

– D'accord, d'accord, merci, bon voyage.

Quand nous eûmes tourné le coin de la rue, Sue et moi échangeâmes un sourire. Au pays des brutes, il faut être un peu brute soi-même.

17

L'hôpital

Dans le train, entre Urumqi et Chengdu, nous décidâmes, Sue et moi, de changer de « couverture ». Au lieu de nous faire passer pour des universitaires, nous jouerions désormais le rôle d'un couple d'Américains investi d'une mission caritative. Nous espérions que personne ne remarquerait l'accent manifestement britannique de Sue – et personne, effectivement, n'y prit garde.

Notre histoire était la suivante : mon « oncle » avait besoin de se faire greffer un rein d'*urgence*. J'avais emporté une lettre à l'en-tête d'une autre grande université américaine dans laquelle un ami américain bien informé – un docteur – décrivait en termes médicaux l'état de mon oncle. Sa signature, comme celle de la plupart des médecins, était illisible. Je dois avouer que je n'éprouvais aucun scrupule à utiliser ces faux. Nous n'usurpions pas l'identité de quelqu'un, nous ne causions d'ennuis à personne, et notre cause était juste.

Nous allâmes tout d'abord au premier centre hospitalier universitaire de la Chine de l'Ouest, là où le médecin exilé en Allemagne avait travaillé. Ce n'était pas la première fois qu'ils recevaient des Occidentaux et ils se montrèrent très accommodants, nous laissèrent nous promener seuls un peu partout, et même filmer.

L'aile des transplantations ne rappelait en rien l'hôpital chinois typique – chambres privées, infirmières personnelles, propreté, chauffage, technologie moderne et nourriture saine. On vous posait peu de questions, surtout si vous donniez l'impression d'avoir de l'argent.

Les questions, c'était nous qui les posions. Après avoir souligné la gravité de l'état de mon oncle, je les interrogeai sur les conditions de l'opération, en revenant obstinément sur la qualité de l'organe qui serait greffé.

– Ne vous inquiétez pas, m'assura-t-on. Nous nous portons garants de sa qualité.

Je demandai à voir un spécialiste en urologie et fus conduit devant le professeur Yang Yuru, qui avait exercé à New York en 1992. Le Dr Yang rayonnait littéralement en m'exposant les progrès réalisés depuis la première greffe de rein, en 1979.

– Nous avons procédé à plus de quatre cents transplantations, ce qui nous place au premier rang national, dit-il. Nous sommes capables de réanimer un rein rapidement, au moment opportun. Nous pouvons garantir que les reins fonctionnent. L'essentiel, c'est qu'il s'écoule le moins de temps possible entre le prélèvement et la transplantation. Plus ce temps est court, plus l'opération a de chances de réussir. À ma connaissance, la procédure légale pour prélever un rein aux États-Unis est trop compliquée. Le transport sur de longues distances pose un autre problème. Cela prend parfois vingt heures. Ici, en Chine, nous sommes près des donneurs et cela ne prend jamais plus de dix heures. Dans la plupart des cas, on utilise un fourgon chirurgical.

Le Dr Yang précisa que le pourcentage d'échecs chez les patients greffés était de dix pour cent en Chine, contre trente à quarante pour cent aux États-Unis.

J'avais appris par le médecin chinois exilé à Hambourg que l'hôpital du Dr Yang avait parfois recours à l'hélicoptère pour transporter les reins. Si cela se vérifiait, nous avions une preuve indirecte que le gouvernement lui-même était impliqué dans le trafic d'organes puisqu'en Chine aucun particulier, aucune entreprise n'est autorisé à faire usage d'un hélicoptère.

Le Dr Yang et ses confrères reconnurent que l'hôpital avait utilisé l'hélicoptère mais qu'il n'en avait plus besoin parce que le fourgon chirurgical coûtait moins cher et était plus pratique. Mais cela n'enlevait rien à la qualité du rein, assurèrent-ils.

Pendant la discussion, je glissai une question sur les donneurs.

– Les organes proviennent de personnes dont la mort cérébrale a été constatée, et nous avons pour règle de ne pas en parler, répondit Yang. Ni le patient ni sa famille ne sont autorisés à avoir des contacts avec le donneur ou sa famille. Mais nous garantissons la qualité de l'organe.

– Quel genre de personne est-ce ? insistai-je. Un ouvrier ? Un paysan ? Un homme ? Une femme ? Elle est morte dans un accident de voiture ? Pendant une opération ?

Je savais qu'il fallait avancer sur la pointe des pieds avant de parler de prisonniers car je les voyais sur la défensive. Nous rencontrâmes trois médecins et une responsable administrative, Wu Jingping, directrice du service des relations internationales de l'hôpital. Tous évitèrent de discuter des donneurs. J'évoquai même un éventuel désir de mon oncle de faire un don à la famille du donneur, en signe de gratitude, mais les docteurs ne voulurent pas en entendre parler.

Quand je me renseignai sur la méthode de paiement, on me répondit carrément :

– Nous préférons du liquide – des dollars.

Et la liste d'attente ? Deux, trois semaines, m'assurat-on. Les reins provenaient généralement de la province où se trouvait l'hôpital et étaient toujours de bonne qualité, prélevés sur des personnes au « cerveau mort ».

Mais sur qui exactement étaient-ils prélevés ? Et comment ? Les médecins plaidèrent l'ignorance. Un certain Dr Li, qui avait effectué cent vingt transplantations, nous déclara :

– Nous autres médecins, nous connaissons uniquement le nombre de reins disponibles et leur heure d'arrivée. Il y a [au sein de l'hôpital] une unité appelée le Service de recherche scientifique qui se charge des contacts avec la source d'approvisionnement... Cette source est confidentielle... Le règlement nous interdit de parler de tout ça.

Je demandai à Wu Jingping de définir ce qu'on appelait « mort cérébrale ».

– Je ne puis vous dire exactement, répondit-elle. Chaque pays a ses propres normes, et la définition varie. Il existe des différences politiques entre notre pays et les États-Unis. Aux États-Unis, même le moment de la mort et divers détails secondaires sont liés à la question de ce que vous appelez les droits de l'homme. C'est très difficile... Nous agissons conformément à nos lois et à la réalité.

De toute évidence, il y a débat mondial sur la question : quand la mort commence-t-elle ? Quand on cesse de respirer ? Quand le cœur s'arrête ? Est-on réellement mort si le cerveau continue à avoir une activité mesurable ? Pendant que les scientifiques et les comités d'éthique étudient le problème, des médecins cherchent, dans le monde entier, à greffer des organes vitaux pour sauver des malades. Et en Chine, on nous offrait un rein d'un donneur inconnu, dont on nous assurait la « mort cérébrale ». Je résolus d'être direct :

– Ce rein provient d'un prisonnier ?

– Je ne parlerai pas des prisonniers, prévint Wu Jingping.

Je m'efforçai de lui faire croire que ma famille avait certaines exigences concernant le donneur mais elle demeura vague :

– Dans notre pays, les choses se passent autrement. Nous pouvons faire ce qui, chez vous, est impossible d'un point de vue légal. Quant aux contacts avec les donneurs de reins, c'est interdit. Mais nous garantissons que nos donneurs sont sains, et les organes d'excellente qualité.

(Elle s'exprimait en anglais, et la caméra vidéo cachée de Sue enregistrait ses déclarations.)

– En deux ou trois semaines, nous pouvons avoir un « rein vivant », continua Wu Jingping. Une équipe de chirurgiens se charge du prélèvement et de la livraison de l'organe pour quatre-vingt, cent mille yuan – mais nous préférons des dollars. Nous recevons des clients de Hong-Kong, de Taiwan, des États-Unis, du monde entier.

Je convainquis Wu Jingping et les autres de nous laisser filmer une opération afin de rassurer la famille de l'« oncle ». Cela ne les troubla aucunement : ils voyaient en nous de riches clients potentiels voulant se documenter sur le haut niveau de la médecine chinoise. Je demandai à voir une greffe de rein mais ils répondirent qu'ils nous laisseraient filmer une opération du cœur, pour montrer la qualité de leur équipement. Le lendemain, nous revînmes filmer un chirurgien installant une valvule artificielle sur un cœur.

Sue et moi étions satisfaits de notre visite au centre hospitalier universitaire de la Chine de l'Ouest. Nous étions certains que le caractère évasif de leurs réponses, pour la plupart en anglais, serait perçu par les téléspectateurs. Ce fut le cas.

(Plus tard, quand la BBC diffusa le documentaire, la scène de l'opération fut incluse, mais pas une seule fois le commentateur ne prétendit qu'il s'agissait d'une transplantation rénale.)

À la sortie de Chengdu, Sue et moi nous rendîmes à Xinkang, la plus grande mine d'amiante au monde, qui emploie dix mille personnes, dont six mille prisonniers. Je vis des hommes enchaînés conduits à la mine où ils creusaient, les mains nues, presque toujours sans masque. Ce manque de protection n'est pas accepté en Occident parce qu'on sait que l'amiante peut donner le cancer. Pour beaucoup des détenus que nous avons vus à Xinkang, quelle que soit la peine qu'ils purgeaient officiellement, la condamnation était la même – une mort précoce.

Ce fut la fin de mon voyage avec Sue. Nous avions passé dix-huit jours ensemble et j'espérais qu'elle n'aurait pas de difficulté à quitter le pays. Je craignais que les autorités n'aient eu vent, d'une manière ou d'une autre, de nos activités. C'était pour moi une source d'angoisse constante. Après mon passage à *60 Minutes,* je ne pouvais plus trop compter sur mon anonymat. Sue partit pour Guangzhou et passa la douane sans problème.

Le 18 avril, Ching Lee arriva avec Shannon Ramsby, un de nos amis qui travaillait avec Jeff à l'AFL-CIO, et qui nous aidait souvent à la fondation. Je l'avais stupéfié en lui demandant s'il pouvait faire le voyage avec Ching Lee, veiller à notre sécurité là-bas, et rapporter ensuite le film et les documents. Il n'était jamais allé en Chine mais il avait un passeport américain qui pourrait se révéler utile si nous étions repérés. Même avec sa carte verte, Ching Lee était encore taiwanaise et ne bénéficierait pas d'une pleine protection politique en cas d'incident.

Le rôle de Shannon consistait à descendre dans le même hôtel que nous, à surveiller nos arrières. Il ne nous accompagnerait cependant pas dans les camps car cela aurait attiré l'attention sur nous. Mes instructions étaient les suivantes : si nous disparaissions, Ching Lee et moi, il devait quitter la Chine le plus vite possible et prévenir mes amis que j'avais des ennuis. Un jour à Chongqing, nous l'avions informé que nous rentrerions vers une heure de l'après-midi mais un contretemps nous retint jusqu'à 18 heures. Shannon avait une lueur affolée dans le regard, et je sais qu'il songeait à faire sa valise et à décamper.

– C'était la première fois que je connaissais vraiment la peur, dit-il plus tard. Vous savez ce qu'éprouve un gosse qui marche seul dans le noir ? C'était ce que je ressentais tout le temps.

Après avoir visité quelques camps, nous décidâmes de nous accorder une croisière de trois jours sur le Yang-tseu-kiang en passant par la région des Trois Gorges. C'était peut-être pour nous la dernière occasion d'admirer ce qu'on qualifie souvent de plus belle région naturelle de la Chine. À Chongqing, des ingénieurs s'apprêtaient à barrer le fleuve pour mettre fin aux inondations catastrophiques et créer un lac gigantesque qui changerait à jamais le visage de la Chine.

Nous prîmes ce qu'on nous offrait de mieux comme hébergement – la seconde classe –, ce qui signifiait que Ching Lee et moi dormirions dans une cabine et que Shannon devrait partager la sienne avec un autre passager chaque nuit. En descendant le fleuve vers le futur barrage, je remarquai deux soldats de l'Armée populaire de libération en pantalon de toile kaki et sweater frappé de l'emblème de l'armée. J'engageai la conversation, découvris qu'ils rejoignaient leur prochain poste, près de Wuhan. Ils pourraient peut-être m'aider à trouver un endroit où Shannon logerait pendant que Ching Lee et moi explorerions quelques camps dans la campagne. Shannon frôlerait sans doute l'apoplexie quand il me verrait bavarder avec ces deux militaires, qui avaient déjà remarqué qu'il était le seul Occidental à bord. Ils se montrèrent cordiaux mais refusèrent d'aider Shannon, en alléguant que c'était trop compliqué.

Nous débarquâmes à Shashi et fûmes forcés de passer la nuit dans la même chambre tous les trois parce que l'hôtel était bondé. Le lendemain, à Wuhan, je visitai avec Ching Lee un autre hôpital pratiquant des transplantations, le CHU de Tongju. Nous avions beaucoup entendu parler du travail de pionnier réalisé au Centre d'enregistrement de transplantation d'organes, et de son chirurgien-chef, le Dr Xia Shuisheng, âgé de soixante-douze ans, qui attiraient des patients venus du monde entier. Cette fois, j'étais réellement marié à la femme qui m'accompagnait dans ma visite.

Les affaires devaient être bonnes : au neuvième étage, en sortant de l'ascenseur, je vis un grand miroir avec une plaque précisant que c'était un don d'un industriel thaïlandais nommé Wang, qui s'était fait greffer un rein en février. Nous fûmes aimablement reçus par les responsables de l'hôpital. Ching Lee expliqua la raison de notre visite : mon « oncle » avait besoin d'un rein et je souhaitais observer les conditions dans lesquelles les opérés se rétablissaient pour que mon oncle sache exactement à quoi s'attendre. Il fallait obtenir l'autorisation.

Le lendemain, un jeune interne nous fit visiter la partie rétablissement de l'aile des transplantations. Arrêté dans le couloir par un confrère qui voulait lui parler de quelque chose, il nous demanda de nous asseoir et de l'attendre quelques minutes puis disparut dans une pièce. L'occasion était trop belle pour que nous la laissions passer : nous nous mîmes aussitôt en quête d'un patient.

Dans une chambre au bout du couloir, je repérai un homme assis dans un lit. Il semblait en bonne santé et tout disposé à faire la conversation. Il s'appelait Li, travaillait au service financier de la municipalité de Wuhan, les médecins lui avaient expliqué que les reins provenaient de prisonniers exécutés.

– Cinq d'entre nous ont été opérés le même jour. Il y avait six reins disponibles ce jour-là. Le dernier a été envoyé dans un autre hôpital… Tous prélevés sur de jeunes prisonniers, âgés de moins de vingt-cinq ans, et en parfaite santé.

Ching Lee tira la caméra du sac accroché à son épaule et garda un œil sur la porte pendant que je bavardais avec Li. Les autres patients écoutaient notre conversation.

Li nous révéla que les prisonniers avaient été exécutés dans le district Dongxihu de Wuhan, à trois quarts d'heure en voiture de l'hôpital.

– Ils ont été tués à 11 heures du matin et nous avons subi l'opération à 2 heures de l'après-midi.

Les autres malades confirmaient par des hochements de tête et des sourires qu'eux aussi avaient reçu un organe provenant d'un prisonnier. Ils étaient tous reconnaissants, heureux d'être en vie, fiers de la médecine chinoise moderne, capable de leur donner une seconde chance. J'éprouvai un instant des remords de combattre ce système puis je me rappelai d'où provenaient les reins greffés : de gens comme moi.

Dix minutes fort utiles s'écoulèrent avant qu'un docteur passant dans la salle ne nous découvre en train de bavarder avec les opérés et de les filmer. Soudain le médecin-chef Xia Shuisheng apparut et tempêta :

– Qui vous a permis d'entrer ici ? C'est une salle privée. Sortez.

Quand je lui répondis que d'autres docteurs avaient arrangé ma visite, il se calma un peu mais, avec l'aide de plusieurs confrères, il nous poussa dans le couloir. Je ne résistai pas, ne protestai pas. Je ne voulais qu'une chose : sortir de l'hôpital avec mon film et ma caméra, sans provoquer d'incident, sans être interrogé par les services de sécurité de l'hôpital et la police. On nous jeta quasiment dehors mais cela m'était égal. C'est fou ce qu'on peut apprendre en dix minutes.

De Wuhan, nous nous rendîmes à Jingzhou, dans la banlieue, pour recueillir des informations sur la prison n° 3 qui, rien qu'en 1989, avait exporté pour quatre-vingt-cinq millions de dollars de produits textiles dans plusieurs pays, notamment les États-Unis. En filmant la ville, je remarquai une affiche sur un mur, devant le Bureau judiciaire, ainsi que sur les tableaux d'affichage de la gare : trois prisonniers avaient été mis à mort le 19 avril, le jour où les transplantations avaient été effectuées à Wuhan. Le lieu de l'exécution n'était pas précisé mais Jingzhou était de toute façon assez proche pour les fourgons chirurgicaux de l'hôpital.

Je n'ai naturellement aucune preuve qui lie l'affiche et les six reins, mais ces organes « vivants » venaient de quelque part – de prisonniers en bonne santé, dont la « mort cérébrale » tombait à point nommé. J'en avais entendu assez pour me convaincre que les transplantations constituaient une nouvelle menace pour les détenus.

Il était temps de reprendre la visite des camps. Le 26 avril, nous prîmes tous trois l'avion pour Nanjing mais Shannon poursuivit jusqu'à Shanghai, où il lui arriva une mésaventure. Il faisait la queue pour un taxi à l'aéroport de Shanghai quand une voiture s'arrêta devant lui. Un homme en descendit, le photographia, se tourna, prit quelques autres photos et remonta rapidement dans le véhicule. Seul Occidental de la queue, Shannon se douta que c'était lui qui était visé et se demanda s'il avait déjà la police sur le dos. Il dut se morfondre pendant que Ching Lee et moi prenions à Nanjing un car pour la province d'Anhui, située plus au sud.

Un ami de Los Angeles nommé Liu Hing Hu m'avait donné l'uniforme que son père avait porté à la ferme de Baimaolin, où ils avaient été tous deux emprisonnés pendant la Révolution culturelle. Bien qu'enfermés dans le même camp durant dix ans, ils ne s'étaient vus que deux fois. Le fils avait survécu en travaillant au crématorium, emploi réservé aux hommes jeunes et en bonne santé, mieux nourris pour qu'ils puissent travailler plus dur. Le père avait fini par se suicider, et Liu avait hérité de son uniforme en lambeaux. Il avait réussi à passer à l'Ouest et m'avait prié de rendre un dernier hommage à son père à la ferme de Baimolin. J'en profitai pour prendre des photos de l'usine où les prisonniers confectionnaient des tables portant des étiquettes rédigées en anglais.

Étape suivante, l'usine Wuyi, dans la province de Zhejiang, au sud de Shanghai, où l'on fabriquait des appareils de levage exportés en Occident. Cette fois, nous eûmes de la chance. Nous discutions de Wuyi à un arrêt d'autobus quand un homme me demanda :

– Vous cherchez l'ancienne ou la nouvelle usine ?

Il s'avéra que l'ancienne était située à la campagne et la nouvelle en pleine ville, avec deux mille ouvriers, dont des prisonniers. Il expliqua qu'il le savait parce que sa sœur travaillait dans le nouveau bâtiment et nous indiqua le chemin. Ching Lee et moi trouvâmes facilement le nouveau bâtiment, où un bureau était encore en construction. J'y pénétrai, regardai par la fenêtre, filmai. Personne ne nous remarqua.

Notre voyage au Zhejiang nous conduisit ensuite à la plantation de thé de Nanhu, exploitée en association avec les Japonais. Repérant des prisonniers dans un champ, je me dirigeai droit vers eux pour faire mon numéro habituel du touriste égaré tandis que Ching Lee filmait. En repartant, j'avisai une boutique où l'on vendait des sachets de thé avec des indications en anglais, manifestement destinés à l'exportation. J'en achetai un paquet qui nous servirait de preuve et le fourrai dans mon sac à dos. Malheureusement, je l'oubliai dans l'autobus en descendant à Shanghai. Affolé, je me précipitai au dépôt pour retrouver le bus mais il était minuit, tout était fermé, personne ne voulait nous aider. J'avais peur que quelqu'un ne trouve le thé et ne devine ce que nous faisions.

La paranoïa nous guettait quand Ching Lee et Shannon s'apprêtèrent à partir pour Shanghai, le 2 mai. Il avait sur lui les négatifs du film en 35 mm, cachés dans ses chaussettes et dans une boîte attachée à sa taille. Il n'était pas du tout à l'aise. « Je n'ai pas l'âme d'un contrebandier, me dit-il ; ça ne me vient pas naturellement. » J'attendais près de la porte de départ, signal clair au cas où la police nous aurait filés. Les autorités voulaient probablement me pincer au moment où je quitterais le pays ; elles laisseraient donc sortir Ching Lee et Shannon, et les documents franchiraient la frontière sans problème. Ils montèrent dans l'avion et je me retournai pour montrer aux autorités qu'elles m'avaient encore sous la main, si elles voulaient m'arrêter, mais il ne se passa rien. Je quittai l'aéroport international de Shanghai, pris un vol intérieur pour Qingdao, la ville côtière que les Allemands avaient en partie construite pendant la période coloniale. À présent, c'étaient les Chinois qui colonisaient leur propre peuple.

J'avais plusieurs visites à rendre. D'abord quelques précisions : en novembre 1991, les braves gens de l'usine de tuyaux d'acier de Laiyang avaient eu la bonté d'aller en Californie pour la foire commerciale de la province de Shandong à San Francisco. Les brochures dans lesquelles ils se vantaient de vendre leurs produits au Moyen-Orient, en Europe, en Amérique, mentionnaient aussi le nom et l'adresse du directeur de l'usine. Selon d'autres documents que j'avais en ma possession, cette adresse était celle d'un camp et le même homme y dirigeait les services de police. Sur l'une des photos, il était en costume, sur la suivante en uniforme.

Bob Windrem, producteur de NBC qui travaillait aussi avec moi sur l'affaire des moteurs Diesel Jinma, avait accepté de m'accompagner et de se faire passer pour le directeur commercial de ma société. Nous avions commandé plus de deux mille tonnes de tuyaux d'acier et obtenu d'autres documents établissant que c'était une prison. Mais les responsables du stand remarquèrent la caméra et bousculèrent le cadreur de NBC. Je demandai à l'un d'eux si les tuyaux étaient fabriqués par des prisonniers et lui montrai un document citant le nom de camp de l'usine. Il saisit son stylo, raya le nom de camp et écrivit un autre nom d'usine. Les Chinois tiennent pour acquis que l'homme d'affaires américain moyen se soucie de ces « détails » comme d'une guigne et que nous ne poserions pas de questions. Quand je revins avec George Lewis, le correspondant de NBC, nous interrogeâmes les représentants de la province de Shandong sur ce changement de nom, et ils affirmèrent qu'ils venaient juste d'en être informés.

Trois ans plus tard, la courtoisie m'incitait à rendre leur visite à mes amis de Laiyang. De Qingdao, je pris un taxi pour la campagne. Je courais de gros risques en m'aventurant seul dans la province de Shandong car il n'y aurait personne pour surveiller mes arrières. Si je me faisais prendre, je pouvais disparaître purement et simplement.

L'entrée de l'usine de tuyaux ressemblait à celle d'un bâtiment de bureaux ordinaire ; celle de la prison se trouvait à l'arrière. Un Chinois serviable me permit de grimper sur le toit d'un haut immeuble situé en face, pour avoir une vue aérienne. En plus du bâtiment principal de l'usine, je découvris une ferme-prison avec des champs de maïs et de blé. Je photographiai l'ensemble, les équipes de prisonniers travaillant dans les champs ou traînant des tuyaux.

Résolu à voir les choses de plus près, je fis le tour du bâtiment. Des parents de détenus entraient par-derrière pour la visite – ce qui ne se fait naturellement pas dans une usine normale. Remarquant un mirador, je restai tapi une demi-heure dans un fossé pour m'assurer que personne ne m'observait. Je voulais filmer les hommes travaillant à l'intérieur, à moins de cent cinquante mètres de moi. Tout était tranquille. Je sortis de ma cachette, me dirigeai vers le mur, juste en dessous du mirador.

Grosse erreur. À peine avais-je porté ma caméra à mon œil que j'entendis une voix crier :

– Hé, vous, là-bas. Arrêtez !

Le garde, en haut du mirador, était sans doute assoupi l'instant d'avant, ou en train de lire, de manger, ou Dieu sait quoi. Il se remettait au travail.

– Qu'est-ce que vous faites ?
– Rien, répondis-je.
– Restez là.

Il disparut, sans doute pour descendre les marches quatre à quatre. Je calculai que je disposais d'une dizaine de secondes pour sauver ma vie. Au lieu de fuir, je remarquai que la porte avait une gâche, dans laquelle pouvait se loger un pêne. Faute de pêne, je ramassai sur le sol le bâton le plus solide que je pus trouver et le fichai dans la gâche. Je sautai ensuite dans le fossé pour me mettre à couvert et partis en courant.

En haut du mirador, un autre garde braquait sans doute un fusil sur moi. J'espérais qu'il tirerait d'abord en l'air, en guise d'avertissement. « Ils ne m'abattront pas immédiatement, raisonnai-je. Ils veulent d'abord me capturer. » Mais je n'en étais pas sûr. S'ils trouvaient mon passeport américain, ils confisqueraient le film, à tout le moins, mais plus probablement, je ne sortirais plus jamais de Chine.

Je continuai à courir. Je n'étais plus le robuste petit étudiant qui jouait au base-ball à Shanghai et à Pékin. J'étais un fauteur de troubles de cinquante-sept ans qui souffrait du dos et d'une jambe, qu'une mauvaise nourriture et de mauvais lits avaient affaibli, et je courais pour rapporter un film en Amérique. Moi qui n'avais pas réussi à échapper à mes cauchemars, j'essayais de courir plus vite qu'une balle.

Je courais dans le fossé, fuyant l'usine, et continuai à courir sur deux cents mètres environ jusqu'à ce que je parvienne à la route. J'avais peur que les gardes ne me rattrapent, et dans mon désespoir je tentai d'arrêter un véhicule qui passait, en sachant pourtant que l'auto-stop est peu pratiqué en Chine. Pour une raison ou une autre, un chauffeur de camion fit halte et me conduisit hors du secteur de l'usine. Personne ne se lança à mes trousses, personne ne me rattrapa. J'avais eu de la chance – pour cette fois.

Jeff soutient encore aujourd'hui que ma dernière mission dans la province de Lianoning, à la pointe nord-est de la Chine, coincée entre la Corée du Nord et la Mongolie, fut la plus dangereuse de toutes celles que j'entrepris. J'étais seul, sans aucun soutien, loin de toute personne qui pourrait songer à faire appel aux subtilités du jeu diplomatique au cas où je serais pris.

Mon objectif était Shenyang, et ce que j'appelais le « Boulevard du *laogai* » – une succession de lieux effroyables dans une même rue, cinq grandes prisons grouillantes de gardes et de policiers. Je descendis cette rue avec ma caméra en marche à l'intérieur de mon sac ; quatre-vingt-dix pour cent des gens que je croisais étaient des gardes, des policiers ou des cadres en civil. J'étais au cœur du système.

Dans l'une des usines, les prisonniers fabriquaient des pédales d'accélérateur en caoutchouc pour véhicules occidentaux, dans une autre des bottes en caoutchouc pour une grande marque américaine de distribution, en passant par des intermédiaires discrets. Jeff possède une photo d'un cadre commercial américain visitant ce camp, et il jure qu'un jour, il réussira à mettre un nom sur son visage.

Je m'intéressais à un camp spécifique du « Boulevard du *laogai* ». Dans mon zèle à dénoncer les conditions des détenus, je ne m'étais pas particulièrement attardé sur celle des femmes, qui représentent trois pour cent de la population des camps en Chine. Je désirais obtenir des documents sur la prison pour femmes de Shenyang, où trois mille détenues, estimait-on, fabriquaient du parfum et des vêtements.

Lorsque j'eus trouvé le camp des femmes, je m'assis sur le trottoir, je bus une gorgée d'eau et j'examinai les environs en dressant mes plans. L'hôpital, en face, offrait un excellent observatoire. J'entrai, déclarai à la réceptionniste que je rendais visite à un ami, payai les deux yuan demandés et montai l'escalier. Cherchant le meilleur angle pour prendre des photos, j'ouvris une porte au dernier étage, me glissai dans une pièce. De la fenêtre donnant sur la rue, j'avais vue sur le camp. Je me retournai pour inspecter la pièce elle-même, découvris des jarres et des bocaux contenant des morceaux de corps humains – des mains, des pieds, des bras, des jambes conservés dans l'alcool. Ce n'était apparemment pas une salle de classe pour étudiants en médecine mais une simple remise poussiéreuse. Je sentis mon estomac se soulever. « Contente-toi de regarder par la fenêtre », m'ordonnai-je, mais je me surprenais à tourner de nouveau la tête, fasciné par ce musée des horreurs.

Je me forçai à photographier de loin les prisonnières et leurs gardiens allant et venant dans la cour, de l'autre côté de la rue. Quoique craignant de me faire prendre, je me convainquis qu'il y avait peu de chances pour que qui ce soit fasse soudain irruption dans cette pièce particulière. Après avoir pris mes photos, je fis un nouvel effort de volonté pour ne pas regarder les bocaux, sortis et redescendis. La prison pour femmes de Shenyang était mon vingt-septième camp en un mois. Il était temps de rentrer.

Mon ami Jeff Fiedler dit de mes voyages :
– Les deux moments les plus dangereux, c'est l'entrée et la sortie comme le décollage et l'atterrissage pour un avion.

Il a raison. C'est là qu'on risque le plus de se faire épingler. J'étais complètement seul. N'ayant personne à qui confier le film, je devais le porter moi-même. Je réservai un vol direct pour Hong-Kong afin de mettre la police sur une fausse piste et changeai de plan au dernier moment.

Après avoir porté mes bagages à l'aéroport, je retournai à l'hôtel en taxi. J'avais libéré ma chambre mais réglé la nuit suivante, pour déjouer une éventuelle surveillance. Je montai par l'ascenseur, redescendis, me fis conduire à l'aéroport par un autre taxi, pris un vol intérieur pour Shenzhen, puis un ferry pour la liberté.

Comme Jeff et moi en étions convenus, je frappai à la porte de sa chambre au *Prudential Hotel*. Cela faisait une semaine que personne n'avait de mes nouvelles. Il ouvrit la porte et nous fondîmes en larmes.

– Tu es dans un état ! s'exclama-t-il. Promets-moi une chose. Promets-moi que tu ne recommenceras plus jamais.

Bon, je promis.

18

Holocauste

Je quittai Hong-Kong pour rentrer chez moi en mai 1994, mais après m'être fait une idée plus précise sur le commerce lucratif des transplantations, j'avais le sentiment qu'il me restait du travail à faire avec le médecin chinois de Hambourg. En août, je retrouvai Sue Lloyd-Roberts à Berlin et nous préparâmes un voyage à Auschwitz.

Pendant mes études en Chine, j'avais entendu parler de ce que les Allemands avaient fait aux Juifs mais ce n'est qu'après avoir vécu un ou deux ans en Occident que je me rendis compte de la cruauté méthodique dont les nazis avaient fait preuve. Ils avaient systématiquement exterminé six millions de Juifs, et six millions de catholiques, de protestants, de communistes, de gitans, d'homosexuels, d'opposants, d'hommes de conscience, de gens comme moi, des gêneurs, des fauteurs de troubles d'une sorte ou d'une autre.

J'avais lu qu'Adolf Hitler s'était servi d'euphémisme comme la « Solution finale », dont le monde n'avait découvert le sens que plus tard. Sur les photos, la terrible expression de mépris du Führer, ses yeux protubérants prévenaient le monde qu'il était capable de tuer toute personne qui se mettrait en travers de son chemin. Jamais Mao n'avait une expression malveillante, mais, à mon avis, il est de la même trempe que Hitler car il a méthodiquement fait souffrir tout un peuple, en l'occurrence le sien. Mao a fait autant de victimes que Hitler, voire davantage. Il a délibérément cherché à détruire les structures familiales traditionnelles chinoises parce qu'elles constituaient un obstacle inhérent à l'utopie communiste collective qu'il souhaitait bâtir. Avec son doux sourire aux lèvres, il a fait mourir de faim des millions de Chinois par sa politique agricole insensée, il a déporté des millions de gens dans des camps, il en a fait exécuter des milliers.

Bien que mon bureau, en Californie, soit encombré de cassettes, de livres, de manuscrits et de lettres, je sais toujours où se trouve mon exemplaire personnel des citations du président Mao. Non pas le recueil de propos aseptisés mais les mots et les actes atroces qui ont mutilé tout un peuple. J'étudie encore les œuvres du Grand Timonier.

Dans ses documents internes, il employait souvent le mot *sha* – tuer, en mandarin. Le 17 janvier 1951, il donna à ses complices, dont Deng Xiaoping, les instructions suivantes : « … dans vingt et un villages de l'ouest du Hunan, plus de quatre mille six cents chefs de bande, tyrans locaux et agents du Kuomintang ont été tués. Une autre fournée doit être exécutée par les autorités locales. J'estime ces éliminations tout à fait nécessaires. » Le 16 mai 1951, dans une autre note confidentielle, le président Mao écrivait : « S'agissant du nombre de contre-révolutionnaires qu'il faut tuer, il convient de fixer des quotas. Dans les régions rurales, il ne doit pas dépasser un millième de la population, tandis que dans les zones urbaines, il doit rester en dessous – un demi-millième me semble approprié. Par exemple, sur les deux millions d'habitants de Pékin, plus de six cents ont été tués, et l'on prévoit d'en tuer trois cents autres. Mille au total, c'est suffisant. »

Les meurtres de Mao avaient souvent un mobile politique. Il conseillait à ses collaborateurs d'attendre le moment opportun dans une campagne. Tuer pour appuyer un argument. Tuer pour montrer qu'il parlait sérieusement. Tuer les poulets pour effrayer les singes.

Bien entendu, nos amis les Russes nous avaient montré la voie avec le goulag stalinien. Mao avait invité en Chine des experts soviétiques du goulag. J'ai vu les documents chinois établissant que les premières lois sur l'amendement-par-le-travail ont été élaborées avec l'aide des Russes. À l'époque, les Chinois étaient fiers de dire qu'ils s'inspiraient des Soviétiques. Les deux pays étaient liés dans les domaines de l'armée, de la culture, de la justice, de la sûreté publique. Nous avons été à bonne école.

En arrivant aux États-Unis, je me suis rendu compte que la Chine n'était pas le centre de l'univers, qu'elle n'occupait pas toujours le premier rang, et certainement pas pour la tragédie de tout un peuple. Fasciné par l'Holocauste, j'ai lu des livres, j'ai vu des documentaires, j'ai posé des questions. J'ai appris ce qu'avait été la « nuit de cristal » en novembre 1938, la destruction des synagogues et de plus de sept mille boutiques juives, quatre-vingt-onze personnes assassinées et trente mille Juifs envoyés aux camps de concentration de Buchenwald, Dachau et Sachsenhausen.

À Pékin, Mao appela les Gardes rouges à se lancer dans « l'action révolutionnaire », ce qu'ils firent le 18 août 1966, saccageant la ville pendant vingt-quatre heures, massacrant tous ceux qui leur déplaisaient – mille sept cent quarante et une personnes au total. Ils ne tuaient pas pour des raisons religieuses ou ethniques mais pour la politique. Mon voisin est un capitaliste ? Torturons-le, tuons-le. La vague déferla dans toute la Chine. Je me sens uni par un lien terrible aux Juifs dont les vies ont été anéanties pendant la « nuit de cristal » et les autres pogroms officiels.

Le premier camp nazi que je visitai fut celui de Dachau, en novembre 1992, sous une pluie déprimante. J'entrai par une porte latérale, découvris un dortoir où cinq ou six cents prisonniers s'étaient entassés, cinq minutes pour que tout le monde passe aux « douches » et ressorte. Un seul lavabo. Des centaines de malheureux attendant un peu d'eau sale. Un moment je me surpris à penser : « Ces conditions ne sont pas pires que celles que nous avons connues. » Puis je me rappelai que je me trouvais dans un camp de travail nazi et j'eus la nausée.

En ressortant par l'entrée principale, je remarquai le slogan surmontant la grille en fer : *Arbeit macht frei*. Je demandai à quelqu'un de me le traduire et on me répondit :

– Le travail rend libre.

– Vous êtes sûr ? fis-je, abasourdi. En Chine, le slogan de nos camps, c'était : « Le travail bâtit une vie nouvelle. »

Je quittai Dachau confirmé dans ma conviction que les Chinois et tous les autres peuples du monde doivent s'incliner respectueusement devant les souffrances des Juifs. Je suis allé en Occident chercher une communauté d'esprit. Mes lectures m'avaient appris que, pendant la guerre même, les États-Unis avaient des informations sur les camps nazis, les Britanniques étaient au courant, le Vatican aussi, mais personne n'a rien fait. La Croix-Rouge internationale et d'autres organisations devaient elles aussi savoir mais on vous dira, c'était la guerre, que pouvaient-elles faire ?

Il fallait que j'aille à Auschwitz. En août 1994, par une chaude journée, je pris le train à Berlin avec Sue pour voir de mes propres yeux les chambres à gaz, pour essayer d'imaginer ce que ressentaient ceux qu'on parquait dans cette pièce. Sentant le besoin de me relier à ces effroyables amas de cheveux, à ces montagnes de vêtements, aux deux millions de personnes qui y avaient péri, je demandai à Sue de me prendre en photo. Je crois qu'elle fut un peu désarçonnée par ma requête mais j'avais la conscience en paix. Je devais établir un lien avec cette autre culture. Ils ont souffert, nous souffrons.

Je fermai les yeux, m'imaginai en 1944. Les nazis avaient leurs propres docteurs, pas des responsables politiques, de simples citoyens qui faisaient leur travail. Chaque jour, ces médecins voyaient des centaines de prisonniers pénétrer dans les chambres à gaz. Torturés. Brûlés. Tués. Mais ce n'est pas tout. Ils avaient des programmes de recherches. Ils tuaient au nom de la science. Peut-être étudiaient-ils le temps que met un pilote à perdre conscience quand son avion est touché et qu'il manque d'oxygène. Comme ils ne pouvaient procéder à des expériences sur leurs propres aviateurs, ils allaient trouver le commandant du camp et lui réclamaient des cobayes. Mais ce n'étaient pas des expériences médicales sur des souris ou des chiens. Ils avaient besoin d'infliger ces atroces souffrances à des êtres humains. Les docteurs prenaient donc un Juif et se livraient sur lui à leurs expériences. Peut-être promettaient-ils un bon traitement, une meilleure nourriture afin de disposer d'un corps sain pour leurs expériences. Et le prisonnier se disait peut-être : « Si je dois mourir demain, au moins je mangerai mieux aujourd'hui. J'accepte. » Les médecins nazis faisaient des recherches sur la couleur des yeux, la teinte des cheveux ; leurs généticiens procédaient à des mesures sur des personnes ayant un quart, une moitié de sang juif. Tout cela m'était familier. Les Chinois, eux, avaient leurs docteurs en économie, en politique. Ils mesuraient ce que votre grand-père faisait pour vivre, votre classe sociale. Si, épousant une femme d'une classe inférieure, vous perdiez vos terres, vous continuiez néanmoins à appartenir à la classe des propriétaires terriens, votre sang était encore souillé. C'était comme avoir un quart de sang juif.

Il y a toutefois une différence manifeste. Les Allemands ne considéraient pas que les Juifs faisaient partie de leur race. Même lorsque les Américains et les Russes se rapprochèrent, les nazis continuèrent à appliquer la « Solution finale ».

L'histoire aurait-elle été différente sans Hitler ? Je l'ignore. Je me rends souvent en Allemagne et j'y ai beaucoup d'amis. L'Allemagne que je connais compte un grand nombre de gens formidables qui se préoccupent des droits de l'homme dans leur propre pays et dans le monde. Y aurait-il eu un autre Hitler ? Y aurait-il eu un autre Mao ? Pourquoi pas ? En Chine, nous n'avons pas eu les chambres à gaz mais nous classons les Tibétains et les Ouïgours dans une catégorie spéciale, sur une base raciale. Et nos fauteurs de troubles, nos ennemis de classe, nous les expédions dans des camps et nous les faisons travailler. Je suis convaincu que, si la guerre éclatait, les Chinois tueraient les prisonniers des camps s'ils n'en avaient pas l'usage. Ils ont créé un ennemi, une classe séparée – la classe des prisonniers.

L'histoire montre que les Chinois n'hésitent pas à s'entre-tuer. Le Kuomintang n'était pas innocent, il faut commencer par le souligner. Après la guerre contre le Japon, les communistes sont descendus de leur base dans le Nord-Ouest, ont peu à peu conquis le pays, installé des structures locales. Après la Longue Marche de 1936, les communistes détenaient déjà des prisonniers dans des camps de travail. En 1948, lors de la contre-attaque du Kuomintang, les communistes battirent en retraite en massacrant leurs prisonniers.

Après la guerre, les soldats et les médecins nazis vaincus prétendirent qu'ils n'étaient pas responsables. Ils n'avaient fait qu'exécuter les ordres de Hitler et de Himmler. Certains d'entre eux passèrent en jugement, furent condamnés pour leurs crimes contre l'humanité et exécutés.

Après m'être fait photographier à Auschwitz, je sus qu'il était temps de retourner voir le médecin chinois de Hambourg. Il nous reçut très aimablement chez lui, Sue et moi. Sa femme nous avait préparé un délicieux dîner. Mais j'étais encore torturé par ce que j'avais entendu en Chine – par ce que je venais de voir à Auschwitz. Et c'est sous le coup d'une profonde émotion que je le fis de nouveau parler des transplantations auxquelles il avait assisté en Chine.

– Laissez-moi vous poser une question, dis-je. Si vous prélevez deux reins à un être humain, combien de temps peut-il survivre ?

– Probablement moins de vingt-quatre heures. Certaines personnes seulement quelques heures.

La réponse me suffisait. Cet homme avait sauvé des malades, il avait risqué sa propre vie en critiquant le gouvernement chinois mais il avait aussi participé à des opérations où l'on avait prélevé les deux reins d'un prisonnier – un prisonnier comme moi. Je me levai et lui assenai :

– Docteur, vous êtes un assassin.

Interdite, sa femme bredouilla :

– Que voulez-vous dire ?

– Vous et vos confrères avez tué ces hommes, repris-je. Ils devaient être exécutés le lendemain, mais peu importe. C'est vous qui les avez exécutés.

– Je ne suis pas un assassin, répondit le médecin d'une voix calme.

– Si, rétorquai-je, pensant en moi-même : « Tu te dis médecin mais tu es un meurtrier. Tu n'es pas différent des docteurs qui ont travaillé pour les nazis. Tu prononces des mots comme "compassion" et "charité" mais tu es un assassin. »

Bien qu'il parlât un peu anglais, nous avions eu cet échange en chinois, et sur un ton si calme que Sue ne se doutait aucunement de ce dont je l'avais accusé. Il semblait plus consterné et abattu que furieux. Il ne pouvait nier la vérité mais n'était pas prêt à l'affronter. Le concept de droits de l'homme était si étranger à sa mentalité qu'il était incapable de changer, même après avoir vécu en Occident. Il fallait qu'il se dise : « J'ai sauvé des vies. »

J'étais là, occidental et libre à présent, dans une ville allemande, accusant un docteur chinois en exil de s'être conduit en nazi. Il devait penser : « J'ai agi au nom de la médecine. Je ne suis pas responsable. Ce n'était pas ma faute. On m'a forcé à le faire. »

Je quittai sa maison. Jusqu'alors, je m'étais opposé à ce que la BBC utilise la partie du film dans laquelle il figurait parce que je ne voulais pas porter atteinte à sa réputation, mais maintenant que j'avais entendu sa lamentable argumentation, je n'avais plus d'objection.

– Allez-y, dis-je, diffusez-la.

Ce qu'ils firent, en masquant toutefois son visage dans la scène du restaurant, où il reconnaît avoir participé au prélèvement de reins de prisonniers condamnés.

Je profitai de mon séjour en Europe pour aller aussi au musée Anne Frank d'Amsterdam. Je me sentais de fortes affinités avec cette famille juive qui se cachait dans une pièce pour échapper aux nazis. Je connais des Chinois qui ont mis leur propre vie en danger en cachant d'autres Chinois. Beaucoup de gens ont vu *La Liste de Schindler*, l'histoire de cet Allemand qui a aidé de nombreux Juifs pendant la guerre. Nous avons eu la même chose en Chine. Nous devons rendre hommage aux gens courageux qui ont résisté, offert de la nourriture ou un abri. Même si de l'argent changeait de mains, aider un Juif était toujours dangereux. Nous devons nous souvenir de nos Schindler et de nos Anne Frank. Dans cette petite maison d'Amsterdam, je songeai : « Au moins, eux ont leur place, maintenant. Les gens se souviennent d'Anne Frank. Les Chinois sont des êtres humains aussi. Qui se souviendra de nous ? »

En 1993, l'AFL-CIO organisa une exposition de photos dans le cadre de l'ouverture du musée de l'Holocauste, à Washington. Avec mon ami Jeff Fiedler, je parcourus le hall, tremblant de colère devant les images des chambres à gaz et des dortoirs des camps de la mort.

Nous avons engagé la conversation avec deux responsables qui m'ont invité à visiter le musée. En plus des photos qui vous hantent, il possède une base de données contenant des centaines de milliers de noms. Vous tapez un nom de personne ou de lieu, l'ordinateur vous donne des informations – autres noms, âge, lieu de naissance, date d'arrivée au camp, date approximative de la mort. Vous appuyez sur un autre bouton et les noms de survivants apparaissent sur l'écran – leurs visages, les mots qu'ils ont prononcés, un tableau saisissant de la souffrance et de la survie.

Fasciné, je restai longtemps devant ces ordinateurs. Je comprenais pourquoi les Juifs se répètent : « Plus jamais. » Ils n'oublient pas les leurs. Le reste du monde ne doit pas les oublier non plus. J'eus l'audace de confier à l'un des dirigeants du musée mon souhait qu'un jour le mot *laogai* soit assez connu pour que le monde l'écrive avec une majuscule, comme Holocauste et Goulag. Je craignais qu'on ne pense que je minimisais l'horreur de l'Holocauste mais cet homme comprit mon émotion et m'encouragea à préserver la mémoire de mon peuple.

En retournant à pied au bureau de Jeff, je me pris à rêver qu'il y ait un jour un musée du *Laogai* pour raconter l'histoire aux enfants de nos enfants. Après tout, n'étais-je pas déjà en train de rassembler des informations sur les Chinois victimes des camps ? Qui y fut emprisonné, qui survécut, ce qu'on faisait aux prisonniers. En 1993, j'avais déjà recueilli des interviews audio et vidéo de deux cents prisonniers. Mais les millions d'autres qui ont disparu ? Qui parle pour eux ?

Aujourd'hui en Amérique on entend des ignorants dire : « On a beaucoup exagéré sur l'Holocauste. Ça n'est peut-être pas vraiment arrivé. » J'ai entendu la même chose sur le *laogai*. Je veux dénoncer le système. Je suis l'aiguille plantée dans le cœur, l'os dans le gosier. La vérité est de mon côté. Je suis retourné là-bas, j'ai rapporté des preuves. Ce n'est qu'un début. Je veux recueillir toutes les preuves et les rassembler dans un lieu, le musée du Laogai. Je veux clamer : « Oui, c'est bel et bien arrivé. En voici la preuve. »

19

On ne peut pas toujours gagner

C'est peut-être parce que les moteurs Diesel ne se fondent pas dans le paysage comme les fleurs artificielles ou les chaussures. Quelle que soit la raison, les « bons » ont remporté une éclatante victoire en 1994 : pour la première fois un tribunal a interdit l'entrée aux États-Unis de produits en provenance de camps de travail chinois.

J'ai une modeste part dans cette interdiction des moteurs Jinma (cheval d'or). Les propos d'Ed Bradley dénonçant la main-d'œuvre pénitentiaire à la télévision en 1991 embarrassèrent beaucoup le gouvernement Bush, qui hésitait manifestement à appliquer la législation sur les articles fabriqués en prison. Mauvais pour les affaires, etc. Après mon passage à *60 Minutes*, je fus invité au Congrès pour la première audience jamais tenue sur les camps de travail en Chine. Des parlementaires interpellèrent les services des douanes, les pressèrent d'appliquer la loi interdisant l'importation de produits provenant des camps.

J'avais appris depuis longtemps que la vertueuse indignation ne mène pas loin. Beaucoup d'Américains et d'Européens se préoccupent des droits de l'homme mais quelqu'un doit rappeler à leurs gouvernements l'existence de lois interdisant l'entrée de produits des camps. Ils ont tendance à l'oublier. Au Royaume-Uni, par exemple, une loi interdit depuis 1897 l'importation d'articles fabriqués en prison, mais à ma connaissance, Londres n'a jamais refusé aucun produit provenant du *laogai*. Que deviendraient les Britanniques s'ils n'avaient une tasse de thé à boire toutes les heures ? Selon un document officiel chinois, un tiers de tout le thé produit en Chine provient d'exploitations comme la Compagnie de l'Étoile rouge, dans la province de Guangdong, où des prisonniers travaillent dans les plantations non loin d'ouvriers salariés.

Les États-Unis ont déjà prononcé une telle interdiction dans l'une des lois les plus controversées du pays – la loi Smoot-Hawley de 1930 sur les tarifs douaniers, avant tout destinée à sauver des emplois au moment où la crise mettait des millions d'Américains au chômage. Beaucoup reprochent à ces taxes élevées d'avoir réduit le commerce international, d'avoir contraint des pays européens à suspendre le remboursement de leur dette, d'avoir aggravé la crise et provoqué la Seconde Guerre mondiale – ce qui fait quand même beaucoup d'accusations pour une seule et unique loi du Congrès.

D'autres historiens et économistes estiment qu'on ne peut rendre la loi Smoot-Hawley responsable des puissantes forces qui se déchaînaient alors dans le monde et le poussaient vers la crise et la guerre. Les tarifs douaniers ont depuis été amendés ou abandonnés mais la loi demeure en vigueur, notamment l'article interdisant l'importation de produits du travail forcé. « L'expression "travail forcé", telle qu'elle est utilisée dans ce texte, désigne tout travail ou service obtenu d'une personne sous la menace d'une peine, et pour lequel le travailleur ne se propose pas de son plein gré. » Ainsi s'achevait le dernier paragraphe de la loi.

Le début des années 30 ne fut pas une période où on se soucia particulièrement des droits de l'homme chez les travailleurs « étrangers » mais les douanes utilisaient à l'occasion la loi Smoot-Hawley pour interdire l'entrée d'articles fabriqués par de la main-d'œuvre asservie. Et après l'audience du Congrès de 1991, les douanes furent pressées d'appliquer cette merveilleuse vieille loi. Comme souvent avec les dirigeants chinois, la réponse fut une démonstration de force. Le 10 octobre 1991, la Chine avisa le gouvernement des États-Unis qu'elle se conformerait à sa propre législation sur l'interdiction d'exporter des articles provenant du travail forcé. Également en octobre

1991, le service des douanes ordonna à ses agents de saisir des clefs et des tuyaux fabriqués – j'en avais apporté la preuve dans ma déposition – dans les camps de travail.

Le mois suivant, le Bureau des douanes de San Diego examina des factures d'outillage importé de Chine. L'exportateur et l'importateur avaient tous deux « oublié » de mentionner le nom du fabricant, qui doit normalement figurer sur le document. Voulant savoir qui avait fabriqué ces outils, les douanes appelèrent Washington, et quelqu'un prit contact avec moi. Mes amis au Congrès avaient suggéré au service des douanes qu'un trublion bien connu comme Harry Wu pouvait détenir des informations qui l'aideraient à faire respecter les lois du pays.

Je découvris rapidement que les « outils » de la facture étaient en fait des pièces détachées pour cinquante moteurs Diesel Jinma. Utilisés pour produire de l'électricité dans les fermes et les maisons rurales, les moteurs étaient destinés à China Diesel Import, compagnie située près de San Diego. Dirigée par un nommé Hardy Day, elle n'employait que trois personnes mais importait du matériel chinois depuis 1977.

J'informai aussitôt les douanes que les moteurs X195 provenaient de la Prison n° 1 du Yunnan, également appelée Usine de moteurs Diesel Jinma, et sise à Wangda Qiao, à la sortie de Kunming, dans la province du Yunnan.

Mon travail payait enfin. Depuis des années, j'avais cette usine en point de mire. Fondée en 1957, elle employait en 1991 plus de deux mille cinq cents personnes, dont mille prisonniers, ainsi que des centaines d'ouvriers en « rééducation ». On y assemblait au moins cinquante mille moteurs par an pour le marché intérieur et l'exportation. Le Yunnan est une région modèle pour la nouvelle économie chinoise qui met l'accent sur « la coordination horizontale », euphémisme pour intégration de la main-d'œuvre pénitentiaire dans des structures plus larges. Une brochure publiée en 1989 à l'attention de l'encadrement pénitentiaire souligne que la production en *laogai* remplit deux objectifs : elle fournit « un lieu et un moyen pour amender les criminels... et participe au développement économique ». « La

Prison n° 1 du Yunnan est déjà devenue un "dragon" de la coordination économique… », ajoutait fièrement le texte.

» Elle produit des moteurs à combustion interne Jinma, possède quatre-vingt-dix-huit usines qui fabriquent composants et pièces détachées. La production annuelle est passée de vingt-six mille à soixante mille après la coordination. Trois années de suite, l'entreprise a reçu la Médaille d'argent de la qualité. Le coût de la main-d'œuvre ayant été réduit, chaque moteur revient cent yuan de moins que dans les autres usines. »

Je communiquai ces informations à Bob Windrem, producteur de NBC, et à George Lewis, reporter de cette même chaîne, qui téléphona chez Hardy Day, le patron de China Diesel Import. Day était absent mais sa femme nous révéla qu'il était allé à l'usine chinoise au moins une vingtaine de fois. Quand NBC parvint finalement à le joindre, Day raccrocha. L'information avait néanmoins déjà été transmise au Service des douanes.

Le 18 mars 1992, le Registre fédéral incorpora l'article TD 92-27 intitulé : « Au sujet de produits importés de République populaire de Chine fabriqués par de la main-d'œuvre pénitentiaire ou asservie. » Ce document déclare que « le directeur des douanes, avec l'accord du ministre des Finances, a établi que certains moteurs Diesel assemblés par l'usine Jinma (cheval d'or)… sont produits avec la participation de main-d'œuvre pénitentiaire et/ou asservie ». L'importation de ces moteurs, poursuit le texte, viole la loi Smoot-Hawley de 1930, et sera donc interdite.

Les douanes saisirent les moteurs de Hardy Day, qui intenta un procès à l'administration américaine. De son côté, le gouvernement chinois essaya d'amadouer Washington. Le 7 août 1992 fut publié un Memorandum of Understanding entre les États-Unis et la Chine dans lequel les deux pays convinrent de respecter leur législation nationale interdisant l'exportation et l'importation de marchandises fabriquées en prison, et s'engagèrent à échanger des informations et des délégations au cas où il serait fait état d'infractions.

Le 29 octobre 1992, un représentant des douanes tenta de visiter l'usine Jinma mais, selon le rapport officiel,

« l'accès à certains secteurs lui fut refusé », de sorte qu'il ne put établir si des détenus participaient effectivement à la fabrication des moteurs interdits. Une autre tentative se heurta à un nouveau refus le 4 novembre 1992. Les Chinois demandèrent aux Américains de formuler leur requête par écrit, ce que ceux-ci firent le 28 janvier 1993, pour être de nouveau éconduits le même jour.

En 1993, un groupe de dirigeants chinois en visite aux États-Unis demanda à voir les moteurs Jinma saisis. Le 20 mars, Pékin démentit formellement toute exportation de produits du *laogai* vers les États-Unis.

Deux jours plus tard, je visitai à Los Angeles une exposition commerciale parrainée par une délégation de la province du Yunnan. Vous aviez deviné : le moteur Diesel Jinma figurait encore sur le catalogue.

L'administration américaine mena à leur terme les poursuites engagées à San Diego et finalement, en décembre 1994, le juge Jane A. Restani, du Tribunal de commerce international de New York, déclara que les moteurs étaient effectivement fabriqués dans l'usine de Kunming utilisant essentiellement des prisonniers comme main-d'œuvre. En conséquence, les moteurs ne furent jamais distribués aux États-Unis.

Le Service des douanes devrait s'appuyer sur cette décision pour interdire l'entrée de tout autre produit chinois fabriqué par des prisonniers.

Évidemment, il est plus facile de suivre la trace de moteurs Diesel que de feuilles de thé. Pour parler net, un grand nombre d'hommes d'affaires américains ne connaissent pas – ou ne veulent pas connaître – les implications des produits du travail forcé. En mai 1993, sur la base d'informations que je leur avais fournies, Bob Windrem et Bob Kur, de NBC, se rendirent au siège de la Columbus McKinnon Corporation à Amherst, État de New York, le matin où leur chaîne devait diffuser un reportage sur les articles fabriqués par de la main-d'œuvre pénitentiaire. Kur demanda à Herbert Ladds Jr., président de la firme, si leurs élévateurs pouvaient provenir de camps de travail chinois.

– Eh bien, je ne crois pas, répliqua Ladds d'un ton hésitant. Il n'y avait pas de gardes, rien qui indiquât une contrainte quelconque.

– Vous ne pensez pas que les Chinois auraient pu vous abuser ?

– C'est possible, convint-il.

Il prit dans un tiroir six photos de travailleurs chinois qu'il montra à Kur et à Windrem pour leur prouver sa bonne foi, mais le producteur remarqua les uniformes bleus, les têtes rasées, les casquettes des camps. Cachant son excitation, il demanda :

– Je peux vous les emprunter pour les montrer à mes collaborateurs ?

Ladds lui laissa les photos. Windrem et Kur prirent aussitôt l'avion pour Washington, Windrem se précipita dans le bureau de Jeff Fiedler pour me les montrer.

– Harry, ce sont des prisonniers.

Mes jambes faillirent se dérober sous moi. Ces hommes étaient vêtus de l'uniforme bleu que j'avais porté pendant mes dix-neuf années de camp de travail en Chine. Quand j'eus recouvré la parole, je répondis :

– Oui, ce sont des prisonniers, et ils diffusèrent la nouvelle aux informations de 18 heures, assortie d'accusations que j'avais portées l'après-midi dans une conférence de presse.

– La Chine vend non seulement des appareils de levage mais aussi toute une variété de produits fabriqués par des prisonniers : chaussures à semelle de caoutchouc, bottes, ustensiles de cuisine, jouets, outillage et articles de sport – des choses dont les Américains se servent tous les jours, déclara Kur aux téléspectateurs.

Un des grands avantages du système américain – tous les manuels d'instruction civique le soulignent –, c'est la division des pouvoirs. En 1994, j'avais tout lieu d'être satisfait du législatif et du judiciaire, mais j'étais déçu par l'exécutif. Après avoir risqué ma vie en Chine, je revins pour voir les États-Unis renoncer à leur meilleure arme dans le combat pour les droits de l'homme. Le président Clinton renouvela à la Chine le statut de nation la plus favorisée et reconnut publiquement qu'il n'aurait pas recours aux tarifs douaniers pour exercer des pressions sur Pékin. Il déclara qu'il entendait commercer avec la Chine comme si c'était une démocratie du monde occidental, sans attendre d'améliorations dans le domaine des droits de l'homme. J'avais toujours considéré l'Amérique comme un pays qui se prononce – et qui agit – contre les dictatures. Pas cette fois.

Le statut de la nation la plus favorisée est une arme puissante dans l'arsenal diplomatique. En principe, chaque année, presque tous les pays bénéficient d'un renouvellement de ce statut de « nation la plus favorisée », qui leur accorde des tarifs douaniers peu élevés pour leurs exportations vers les États-Unis. Il existe cependant une longue et respectable tradition de suspension de ce statut. Washington l'a par exemple retiré à l'Afrique du Sud jusqu'à ce qu'elle abolisse son système d'apartheid. La menace de suspension a également incité divers pays d'Europe centrale ou d'Amérique latine à mieux se conduire. Les États-Unis n'ont pas hésité non plus à décréter le blocus de pays comme Cuba et la Corée du Nord. Pourquoi Washington ne montrait-il pas la même fermeté à l'égard de la Chine pour la façon dont elle traitait ses dissidents et le peuple tibétain ?

Ce qui m'exaspérait, c'était qu'en 1992 le candidat Bill Clinton avait critiqué le président Bush pour sa mollesse envers la Chine dans le domaine des droits de l'homme. Installé à la Maison-Blanche, Clinton renouvela pour un an, le 28 mai 1993, les avantages douaniers accordés à la Chine. Certes, il fit un geste en déclarant que Pékin devrait remplir la prochaine fois deux conditions *sine qua non* : mettre fin aux restrictions à l'émigration de ses ressortissants et respecter l'accord de 1992 interdisant l'exportation aux États-Unis de produits des camps de travail. La Chine était également censée faire des « progrès globaux et significatifs » sur un certain nombre d'autres problèmes, du Tibet aux prisonniers politiques.

Les Chinois sentirent que le président Clinton ne serait pas ferme avec eux. Ils ont un « nez » pour ça. Je le sais, je suis chinois. Il faut être dur avec eux. Menacez-les, prenez des mesures énergiques et ils vous respecteront. Si vous vous contentez de montrer le bon exemple en espérant qu'ils vous imiteront, ils vous piétinent.

À l'approche du renouvellement annuel, en mai 1994, Clinton fit l'objet de pressions l'invitant à prendre des mesures énergiques, mais de son côté, le monde des affaires l'engageait vivement à accorder de nouveau à Pékin le statut de nation la plus favorisée. Sachant que les Chinois n'avaient pas rempli les deux conditions *sine qua non*, le président en accepta d'autres. Selon les rapports publiés, les exportations chinoises représentaient 3,8 milliards de dollars en 1985 – à peu près l'équivalent de ce que la Chine importait des États-Unis. Mais en 1994, la Chine a exporté pour trente et un milliards de dollars de marchandises aux États-Unis contre neuf milliards d'importations – un rapport de trois et demi. Si l'Amérique relevait ses tarifs douaniers, les hommes d'affaires américains en pâtiraient.

D'aucuns avancèrent qu'en cas de suspension les tarifs douaniers sur les pulls et les chaussures importés de Chine passeraient de 6 à 60%, et les taxes sur les décorations lumineuses d'arbres de Noël de 8 à 50%.

Plusieurs conseillers de Clinton arguèrent que les États-Unis n'avaient rien à gagner à partir seuls en croisade sur la question des droits de l'homme en Chine : cette politique conduirait à l'échec et le pays perdrait un immense marché. Des firmes américaines firent savoir au président qu'elles avaient besoin de commercer avec la Chine. Il entendit le message et prit une décision s'appuyant davantage sur l'économie que sur l'éthique. Il interdit les importations d'armes et de munitions chinoises – seulement deux cents millions de dollars. Il s'engagea aussi à maintenir certaines interdictions portant sur la livraison d'armes et d'équipement militaire américains aux Chinois.

– Que ceux qui soutiennent qu'étant donné les violations des droits de l'homme commises par la Chine nous devrions lui refuser le statut de NLPF se posent la même question que moi : « Ferons-nous davantage progresser la cause des droits de l'homme si la Chine est isolée, ou si nos deux pays se lient par un réseau croissant de coopération et de contacts politiques et économiques ? »

J'ai observé le président Clinton à la télévision en compagnie d'Américains et d'étrangers qui ont souffert. Sa compassion pour eux est sincère, cela se voit dans la façon dont il les regarde, dont il les prend dans ses bras. Je souhaite simplement qu'il montre la même compassion pour les millions de détenus des camps chinois. J'ai eu l'impression qu'il cherchait à ne pas mécontenter Deng Xiaoping et ses partisans. Le résultat, c'est qu'il a mécontenté des Américains. Dans le *New York Times* du 31 mai 1994, A. M. Rosenthal conclut : « Politiquement, les communistes chinois ont fait un nouveau prisonnier – le président. »

Quant à moi, j'étais particulièrement déçu parce que je savais ce qui allait se passer. Pékin avait reporté le procès de quatorze dissidents en attendant que soit prise la décision concernant les tarifs douaniers. Fin juillet, quand la pression retomba, les autorités chinoises firent passer en jugement quatorze personnes liées au mouvement pour la démocratie et s'opposant aux camps de travail. Ce fut le plus important procès politique des trois dernières années.

Fin 1995, l'excédent commercial de la Chine avec les États-Unis grimpa à 36,8 milliards de dollars. Ce déséquilibre s'explique en partie parce que la Chine ne verse pas de droits sur des biens culturels piratés, comme les disques compact.

Les dirigeants chinois apprenaient toutefois les voies tortueuses des experts américains en relations publiques et essayaient de modifier leur image. En décembre 1994, le gouvernement cessa officiellement d'utiliser le terme *laogai* qui implique l'existence de camps d'amendement-par-le-travail. Le système porte désormais le nom de *giayu*, qui fait référence aux prisonniers. Les Chinois veulent donner l'impression que les camps sont uniquement réservés aux criminels endurcis mais ce ne sont que des mots. Dans leurs propres publications, ils suggèrent que le nouveau terme sonnera mieux aux oreilles de ceux qui se préoccupent des droits de l'homme. Les autorités n'en continuent pas moins à arrêter les gens qui protestent – les fauteurs de troubles – et à les jeter dans des camps, pour les faire travailler gratuitement.

C'est cette pratique que j'ai résolu de dénoncer et de briser – dussé-je mourir en tentant de le faire.

20

Californie, janvier 1995

Comment suis-je parvenu à vivre aussi bien ?
Je suis passé des camps au confort de la Silicon Valley, à la sortie de San Jose, mais je vis encore dans un monde de centres commerciaux cent pour cent chinois, où non seulement les restaurants mais tous les commerces ont une enseigne en chinois – la nouvelle Californie. À l'est, les contreforts montagneux, bruns presque toute l'année, deviennent d'un vert éclatant au début du printemps. Parfois j'ose prendre le temps de contempler ces collines, si éloignées des pentes de mon pays natal.

Ma maison se trouve au bout d'une impasse tranquille, dans un lotissement semblable à des milliers d'autres. Mes deux voitures sont garées devant. Les maisons sont proches mais séparées. Quant aux voisins, c'est le mélange typique de la Silicon Valley – Américains, Coréens, Chinois, Japonais, Latinos, Indiens. De la fenêtre de mon bureau, au premier étage, je vois jouer les enfants du quartier et songe que le moment d'être père est probablement passé pour moi, même s'il nous arrive, à Ching Lee et moi, de parler d'adoption. Je me prends à regretter de ne pas avoir plus de temps pour jouer avec ces gosses. Ching Lee prétend que, lorsque je joue, je redeviens un petit garçon.

Aujourd'hui, je travaille à la maison, en survêtement des Cougars. Une douzaine de paires de chaussures sont alignées, à l'asiatique, devant la porte d'entrée. Les parents de Ching Lee – qui sont aujourd'hui les miens – regardent un programme chinois à la télévision par câble. Ils ont quitté Taiwan pour venir vivre en Californie en été 1994, deux mois après que nous avons emménagé dans cette maison, et je suis comblé d'avoir de nouveau de la famille dans mon foyer.

Ma mère n'écrit plus depuis qu'elle vit aux États-Unis mais elle utilise sa créativité dans la cuisine, ce que j'apprécie hautement. Elle a récemment cessé de fumer, sur ordre du médecin, et se plaint d'avoir pris quelques kilos, mais je lui assure qu'elle a bien fait.

Mon père est un homme robuste de plus de quatre-vingts ans. Il a pris sa retraite de l'armée de l'air taiwanaise quand il a eu soixante ans et s'est mis à faire de la marche dans les montagnes qui se dressent dans la ville même de Taipei une heure, une heure et demie chaque jour. Avec ses jeans et ses chemises de flanelle, il a l'allure et la forme physique d'un quinquagénaire. Chaque jour, il fait de l'exercice sur l'appareil installé dans la véranda de derrière.

Ils continuent à se rendre à Taipei et, malgré les tensions avec le continent, ils aimeraient visiter la Chine un jour. Ils savent qu'ils sont chinois. Nous sommes tous chinois. Étant donné ce que sont nos parents, ils ont droit à la grande chambre du premier étage. Ils sont indépendants, et respectueux à notre égard. Mon père passe de longues heures dans sa chambre où il s'adonne à la calligraphie – traçant des caractères à l'encre à longs coups de pinceau gracieux.

Comme je suis souvent en voyage, c'est lui qui s'occupe de notre petite piscine, qui en retire les feuilles mortes qui ont échappé au filtre électrique. Des orangers, des pamplemoussiers étendent leurs branches au-dessus du mur qui sépare les jardins. « Prenez tout ce dont vous avez besoin », nous disent les voisins, et quelquefois – pas très souvent – j'interromps mon travail un quart d'heure pour faire un tour dans le jardin et mordre dans une orange. Pendant dix-neuf ans, j'ai été privé de fruits.

Si le mois de janvier peut être frisquet près de San Jose, le reste de l'année, je suis toujours tenté de faire quelques brasses dans la piscine. Les gens qui me voient en maillot de bain s'exclament : « Vous ne faites pas du tout votre âge – et vous avez l'air en bonne santé pour quelqu'un qui a autant souffert. » Que puis-je répondre ? Dois-je m'infliger d'autres cicatrices ou me laisser mourir de faim ? Ma santé n'est pas aussi bonne qu'il y paraît. Je dois régulièrement me suspendre dans le garage à un appareil qui m'étire le dos et remet en place mon disque intervertébral endommagé – souvenir de mon accident à la mine.

Je monte jusqu'à la grande pièce de devant où Ching Lee est déjà assise à son bureau. Je sais quelle chance j'ai eue qu'elle accepte de chambouler son existence pour vivre avec l'obsédé que je suis. Quand je voyage, quand je donne des conférences, je lui téléphone et j'entends dans sa voix qu'elle se sent seule. Elle me manque aussi mais je ne peux pas m'arrêter. Ching Lee est mon professeur d'anglais. Le mandarin ne distingue pas entre « il » et « elle », la personne à qui on s'adresse étant censée savoir de qui on parle, et les Chinois confondent souvent les genres en anglais. Si, au téléphone, je parle d'une femme, il m'arrive de dire « il » et Ching Lee murmure à l'autre bout de la pièce pour me corriger. Elle est mes yeux et mes oreilles. Pendant toutes ces années perdues, je n'ai jamais imaginé que cela puisse m'arriver. Quelquefois nous flirtons comme des adolescents parce que nous sommes encore nouveaux l'un pour l'autre ; quelquefois nous nous chamaillons juste parce que nous aimons ça. Nous sommes encore en train de nous découvrir. Mais surtout, nous travaillons, Ching Lee à son bureau, moi au mien, et nous avons parfois une secrétaire qui nous aide, installée à un troisième bureau.

Les étagères des deux longs murs sont déjà couvertes de livres et de cassettes – plusieurs exemplaires des *Misérables* et la bande de la comédie musicale que nous avons vue dans un théâtre de San Francisco. Quelquefois, je glisse la cassette dans mon lecteur et je chante avec les artistes.

Le bureau est encombré de classeurs et d'appareils – un téléphone cellulaire, un téléphone-fax, un fax, deux gros ordinateurs, un magnétoscope, un rembobineur de cassettes, une photocopieuse, un destructeur de documents et, surtout, une machine à café.

Au mur pendent des plaques des Combattants hongrois pour la liberté, et de nombreux mouvements qui m'ont rendu hommage. À côté, une photo de moi avec le Dalaï-Lama. Des rangées de bandes vidéo. Des ciseaux et des règles, des rames de papier. Des exemplaires de mon second livre, *Vents amers*, en allemand, en néerlandais, en chinois, en japonais et en français. Une corbeille pour le papier à recycler.

Le téléphone sonne et je réponds en chinois. Le téléphone sonne et je réponds en anglais. On appelle de Washington. On appelle de Californie. On appelle d'Allemagne, où quelqu'un veut me parler de Wei Jingsheng.

Maintenant que les Chinois ont perdu espoir d'organiser les Jeux olympiques en 2004, ils le remettront bientôt en prison. Je sais que Wei ne veut pas être exilé en Allemagne, où vit sa sœur ; mais il peut se taire. Nous faisons ce que nous pouvons pour exercer des pressions sur Pékin : ne touchez pas à Wei Jingsheng.

La matinée passe vite, avec des coups de téléphone de la côte Est, d'Europe. À midi, Ching Lee descend. De son propre aveu, elle n'a jamais très bien fait la cuisine, mais la plupart du temps ses parents s'en chargent. Assis à mon bureau, le téléphone à l'oreille, je sens une odeur d'épices flotter dans la cage d'escalier. Certains soirs, au camp, les prisonniers s'asseyaient en rond et parlaient de leurs rêves d'une vie normale. Certains racontaient qu'ils rentraient chez eux et faisaient l'amour à leur femme. « Non, parle pas de ça, protestaient d'autres. C'est trop personnel, trop douloureux. » Mais nous délirions tous sur le meilleur bol de riz que nous avions jamais mangé, les nouilles, les légumes, le bœuf, la soupe, les petits pains de maïs, le poisson. À présent, ces odeurs merveilleuses montent à mes narines dans une paisible impasse de l'État de Californie.

– Harry, appelle Ching Lee. Le déjeuner est prêt.

Je descends en survêtement et chaussettes.

La cuisine est claire, ensoleillée.

J'ouvre le réfrigérateur, je me verse un petit verre de vin rouge. J'approche un grand bol de soupe de poisson de ma bouche et je mange avec une délicate cuillère en porcelaine.

Je prends mon temps, je n'ai plus à engloutir ma maigre pitance pour la protéger des maraudeurs. Je me sers de bœuf aux légumes, de riz, de crevettes et commence à manger avec des baguettes.

– Mets de la sauce rouge sur ton bœuf, me recommande Ching Lee.

C'est une plaisanterie familiale. Les parents de Ching Lee, originaires du Sichuan et du Hunan, posent toujours sur la table une demi-douzaine de bocaux de sauces épicées, de poivrons, de piments et d'oignons. Ils savent que je ne mange pas très épicé et adorent me taquiner à ce sujet.

Je suis devenu un bon Américain qui mange à peu près de tout, excepté les plats mexicains – trop de haricots. En voyage, je mange légèrement : un bon repas par jour, des en-cas ici ou là. Mais à la maison, quand je savoure ces succulents déjeuners, j'ai conscience d'être un homme heureux.

Pour le dessert, des gâteaux collants fourrés de gelée de prune, et un bol de raisin. Nous discutons de la situation politique à Taiwan. La famille de Ching Lee a connu les temps difficiles où toute opposition était interdite, mais il existe maintenant trois partis politiques à Taiwan, et il y aura des élections libres en 1996.

Le repas terminé, je monte voir s'il y a des messages sur le répondeur, je donne quelques coups de téléphone, puis je vais m'étendre dans notre chambre pour une sieste d'un quart d'heure. Comme le manque de sommeil m'a torturé au *laogai* ! Debout dans un champ, je dormais appuyé sur ma pelle. Si les gardes me surprenaient, ils me donnaient des coups de pied dans les côtes, pour faire la leçon aux autres travailleurs. À cette époque, je dormais très mal la nuit sur un lit de pierre appelé *kang*, chauffé dessous par un feu de charbon. Maintenant, en hiver, je me glisse sous une couverture et je ferme les yeux. Je m'accorde un petit somme. Juste un quart d'heure.

21

Promesse non tenue

À la fin de mon troisième voyage, en 1994, j'avais promis à Jeff Fiedler que ce serait le dernier. Disons que je n'ai pas menti mais que la situation a changé. J'avais tellement pris l'habitude du danger que j'avais du mal à mener une vie normale. Je travaillais dans ma maison californienne, tranquille et heureux, mais quelque chose s'agitait soudain en moi et une voix me murmurait : « Harry, ils ont besoin de toi. Tu dois y retourner. »

D'autres voix me recommandaient de n'en rien faire. Ching Lee, Jeff, et même quelques membres du Département d'État, qui me l'avaient déconseillé. En mai 1994, le gouvernement chinois publia la liste de ses principaux fauteurs de troubles, répartis en trois catégories.

Catégorie 1 : Essentiellement des personnes ayant quitté clandestinement le pays après le soulèvement de la place Tienanmen en 1989. La police avait pour instructions de les arrêter si elles tentaient de revenir en Chine.

Catégorie 2 : Essentiellement des personnes ayant quitté la Chine légalement mais militant dans des mouvements de dissidents à l'étranger. Le Parti avait donné l'ordre de les refouler à la frontière.

Catégorie 3 : Personnes ayant quitté le pays légalement et pouvant être arrêtées ou détenues si elles essayaient de pénétrer dans le pays. (Selon Human Rights Watch/Asia, « les autorités aux frontières doivent réclamer immédiatement des instructions aux échelons supérieurs, en maintenant la personne en question au secret ou sous une étroite surveillance ».)

Dans la catégorie 3 figuraient Fang Lizhi et sa femme Li Shuxian, tous deux physiciens, qui ont trouvé refuge à l'ambassade des États-Unis à Pékin pendant un an après le massacre de la place Tienanmen, et qui vivent maintenant en Arizona.

J'appartenais également à la catégorie 3. Les conditions en sont quelque peu obscures. Si vous vous faites prendre, il est possible qu'on ne vous tire pas dans le dos à vue, qu'on ne vous refoule pas mais qu'on vous traite avec prudence, en vous gardant longtemps en détention. Je voyais là un défi.

Après le succès du documentaire de la BBC, je commençais à agacer réellement Pékin. Les Chinois avaient protesté auprès de la BBC, dénoncé des inexactitudes comme l'opération du cœur dans un documentaire sur des greffes d'organes, mais ils ne pouvaient réfuter la plupart des faits ni le sens général du film. La seule chose qu'ils pouvaient faire, c'était empêcher temporairement les correspondants de la chaîne britannique de travailler en Chine.

Ayant reconstitué l'itinéraire de Sue, les autorités chinoises avaient pu établir que j'avais voyagé légalement dans le pays sous le nom de Peter H. Wu. Je ne pouvais changer de nom mais je me demandais si, en tentant de me glisser entre les mailles du filet, je ne parviendrais pas à obtenir un visa.

Je chargeai Jeff de tâter le terrain, et des amis remirent ma demande au consulat chinois de Chicago. Pour une raison quelconque, les papiers furent envoyés au consulat de Houston. Le 1er février, ils me revinrent avec un visa de six mois accordé à Peter H. Wu – pas de truc, rien d'illégal.

– OK, super, tu as ton visa, me dit Jeff. Maintenant, tu l'oublies. Tu ne pars pas.

Je lui expliquai que je ne voyais pas les choses de la même façon. Ce visa, c'était une chance inespérée de dénoncer à nouveau le système barbare de Pékin. Ma chance ne durerait pas toujours, et les autorités finiraient par trouver un moyen de m'empêcher d'entrer. Il fallait que je fasse de ce voyage quelque chose d'exceptionnel.

Je m'intéressai cette fois à un lien possible entre la Banque mondiale et le Corps de construction et de production du Xinjiang, organisme quasi militaire qui dominait la région depuis le changement de gouvernement de 1949. Quand Sue Lloyd-Roberts, la journaliste de la BBC, et moi avions traversé la bordure nord du désert du Xinjiang en 1994, nous avions remarqué de nombreux travaux d'irrigation et d'assèchement le long du Tarim.

À mon retour, j'avais été informé de rumeurs selon lesquelles la Banque mondiale finançait plusieurs des grands travaux hydrauliques de la région et que certains d'entre eux bénéficiaient peut-être aux camps de travail du Xinjiang.

Je ne crois pas que la raison d'être de la Banque mondiale soit de financer les camps de travail. Également connue sous le nom de Banque pour la reconstruction et le développement, la Banque mondiale a été créée en 1945 et installée à Washington. Ses fonds sont utilisés pour faciliter les investissements, encourager le commerce extérieur et réduire le taux de la dette des pays en voie de développement. Elle est réputée pour ses efforts admirables en vue d'élever le niveau de vie des nations émergentes.

En 1995, selon l'agence Reuters, la Banque mondiale s'était engagée à « accorder à la Chine des crédits de vingt-trois milliards de dollars pour cent cinquante-neuf projets, avec des financements annuels d'environ trois milliards » ; la Chine était devenue son plus gros client en 1993. Mais l'un de ces projets concernait-il effectivement les camps de travail ? Et ces crédits permettaient-ils aux Chinois de garder leurs propres fonds pour financer les camps ?

Mon instinct me soufflait d'aller enquêter moi-même au Xinjiang, de faire usage de mes yeux et de mes oreilles, de mes deux pieds, de filmer, de poser des questions, d'être là-bas comme un poisson dans l'océan. Jeff Fiedler tenta de m'en dissuader : « Harry, tu n'es plus obligé de faire ça. Tu as maintenant des contacts, des sources d'information. Tu as des gens qui peuvent faire des recherches à ta place. » L'argument de Jeff était fondé. La bureaucratie chinoise publie une énorme masse d'informations, en partant peut-être du principe que la Chine est le centre de l'univers et que le reste du monde ne lit pas le chinois, ou n'a pas la patience d'étudier ses rapports et ses archives. La Fondation de recherches sur le Laogai commençait en effet à accumuler les informations mais je désirais faire les choses à ma manière. Je souhaitais retourner au Xinjiang.

Premier objectif de mon enquête, les relations entre la Banque mondiale et le CCPX, souvent appelé le Corps. En 1994, lorsque je faisais équipe avec Sue Lloyd-Roberts, j'avais pris une photo du siège du Corps à Urumqi. À gauche de la grille d'entrée, une pancarte annonce le CCPX. À droite, une autre pancarte porte l'inscription Compagnie unifiée pour le commerce, l'agriculture et l'industrie du Xinjiang. La Banque mondiale préfère utiliser le sigle – CCAIX – de cette appellation plus anodine, mais la CCAIX et le CCPX sont une seule et même chose. Le Corps.

Le Corps représente une force majeure au Xinjiang depuis 1949. Il a été constitué à l'origine avec des soldats démobilisés du Kuomintang, maintenus dans les confins nord-ouest de la Chine pour protéger les frontières avec l'Union soviétique et stabiliser les Ouïgours. Le CCPX était au départ une organisation han dans une région majoritairement musulmane et l'est resté. Selon une de ses brochures publiées en 1993, le Corps est han à 88,2 %.

Le Corps joue un rôle actif dans tous les domaines – notamment l'armée. Le 10 octobre 1994, Xinhua a publié un reportage sur le quarantième anniversaire du Corps. L'article, destiné aux lecteurs chinois, fut traduit en anglais par la BBC. En voici quelques extraits importants :

« Au début des années 50, en vue de rétablir et de développer l'économie du Xinjiang, de maintenir la stabilité de la province et de renforcer la défense de la patrie à la frontière, les autorités centrales ont décidé d'affecter la plupart des troupes de l'Armée populaire de libération stationnées au Xinjiang à des travaux civils, et d'organiser le CCPX pour remplir la mission historique consistant à coloniser le désert et à défendre les frontières… À travers quarante années de construction et de développement, le CCPX est devenu une organisation politique, économique, militaire et sociale particulière, rassemblant 2,2 millions de personnes, un grand nombre de fermes et d'entreprises, ainsi qu'un système scolaire, scientifique, culturel et médical. »

Au début des années 60, le Corps joua un rôle essentiel dans les incidents de frontière avec l'Inde, selon un numéro de 1986 d'*Agriculture et mise en valeur des terres au Xinjiang,* magazine publié par le CCPX. L'auteur souligne que le Corps « possède non seulement une base matérielle prospère mais aussi des qualités militaires adéquates : pour servir de force de soutien à l'Armée populaire de libération, pour répondre aussitôt à l'appel, se battre et vaincre. Quand la patrie a besoin de grains, le Corps en a ; si elle a besoin d'hommes, il en a »…

La DIA, service de renseignement militaire américain, a publié en 1984 un rapport non classé confidentiel (Manuel de l'Armée populaire de libération) qui qualifie le Corps « d'organisation paramilitaire, dirigée conjointement par le Parti et l'Armée, avec pour mission la mise en valeur des terres, la production agricole et le développement économique dans des zones frontières lointaines et peu productives, ainsi que la défense des frontières ».

Le Corps est demeuré actif jusqu'à ces dernières années. Lors des événements de la place Tienanmen à Pékin, le 19 mai 1989, de nombreux manifestants défilèrent dans les rues d'Urumqi, la capitale du Xinjiang. Selon le numéro du 9 janvier 1990 du journal du Corps, « au printemps dernier, pendant les troubles contre-révolutionnaires de Pékin, le Corps… s'est jeté totalement dans la lutte pour mettre fin au chaos et empêcher une émeute ».

Plus j'étudiais ces documents, plus j'étais persuadé que la Banque mondiale avait glissé sur les aspects militaires et pénaux du Corps. Dans une étude sur ses programmes au Xinjiang pour la période 1985-1986, la Banque mondiale signale que la CCAIX possède cent soixante et onze fermes d'État. Pour la même période, Xinhua a publié un rapport en anglais diffusé par la BBC le 11 septembre 1985 : « Les cent soixante et onze fermes d'État du Corps sont considérées comme des organisations semi-militaires. »

Selon moi, la Banque mondiale a dissimulé ses relations avec le CCPX en se référant uniquement à la CCAIX. Le 13 mars 1984, la Banque décrit un programme de quarante millions de dollars de semences répartis en douze projets et deux régions autonomes, dont le Xinjiang. Le propre rapport de la Banque précise que les CCAI locales se chargeront de mettre en œuvre les projets. L'annuaire du Corps pour 1988 parle d'un « projet de développement de semences avec un prêt de douze millions de dollars et une participation nationale de dix-huit millions de yuan, et une période de construction de cinq ans… ». L'annuaire 1991 du Corps souligne que « les installations produisant des semences de coton de haute qualité ont été construites avec des fonds de la Banque mondiale ».

On fait souvent l'éloge de la Banque mondiale parce qu'elle contribue à améliorer le niveau de vie dans des régions reculées mais il m'apparaissait clairement que le CCPX utilisait des détenus dans son système économique, et que la Banque mondiale finançait des projets du Corps. Qu'avions-nous réellement vu en 1994, Sue Lloyd-Roberts et moi ? De quoi la Banque mondiale était-elle au courant ? Avant de lancer des accusations, je devais vérifier par moi-même, et puisque j'avais un visa, autant en profiter.

Il convenait d'augmenter d'abord le personnel de la fondation. Nous engageâmes David Welker, un brillant jeune homme qui avait appris le mandarin à l'université du Massachusetts. Passionné par cette langue et par les Chinois, David avait visité Taiwan et Hong-Kong et avait même passé quelques jours à Shenzhen et Guangzhou pendant ses études. Le jour même de son embauche, je lui demandai : « Aimeriez-vous aller en Chine ? »

Toujours en 1995, Maranda Shieh, Sino-Américaine qui gère sa propre compagnie informatique dans la région de Washington, commença à travailler avec nous. Disposant désormais d'un soutien beaucoup plus important, je pouvais élargir mon itinéraire. Premier objectif : enquêter sur d'éventuels camps financés par la Banque mondiale dans le désert. J'eus la chance que Sue Howell accepte de m'accompagner pendant la première semaine. Deuxièmement, enquêter sur l'Église chrétienne clandestine dans la province d'Hubei, où de nombreux croyants étaient persécutés depuis des années. Plus de quarante ans après l'accession au pouvoir des communistes, la religion fleurissait dans toute la Chine. Outre un million d'étudiants dissidents, le gouvernement devait compter avec quatre à six millions de catholiques, et six à huit millions d'autres chrétiens de diverses confessions, sans parler de la renaissance du bouddhisme et du corridor musulman au nord. Pour cette partie du voyage, David Welker accepta de me « filer », tandis que Ching Lee m'accompagnerait.

Troisième objectif : observer les troubles ethniques. Recueillir des informations sur les mauvais traitements infligés aux Ouïgours et autres groupes musulmans.

Quatrièmement, enquêter sur la limitation des naissances. C'était encore une priorité en Chine, même si l'on n'atteignait plus le point culminant de 1983 avec vingt et un millions de stérilisations, dix-huit millions de stérilets posés, et quatorze millions d'avortements, dont un grand nombre non voulus, selon John S. Aird, démographe et spécialiste des méthodes coercitives de limitation des naissances, qui témoigna devant le Congrès en 1995. Non seulement on contraignait des femmes à avorter si elles avaient déjà un enfant, mais les fœtus étaient vendus pour fabriquer des remèdes. De nombreux Chinois continuent à croire que le fœtus réduit en poudre ou liquéfié favorise la fertilité et la puissance sexuelle. Ils vont dans les hôpitaux, graissent la patte des employés pour se procurer un fœtus ou en volent un afin de préparer des remèdes traditionnels.

Cinquièmement, obtenir des renseignements sur l'importante quantité de graphite en provenance d'un camp de travail livrée à une compagnie du New Jersey. Lorsque je m'étais rendu en Allemagne pour retrouver Sue Howell, un journaliste local m'avait demandé d'enquêter sur ce camp. Un défi que je ne pouvais m'empêcher de relever. J'acceptai d'essayer de retrouver en Chine cet Allemand ou l'un de ses confrères, ou encore l'un de mes sympathisants clandestins, américains ou chinois. Comme nous ne savions pas au juste qui serait au rendez-vous, nous étions convenus d'un signe de reconnaissance : des casquettes des Chicago Bulls que le journaliste avait achetées à Bonn.

Notre planning fut élaboré dans les premiers mois de 1995 – bien avant qu'on ne parle de la participation éventuelle de Mrs. Clinton à la Conférence mondiale sur les femmes, qui devait se tenir à Pékin début septembre. Je restai délibérément imprécis sur mes objectifs, même avec les parlementaires des deux bords sympathisant avec notre cause. Je rencontrai plusieurs d'entre eux le 4 mai 1995, quand je témoignai au Sénat dans le cadre d'une audience sur les transplantations d'organes présidée par le sénateur Jesse Helms, de Caroline du Nord, et Charles S. Robb, démocrate de Virginie. Gao Pei Qi, ancien dirigeant de la Sûreté qui a fait défection et vit maintenant à Londres, apporta également son témoignage. Il expliqua que les prisonniers étaient abattus d'une balle dans la tête ou dans le dos, selon la partie du corps la plus prisée sur le marché ce jour-là. Gao parla de manière franche et abrupte :

– Fondamentalement, ils voient le corps du détenu sous un angle utilitaire. Ils lui prendraient sa peau, au besoin.

Pour ma part, je déclarai que le gouvernement chinois était sensible aux révélations faites à l'étranger sur les greffes mais qu'il n'hésitait pas, en revanche, à procéder à des exécutions publiques depuis les événements de la place Tienanmen, avec parfois quinze mille personnes rassemblées dans un stade ou un champ.

– C'est un grand spectacle, conclus-je.

Pendant mon séjour à Washington, je m'entretins avec des amis représentants comme Frank Wolf et Chris Smith, républicains, Nancy Pelosi, démocrate, ainsi qu'avec le sénateur Jesse Helms. Ils me déconseillèrent vivement de retourner en Chine, et je leur répondis en termes vagues :

– J'irai, mais je ne sais ni quand ni comment.

Pendant que je préparais mon voyage, les relations se tendirent entre Washington et Pékin, en particulier quand les États-Unis autorisèrent Lee Teng-hui, le président taiwanais, à venir en Amérique pour assister à une réunion d'anciens étudiants à l'université Cornell. Auparavant, les

Américains s'étaient opposés à la venue de dirigeants de Taiwan mais ils avaient levé cette fois l'interdiction en arguant qu'il s'agissait d'une visite privée. Furieux, les Chinois virent dans ce voyage le signe clair que Lee était *persona grata* aux États-Unis, et que Washington favorisait ainsi sa réélection en 1996. Pékin montrait donc déjà de l'irritation envers l'Amérique au moment où je m'apprêtais à pénétrer en Chine par la porte de derrière.

Malheureusement, cette porte de derrière était protégée par l'informatique. Grâce à l'ordinateur, les autorités chinoises m'arrêtèrent et me conduisirent à l'autre bout de la Chine, dans une villa de Wuhan. Je n'enquêtais plus sur le régime, c'était lui qui enquêtait sur moi. Ce n'était pas du tout ce que j'avais prévu.

22

Chambre 104

J'avais presque l'illusion d'être en vacances. J'occupais une chambre avec climatisation et salle de bains dans un plaisant bâtiment d'un étage situé dans une région de lac tranquille – une sorte d'*Holiday Inn* à la mode wuhanaise. Je repris toutefois conscience de la réalité en avisant trois lits de camp dans la pièce. Trois gardes demeureraient dans ma chambre en permanence – y compris pendant mon sommeil. Je remarquai aussi les barreaux de la fenêtre mais à 2 heures du matin, après un épuisant voyage à travers la Chine, je ne me souciais pas d'aménités. On aurait pu mettre toute l'Armée populaire de libération dans ma chambre, cela ne m'aurait pas empêché de dormir.

Je m'éveillai à midi. Comme de juste, trois jeunes gardes s'étaient installés autour de moi dans la chambre 101 et m'observaient en silence. Ils avaient reçu l'ordre de m'impressionner par leur discipline, supposai-je. J'étais de nouveau prisonnier, c'était comme si je n'avais jamais quitté la captivité. Je n'avais pas le temps de faire mon examen de conscience, de me demander : « Mais comment as-tu pu en arriver là, pauvre idiot ? » Je ne pouvais m'offrir le luxe de l'introspection, il me fallait me rappeler les leçons de survie apprises dans les camps. Mes geôliers devaient être à l'affût de tout signe de faiblesse. Peut-être avaient-ils espéré que je fondrais en larmes ou que je parlerais dans mon sommeil. Je devais être coriace si je voulais avoir une chance de m'en sortir.

L'un de mes « hôtes » s'appelait Liu. C'était un officier grassouillet qui fumait des 555 – cigarettes anglaises très appréciées en Asie – et portait une tenue civile, avec de coûteux mocassins italiens. Il se comportait comme s'il était le meilleur ami que j'avais au monde, mais cinq minutes de ses manières onctueuses me donnèrent la chair de poule, et j'aurais préféré qu'il me laisse entre les mains des jeunes gardes au regard dur. Liu m'annonça que le déjeuner était prêt – en l'occurrence un repas correct, soupe et poulet, qu'on m'apporta dans la chambre. Après avoir terminé, j'attendis... et j'attendis encore. Quelques policiers passèrent la tête dans la pièce pour contempler cette curiosité, ce fauteur de troubles venu de l'autre côté de l'Océan. De toute évidence, ils attendaient des ordres et se contentaient de me tenir à l'œil, de noter mes moindres gestes, de ne pas me perdre de vue un seul instant, même lorsque je me soulageais.

Cette surveillance indigne me rappela l'époque où les prétendues toilettes se réduisaient à un trou dans le plancher, où tous les détenus d'un baraquement n'avaient que quelques minutes pour passer ensemble par leurs affres les plus intimes. Du fait d'un régime alimentaire inadéquat et de l'absence de soins médicaux, certains prisonniers souffraient d'une diarrhée si terrible que d'énormes hémorroïdes sortaient littéralement de leur corps et qu'ils devaient les y renfoncer. D'autres étaient si constipés qu'ils devaient extirper les excréments de leur anus avec leurs ongles. J'ai fait les deux : j'ai vu des hommes mourir de l'un et de l'autre.

Il fallait être une bête pour survivre au camp, mais j'avais maintenant retrouvé ma pudeur. Je trouvais grossier de me maintenir sous l'œil des gardes quand j'étais assis sur la cuvette à l'occidentale.

– Mon odeur ne vous dérange pas ? m'enquis-je.

Ils me gratifièrent du regard vide d'expression du bon soldat. La partie ne faisait que commencer.

Pendant cette première journée à Wuhan, je fus trop occupé à estimer ma situation pour songer à Ching Lee, mais la nuit, son image surgit dans mon esprit. Je voyais son doux visage en face de moi dans notre bureau, j'entendais sa voix caressante à mon oreille. Pour la première fois, je sus qu'il serait facile de craquer. Avais-je gâché mon mariage pour explorer mes propres ténèbres intérieures ? Qu'aimais-je le plus – les ennuis ou Ching Lee ? « N'y pense plus, me dis-je. Chasse-la de ton esprit. » Je ne pouvais me laisser aller à la sentimentalité si je voulais survivre.

Le lendemain 30 juin, tout de suite après le petit déjeuner, on me conduisit à la chambre 104, juste en face. C'était une pièce banale, où l'on avait remplacé les lits par une table et des lampes projetant une lumière vive. Un homme de mon âge, à peu près, en uniforme kaki fraîchement repassé, l'air sûr de lui, manifestement le responsable, était assis devant moi, flanqué de deux colonels nommés Dao et Duan. Une secrétaire griffonnait furieusement, faute de magnétophone. La pièce était climatisée et il n'y avait pas de barreaux à la fenêtre. J'avais connu pire lors de précédents interrogatoires.

Le responsable – matricule N412221 – se présenta comme le général Wang, précisa qu'il était dans la police depuis quarante ans et qu'il avait rééduqué plus de quatre-vingt-dix pour cent des contre-révolutionnaires dont il s'était occupé.

– Même s'ils meurent, ils sont rééduqués ? demandai-je.

Il acquiesça. Apparemment, il n'avait rien trouvé de drôle à ma question.

Wang me raconta qu'il avait interrogé un espion britannique qui avait été ensuite expulsé. De toute évidence, il avait l'habitude des prises importantes. M'épargnant les vociférations et les brutalités dont j'avais gardé le souvenir, il alla droit au fait :

– Selon l'article 38 de la loi chinoise, nous vous avons assigné à résidence pour vous placer sous surveillance. Voulez-vous signer ce papier, qui établit votre situation ?

– Non.

– Vous refusez de signer ?

– Non, je ne refuse pas, mais j'ai quelques questions.

Il me fit signe de poursuivre.

– D'abord, quel est mon statut ? Je suis citoyen américain. Pourquoi m'avoir conduit au cœur de la Chine ? Suis-je un touriste ? Un étudiant ? Un homme d'affaires ? Suis-je en état d'arrestation ? Quelle est ma situation, d'un point de vue légal ? En outre, je veux parler à mon consul. Deuxièmement, je ne suis pas chez moi.

Être retenu dans cette villa ne correspondait pas à ma conception de l'assignation à résidence. On est assigné à résidence quand on est placé sous surveillance dans sa propre maison. Pouvais-je téléphoner ? Acheter le journal ? Me faire à manger ? Regarder la télévision ? Faire quelques pas dehors ?

– Qu'est-ce que je peux faire, qu'est-ce que je ne peux pas faire ? Quelles sont les conditions ? Si vous me le dites, je signerai peut-être.

Je voulais lui faire comprendre que j'étais accommodant mais qu'on n'abusait pas facilement de ma bonne volonté.

– Si vous signez, nous pourrons prévenir votre famille, promit le général.

Avec ses assistants, il commença à me poser des questions – nom, âge, domicile, des choses simples – mais je n'étais pas militaire, et aucunement tenu de communiquer mon nom, mon grade et mon matricule.

– Je vous l'ai dit, je refuse. Je suis citoyen américain. J'exige de connaître mes droits.

Quand le général quitta la pièce, le colonel Duan me déclara :

– Vous pouvez faire confiance à Wang, il a la réputation de savoir mener un interrogatoire.

Le sourire de crocodile du général me fit soupçonner qu'il avait lui-même suscité cette confidence de son assistant. Je savais qu'il ne faut jamais se fier à un officier chinois qui se prétend digne de confiance.

Après une pause pour le déjeuner, l'interrogatoire reprit. Il fallait absolument que je saisisse où ils voulaient en venir, avec toutes ces subtilités.

– Nous nous doutions que vous finiriez par revenir tôt ou tard, déclara l'un des officiers, laissant entendre qu'ils étaient parfaitement au courant de mon identité et de mes activités.

– Me voilà, comme un morceau de viande sur la planche à découper, répliquai-je. Vous pouvez trancher ce que vous voulez.

– Vous causez des ennuis à notre gouvernement, reprit-il. Vous êtes têtu.

Comme je me dérobais à toute question précise, Wang et ses assistants entreprirent de démontrer qu'ils n'ignoraient rien de mon passé. Ils avaient dans leur dossier un document de 1981, que j'avais adressé à mon comité de Parti, après ma nomination à un poste d'enseignant, et dans lequel je faisais part de mon désir d'aller à l'étranger pour perfectionner mes connaissances en géologie.

– Vous aviez promis de revenir dans votre patrie socialiste pour y mieux travailler. Vous avez menti.

– Bien sûr que j'ai promis de revenir. Sinon, vous ne m'auriez pas délivré de passeport.

– Vous mentez beaucoup.

« Non, c'est vous qui m'avez menti, pensai-je. J'ai appris à mentir pour survivre. J'ai entendu de gros et de petits mensonges. Je me souviens du mensonge de 1957, quand votre président Mao a proclamé : "Que cent fleurs s'épanouissent." Quand j'ai tenté de m'épanouir, on m'a traité de contre-révolutionnaire. »

– Quel est le plus gros mensonge ? protestai-je. Le communisme. Il m'a coûté dix-neuf ans de ma vie.

Il est difficile pour moi d'expliquer aux Occidentaux que les Chinois admettent parfaitement le mensonge quand il est à leur avantage. Le général me comprenait, il m'aurait peut-être même donné raison s'il n'avait eu une tâche à accomplir.

Pour obtenir mon attention, ils me rappelèrent que, pendant mon séjour à Pékin en 1991, j'avais visité avec Ching Lee un endroit appelé les Jardins des Wu.

– Comment le savez-vous ? fis-je, impressionné.

– Nous savons tout, me répondit Wang avec fierté.

C'était exact. À l'Institut Hoover, un nommé Wu Yuan Li, fils d'une famille riche réfugié à Taiwan en 1949, m'avait prié d'aller voir sa maison familiale, dont la construction remontait à la dynastie Qing. Le gouvernement s'en servait pour y loger des « invités spéciaux », comme Peng Ta hui, ancien ministre de la Défense, assigné à résidence en 1959 avant d'être torturé à mort pendant la Révolution culturelle.

Comment diable avaient-ils appris que Ching Lee et moi étions allés admirer les Jardins des Wu ? Plus tard, dans ma chambre, je trouvai l'explication. Au cours de ce voyage à Pékin, j'avais rendu visite à un vieil ami des camps appelé Zhang, dont la fille était morte d'un cancer. C'était lui qui m'avait indiqué comment aller aux Jardins des Wu. Comme il était ami avec ma première femme, il avait dû lui parler de mon passage à Pékin, et les autorités avaient obtenu d'elle ce renseignement. Pas de problème. Mais leur compétence m'impressionnait.

Les fantômes resurgirent du passé. Wang et son équipe exhumèrent l'affaire des cinquante yuan volés par mon ami, et qui m'avaient valu ma première condamnation, tant d'années plus tôt.

– Vous êtes un petit voleur, me lança l'un des colonels.

Je les priai de se reporter à leurs dossiers. Mon camarade de faculté avait avoué le vol en 1979, et le colonel Li, à la mine de charbon, m'avait conseillé de ne pas m'occuper de cette vieille accusation, parce que j'avais en fait été emprisonné pour mes opinions de droite.

– Je ne suis pas un voleur, rétorquai-je.

Ils ressortirent ensuite l'histoire de ma deuxième femme, Diana. Ils savaient que nous nous étions connus quand elle était étudiante et n'avait que vingt ans, que nous nous étions mariés en Chine, que nous avions divorcé aux États-Unis. Ils n'abordèrent pas l'aspect moral de ma liaison avec une étudiante mais se contentèrent d'établir le fait, pour me faire sentir qu'ils avaient le pouvoir de fouiller le moindre recoin de ma vie.

Ils me mirent ensuite sous les yeux une traduction en chinois de mon premier livre, *Laogai – le goulag chinois*.

– Pourquoi liez-vous le *laogai* au *goulag* ? demandèrent-ils, indignés que j'ose comparer le système pénitentiaire de la Chine à celui de la Russie.

– J'ai des informations selon lesquelles Staline a envoyé en Chine des spécialistes du goulag au début des années 50, répondis-je. À l'époque, on a modifié vos lois pour les aligner sur les lois soviétiques. Vous pouvez vérifier.

Ils connaissaient aussi les trois vieux amis qui m'avaient aidé à pénétrer deux fois dans la mine en 1991, mais ils n'entrèrent pas dans les détails et je ne leur en fournis aucun.

J'avais le sentiment d'être sorti indemne de ces premières séances d'interrogatoire. Les faits qu'ils avaient invoqués étaient soit de notoriété publique, soit sans danger. Ils n'avaient pas déniché les amis chinois qui m'avaient aidé, anonymement ; ils ne m'avaient pas fait avouer quoi que ce soit qu'ils auraient pu utiliser contre moi au tribunal. Mais nous n'en étions qu'au début. Je devais garder la tête froide.

Ramené dans ma chambre, je pris aussitôt le stylo à bille qu'on m'avait autorisé à garder, une feuille de papier qu'on m'avait remise, et je calligraphiai délicatement les caractères chinois d'un vieux dicton bouddhiste : « La pluie tombe sur l'océan, qui ne croît ni ne décroît. »

En voici le sens : si lourde que soit la pluie, elle n'est d'aucun effet quand elle tombe sur l'Océan. Cette maxime me disait : « Reste calme. Tu peux t'en sortir. »

Avec du riz et de l'eau, je fabriquai un peu de colle, fixai la feuille sur l'un des murs. Duan n'y vit aucune objection. Il pouvait lire les mots que j'avais calligraphiés mais n'en percevait pas le sens et me demanda de les lui expliquer. Je traduisis pour cet officier qui avait la moitié de mon âge et était d'une culture largement différente. « Maintenant, je comprends », dit-il. Je crois qu'il me respecta davantage après avoir découvert que ma vie reposait sur des croyances et des philosophies qui allaient bien au-delà du communisme. Il devina que, quoi qu'ils puissent me faire, ils ne parviendraient pas à me briser.

Le lendemain, je poursuivis l'offensive en exigeant qu'ils préviennent l'ambassade américaine à Pékin. Je déclarai que je garderais le silence jusqu'à ce que mes droits soient respectés et, sachant que j'étais dans mon droit, ils ne me contraignirent pas à leur fournir des informations.

Je me préparai à un long affrontement. Le matin, je me levais vers 7 heures, prenais le petit déjeuner à 7 h 30 – une gamelle posée sur la table de ma chambre. Vers 9 h 30, 10 heures, on m'emmenait à la chambre 104 pour m'interroger. La séance durait parfois vingt minutes, parfois deux heures, et nous faisions une pause pour le déjeuner.

La nourriture, tout à fait convenable, était la même que celle des officiers. Au petit déjeuner, soupe au riz, légumes sautés, muffin chinois. Le déjeuner et le dîner offraient généralement un petit morceau de poulet ou de bœuf, ou des œufs, du riz cuit à la vapeur, de la soupe, quelquefois du poisson. Au début, je me plaignis de ce que la cuisine de Wuhan était trop relevée mais soit je finis par m'y habituer, soit ils forcèrent moins sur les épices. L'interrogatoire de l'après-midi commençait vers 15 heures, durait une heure, parfois plus. Nous dînions à 19 heures.

Comme c'était l'été, la climatisation fonctionnait vingt-quatre heures sur vingt-quatre. Il y avait une radio dans ma chambre mais je n'avais pas le droit de m'en servir. Le matin, je ne découvrais aucun journal sur le seuil de ma porte. Pendant plusieurs semaines, j'eus pour seule lecture le livre que Sue Howell avait laissé, *Traditional China*, ouvrage rédigé sous la direction de James T. C. Liu, de Princeton University. Les articles couvraient divers aspects de la vie chinoise, dont la plupart m'étaient familiers, mais je le lus du début à la fin, et faute d'autre chose à lire, je le traduisis ensuite en chinois.

Chaque matin à 8 heures, je disposais d'eau chaude et je prenais un bain pour tenter de me détendre. Une heure plus tard exactement, le général Wang revenait m'interroger. Parfois il se bornait à bavarder, parfois il posait des questions auxquelles je refusais de répondre, parfois il m'exhortait à me montrer raisonnable.

Wang ne niait pas l'histoire de la Chine.

– Bien sûr, nous savons que vous avez souffert, disait-il. Certains se sont laissés emporter, mais pourquoi en garder rancune ?

Il me rappelait le retour inattendu de Zhu Rongji, accusé de tendances droitières pour n'avoir pas caché le fond de sa pensée pendant la campagne des Cent Fleurs de 1957. Il avait heureusement échappé aux camps mais passé vingt-deux ans de disgrâce à brasser de la paperasse avant que Deng Xiaoping ne le réhabilite en 1978. À présent, miracle des miracles, Zhu, maire de Shanghai, était devenu l'un des gourous économiques les plus réputés, surnommé en Occident le « Gorbatchev chinois », ce qui est un compliment partout ailleurs qu'en Russie et en Chine. Wang semblait affligé que je ne trouve pas au fond de mon cœur les ressources pour être beau joueur comme Zhu. J'étais censé me sentir coupable de laisser tomber Wang et la Chine.

– Désolé, les gars, disais-je, je ne peux pas ; c'est au-dessus de mes forces.

Suite à mes plaintes concernant l'étroite surveillance de mes passages aux toilettes, on installa un œilleton sur la porte de la salle de bains. Ainsi, je jouirais d'un peu d'intimité mais ils pourraient toujours me tenir à l'œil s'ils en avaient envie, juste pour s'assurer que je ne me suicidais pas.

Dès que les gardes avaient quitté la salle de bains, je m'adonnais à l'un des grands plaisirs de l'existence : chanter dans la baignoire. La musique chinoise est d'une veine à la fois patriotique et sentimentale, et j'ai également appris à apprécier la musique classique occidentale – Bach, Schubert, Haydn, Tchaïkovski – que je trouve très forte, très émouvante. Je me rappelais les chants folkloriques russes étudiés au lycée, à l'époque de la solidarité, quand les Chinois se passionnaient pour les chants, les poèmes et les films russes. La culture russe finit par tomber en disgrâce, mais pas pour moi. J'aimais tout particulièrement une chanson intitulée *Un petit sentier*, qui parlait de la famille d'un soldat solitaire dans un champ couvert de neige. *Le Vieux Cocher* racontait l'histoire d'un homme perdu en Sibérie qui sait qu'il va mourir et demande à son ami de retourner au pays et de chanter pour sa femme. « Dis-lui de ne pas être triste. Dis-lui de trouver un homme bien et de l'épouser. »

Je chantais aussi des airs américains dans mon bain. À Shanghai, avant le règne communiste, nous étions en contact avec la musique occidentale – le jazz, le pop – et j'avais grandi en écoutant les chansons de Stephen Foster. Marinant dans l'eau, je beuglais mon tube préféré, *Love Me Tender*, par Elvis Presley. C'était devenu mon air préféré en 1984 quand le président et Mrs. Ronald Reagan avaient visité la Chine pour la première fois. Voulant se montrer bons hôtes, les Chinois avaient fait jouer des airs américains pendant le banquet officiel organisé dans la Grande Salle du Peuple, à Pékin. Quelqu'un semblait persuadé que Mrs. Reagan avait un faible pour les chansons d'Elvis Presley. Je ne sais si c'était vrai ou pas mais c'est ce que les Chinois avaient cru comprendre. Une clique militaire apprit à jouer *Love Me Tender*, et c'est ainsi que nous vîmes Mrs. Reagan à la télévision, vêtue d'une longue robe rouge, tandis que des musiciens chinois lui donnaient une improbable sérénade en jouant le succès d'Elvis.

À l'époque, un grand nombre d'étudiants conclurent que, si les musiciens de l'armée avaient le droit de jouer Elvis Presley, on ne risquait rien à fredonner un air en provenance de l'Occident défendu. Mes étudiants ne cessaient de chanter « *Love me tender, love me true...* ». Pour une fois, personne ne pouvait critiquer la musique américaine décadente parce que cette chanson avait été interprétée sur l'ordre de Deng lui-même.

Et je braillais dans ma baignoire, comme Elvis : « *For my darling, I love you/ And I always will.* » Sentimentalité à l'eau de rose ? Peut-être. Mais c'était une façon d'exprimer ma souffrance d'être séparé de Ching Lee, sans savoir quand – ou si – je la reverrais.

Après mon bain, je lançai aux gardes :

– Hé, vous savez, les gars, ce n'est pas pour vous que je chante.

Ils n'étaient pas autorisés à me parler mais Liu – je ne sais comment il m'avait entendu – me fit plus tard cette remarque :
– Vous ne chantez pas mal, ça vient du cœur.
Cela aurait dû m'avertir que le moindre son que j'émettais parvenait à leurs oreilles.

Je fis le compte de tous ceux qui étaient affectés à ma surveillance : trois jeunes gardes en permanence, répartis en trois équipes, vingt-quatre heures sur vingt-quatre. Je dénombrai dix-huit lieutenants et quatre superviseurs, sans parler des soldats en armes postés à l'extérieur du bâtiment. Allongé sur mon lit, je lisais sans parvenir à oublier totalement les trois gardes qui m'observaient. Ils n'utilisaient pas leurs noms mais je m'efforçais quand même de les percevoir comme des individus. Un jour, je vis plusieurs d'entre eux en uniforme de lieutenant, et je dis à l'un d'eux : « Hé, vous avez fière allure, comme ça. » Il sourit plus ou moins. Il m'arrivait aussi de croiser le regard d'un lieutenant joufflu, solidement bâti, dont je devinais une certaine sympathie à mon égard. Un jour que je demandais à mes gardes de me prêter un coupe-ongles, deux d'entre eux secouèrent la tête mais le joufflu revint plus tard et m'en donna un.
– Vous ne risquez pas d'avoir des ennuis ? m'inquiétai-je.
Il écarta cette éventualité d'un haussement d'épaules. Un autre garde, grand et maigre, me confia qu'il ne resterait pas toujours policier.
– Je veux devenir homme d'affaires, me révéla-t-il.
Il avait déjà son permis de conduire, ce qui équivalait à une mine d'or. En Chine, tous ceux qui ont accès aux voitures peuvent se faire de l'argent de diverses manières.
Les gardes jaugeaient le monstrueux Harry Wu et concluaient qu'il était un être humain. Je leur faisais la conversation, en partie par besoin d'amitié, en partie pour voir si je pouvais manipuler le système. Tous les prisonniers ont besoin de jeux pour occuper leur esprit. Le mien consistait à prendre des notes à l'insu des gardes, ce qui

n'était pas facile dans une pièce exiguë. Assis à la table, je feignais de consulter l'épais dictionnaire anglais-chinois que mes premiers gardiens avaient acheté pour moi au début du voyage.

De temps en temps, je jetais un coup d'œil aux trois gardes grâce au miroir accroché au mur, au-dessus de la table. Ils étaient censés observer le moindre de mes gestes mais ne tardèrent pas à remarquer que c'était moi qui les observais. Ils décrochèrent donc le miroir – précisément ce que j'escomptais. Je pouvais maintenant me pencher sur mon dictionnaire et prendre subrepticement des notes en tenant le livre de manière qu'ils ne puissent voir ma main derrière la reliure.

Les gardes s'efforçaient de garder la trace des vingt feuilles de papier qu'on m'avait données pour écrire mes requêtes et mes lettres, mais j'avais coupé ces feuilles en espérant qu'ils se perdraient dans les comptes, ce qui arrivait parfois. Je glissais alors une feuille derrière la page de garde du dictionnaire, ou à l'intérieur de mon stylo à bille, ou dans mes chaussures.

Plus tard, j'eus l'idée d'écrire dans les marges du dictionnaire même. Mais s'ils décidaient de le feuilleter ? Avec du riz et de l'eau, je collai ensemble les pages griffonnées pour qu'on ne puisse trouver mes notes. Je codai les pages selon la date. À la page 407, 4 juillet, par exemple, j'écrivis : « Un bol d'air frais pour la première fois », pour me rappeler qu'on m'avait laissé sortir quelques minutes.

Curieux de savoir s'ils avaient découvert mon stratagème, je posais toujours un stylo ou une feuille de papier au ras de la couverture du dictionnaire. On ne toucha jamais au livre mais un matin, je constatai à mon réveil que les notes cachées dans mes chaussures avaient disparu. Ils avaient dû me surprendre dans la salle de bains, en train de les dissimuler. Ils ne m'en parlèrent jamais et je n'abordai jamais le sujet.

Je notais les moindres événements de la journée. Les bruits que j'entendais, les tractions que je faisais, le temps passé à regarder le soleil, à penser à ma vie, à revoir de vieux films dans mon esprit, à lire des mots du dictionnaire.

Depuis l'enfance, je suis fasciné par les insectes. Il m'arrivait de sauter un repas pour enfermer de féroces fourmis rouges dans le même flacon que des fourmis noires moins agressives et les regarder se battre. Parfois, pour égaliser les chances, je mettais davantage de fourmis noires.

Dans ma villa-prison, je devais aussi pourvoir à mes distractions. Je me campais devant la fenêtre et contemplais un arbre haut de cinq ou six mètres, avec de larges feuilles. Sur le chambranle, une araignée attachait un fil, attendait un vent favorable et se balançait pour s'accrocher ailleurs. Deux points de contact et l'araignée tisse toute une toile. Un filament suffit pour capturer un moustique ou une mouche, mais le plus étonnant, c'est que l'araignée se déplace sur son propre fil sans y être collée. Les araignées possèdent aussi une espèce de radar que les hommes n'ont pas encore réussi à reproduire ni même à comprendre tout à fait. Je songeais que l'araignée est plus puissante que n'importe quel être humain – peut-être plus intelligente aussi.

J'observais également les fourmis sortant d'une fissure située en bas de la fenêtre et les nourrissais de tout ce qui me tombait sous la main – une mouche morte, des miettes de biscuit. Si le morceau était petit, quelques-unes suffisaient à le porter, mais pour une prise plus volumineuse, toute une division apparaissait – fourmis plus grosses, fourmis soldats et fourmis ouvrières. Comment étaient-elles prévenues ? Un jour, je trouvai une libellule morte, la posai près de la fenêtre et regardai toute une armée de fourmis traîner son cadavre géant vers leur trou.

Les gardes s'adoucissaient. Une fois, je montrai une fourmilière dans le jardin et demandai à l'un d'eux s'il pouvait m'apporter des fourmis pour que nous les regardions se battre. Il revint avec un bâton contenant des dizaines d'insectes, que nous mêlâmes à ceux de la fenêtre, et nous assistâmes en silence à leur combat.

Quelques jours plus tard, le même garde me remit sans un mot une boîte d'allumettes remplie de mouches et de moustiques morts. Il tendit le bras vers la fenêtre comme pour me dire : « Allez-y, je vous en prie. »

Je passais des heures à tenter d'explorer mon petit univers. Dès les premiers jours, j'avais donné aux policiers vingt dollars pour l'achat d'un manuel de droit chinois mais je ne pus jamais en disposer quand j'en eus besoin. N'ayant pris que peu de vêtements pour les trois semaines que je comptais passer en Chine, je remis aussi de l'argent aux gardes pour me fournir des pantalons et des chaussures, en précisant les marques internationales qui, je le savais, étaient vendues en Chine – Nike et Levi's, afin de vérifier si les articles provenaient des camps. Toutefois, les gardes me rapportèrent des vêtements de marque chinoise, que je refusai de porter en arguant de leur médiocre qualité. Le jour de mon départ, j'en fis cadeau à l'infirmière.

Je savais que j'avais droit à un traitement de faveur. Autrefois, on m'avait attaché les mains derrière le dos, avec des liens si serrés qu'ils coupaient la circulation sanguine, et des policiers cachés dans l'obscurité, derrière des lampes à la lumière crue, m'avaient accablé de leurs braillements. Je savais que mes geôliers n'avaient pas à chercher bien loin pour se procurer des instruments de torture modernes, comme ces aiguillons électriques qu'on pose sur votre visage, vos parties génitales, vos pieds, mais ils avaient adopté avec moi la manière douce.

– Vous avez de la chance d'être américain, me dit Wang un jour. Nous vous traitons en invité de marque.

Cet aveu m'attrista car je savais qu'il avait raison. Si j'étais resté chinois, on m'aurait conduit directement de la frontière à l'un des camps du Xinjiang, on m'aurait fait casser des cailloux sur une route, ou plonger jusqu'aux hanches dans la cuve d'acide d'une tannerie. C'était encore possible mais, apparemment, les autorités souhaitaient me soumettre à un procès retentissant pour prouver que j'étais un ennemi du peuple.

– Vous êtes chinois de naissance, me dit un de mes interlocuteurs. Vous savez que nous avons battu l'Amérique en Corée et au Viêt-nam. Vous savez que le gouvernement de Singapour a mis à l'ombre un criminel américain, que les États-Unis ont protesté mais n'ont rien pu faire. Eh bien, nous sommes beaucoup plus puissants que Singapour. Nous pouvons faire de vous ce que nous voulons, sans que le gouvernement américain puisse réagir.

Les Chinois m'informèrent qu'ils avaient prévenu l'ambassade américaine et qu'il n'y avait pas de réponse, ce que je ne pouvais croire. Je savais que ma femme, Jeff Fiedler et mes amis parlementaires interviendraient, mais l'esprit finit par être ébranlé dans ses certitudes. Et si personne d'autre ne se souciait de moi ? On ne peut jamais savoir. Cette appréhension modifia un peu mon attitude extérieure. Les Chinois firent valoir que, si je signais le papier acceptant l'assignation à résidence, ils seraient tenus d'informer ma famille. Le 4 juillet, je donnai mon accord ; deux jours plus tard, ils me soumirent le document et je le lus mais ils ne me demandèrent jamais de le signer. Ravis d'avoir réussi à me raisonner en cinq jours, ils ne purent s'empêcher d'enfoncer le clou.

– Henry Kissinger effectue un voyage en Chine avec un groupe d'hommes d'affaires américains, me dirent-ils. Ils veulent signer des accords commerciaux, ils ne s'intéressent pas à vous.

Le samedi 8 juillet, après dix-huit jours de détention, je fus officiellement arrêté. On me conduisit à la chambre 104, où plusieurs personnes munies de caméras vidéo filmèrent mon entrée. Peu habitué à tant d'attention, je levai les bras et écartai les doigts pour faire le signe de paix. Mes geôliers ne goûtèrent pas la plaisanterie.

– Avancez, grommela un lieutenant. Avancez.

Un officier lisant un document déclara :

– Je représente la Sûreté publique de Wuhan et je vous arrête.

On me passa les menottes, délicatement. Sur les écrans de télévision, la scène parut sans doute brutale – regardez comme la Chine traite cet espion criminel ! – mais en réalité, tout se passa en douceur. Allez, Harry, qu'on en finisse. Dès que les photos furent prises, les policiers détachèrent mes poignets. Trois minutes de menottes en tout et pour tout.

– Maintenant, nous allons officiellement aviser votre ambassade, dit l'un d'eux.

Comment ça, « officiellement » ? Jusqu'à ce jour, ils n'avaient jamais fouillé dans mes sacs en ma présence, même s'ils avaient dû s'assurer que je n'étais pas armé quand ils m'avaient pincé à la frontière. Maintenant, ils me confisquaient presque tout ce que j'avais – argent, portefeuille, appareil photo, objectifs, rasoir et accessoires de toilette, tout sauf mes vêtements, ma montre, mon alliance, et ils me demandèrent de signer un reçu.

Nous étions passés à un autre stade. J'avais nourri l'espoir qu'ils se lasseraient de jouter avec moi et finiraient par m'expulser, mais manifestement, j'allais subir de nouveaux interrogatoires, peut-être pendant des mois. Il y aurait un procès et ils feraient ensuite de moi ce qu'ils voudraient.

À court de médicaments contre les douleurs causées par la pression d'un disque intervertébral sur un nerf – séquelle de mon accident à la mine de charbon – je proposai aux gardes de payer pour que Ching Lee envoie mon ordonnance en Chine, et je leur rappelai d'expédier mes lettres à ma femme.

– Nous nous en occupons, dirent-ils.

Pendant ce temps, les officiers supérieurs continuaient à essayer de me briser.

– Harry, personne n'est d'accord avec vous. En Chine, tout le monde vous critique.

– Oui, mais est-ce que la majorité a toujours raison ? Souvenez-vous, en 1957, les gens comme moi étaient accusés de tendances droitières et envoyés au *laogai*. Plus tard, on m'a libéré et on m'a expliqué : « C'était une erreur. » Quand la majorité a-t-elle eu raison ? Alors – ou maintenant ?

Je m'efforçais de lutter mais je sombrais dans une humeur sombre depuis qu'on m'avait alpagué sur la frontière, vingt et un jours plus tôt. Je commençais à être ébranlé. Peut-être devais-je sacrifier ma vie dans un dernier combat grandiose – une grève de la faim.

Le 10 juillet je sautai le déjeuner. Je trouvais ma décision spectaculaire mais personne n'y prêta attention. Les gardes jetèrent un coup d'œil au plateau intact et le remportèrent. Bon, le fauteur de troubles n'a pas envie de manger aujourd'hui.

Je me rendis compte qu'une grève de la faim ne pouvait être efficace que si le monde extérieur était au courant. S'attendant que je change d'avis, les Chinois n'informeraient pas ma famille ni mon ambassade avant que je sois à l'article de la mort. Cela signifiait qu'il me faudrait aller jusqu'au bout. Je devais être prêt à mourir.

23

En mon absence

« Je veux te parler de ce que j'éprouvais », m'a dit récemment Ching Lee, se rappelant les jours terrifiants où personne ne savait où j'étais. Les Chinois prétendaient que personne ne s'intéressait à mon sort mais je connaissais ma femme, je connaissais mes amis, et je savais que le peuple américain se soucie des individus. J'étais sûr que mon pays d'adoption se battait pour moi.

Mon histoire ne concerne pas seulement la chambre 101 de la villa de Wuhan. C'est aussi celle d'une femme restée dans notre foyer de Californie et qui, d'épouse effrayée, se transforma en avocate efficace de son mari et de notre cause. Cela, je l'ai appris peu à peu depuis mon retour, et je continue à être admiratif et reconnaissant pour tout ce que Ching Lee et nos amis ont fait.

– Le 17 juin, j'ai reçu son dernier fax m'informant qu'il partait pour le Xinjiang le 19, se rappelle-t-elle. Il me demandait de l'appeler tout de suite après avoir reçu son fax, et c'est ce que j'ai fait, mais n'ai pas réussi à le joindre et j'ai trouvé ça un peu étrange. Par la suite, il m'a expliqué qu'il était parti plus tôt que prévu.

» En général, Harry me téléphone tous les jours, mais cette fois-là, il ne l'a pas fait. Le 18 et le 19, pas de nouvelles, et j'avais le pressentiment qu'il était arrivé quelque chose mais je continuais à penser qu'il appellerait. Le 21, j'étais sûre qu'il s'était passé quelque chose. Peut-être avait-il eu un accident de voiture. Peut-être la sécurité n'était-elle pas satisfaisante au Kazakhstan. Peut-être s'était-il fait voler son argent. Peut-être avait-il été exécuté par les communistes. J'étais dans l'ignorance totale. Ça a été la période la plus dure. Je ne pouvais plus ni dormir ni manger. Jeff Fiedler était le seul à qui je pouvais m'adresser, et même Jeff se mettait parfois à pleurer. Avant son départ, Harry m'avait recommandé : "Si tu restes sans nouvelles pendant une semaine, entreprends des démarches pour me venir en aide."

Le 21 juin, Jeff la mit en garde.

– Je pense qu'il vaut mieux attendre une semaine. S'il a bien pénétré en Chine et s'il a des difficultés pour téléphoner, nous pourrions lui causer des ennuis en intervenant.

Personne n'avait publiquement parlé de ma disparition, et ils estimaient que c'était mieux comme ça. Ce douloureux secret pesait cependant à Ching Lee, d'autant que ses parents vivaient chez nous. Elle est très proche de son père et de sa mère, qui se mirent à lui poser des questions quand ils la virent soucieuse, mais elle ne voulait pas partager son angoisse – du moins, pas pour le moment.

– Je me forçais à ne pas pleurer, se souvient-elle. J'avais décidé de ne pas en parler à mes parents mais le 20, ma mère m'a trouvée en larmes et m'a dit : « Je peux peut-être t'aider. » J'ai répondu que ce n'était rien, juste une humeur sombre due à l'absence de Harry. Mais la pression devenait trop forte pour moi.

» Le 22, j'ai tout raconté à ma mère et, bien entendu, j'ai découvert que j'aurais dû me confier à elle plus tôt. Elle m'a été d'un grand secours. Elle m'a soutenue moralement. C'est drôle, les mères, vous savez. Si vieille soit-elle, quand quelque chose arrive à ses enfants, une mère devient plus forte.

Mrs. Chen dit à Ching Lee que tout irait bien, que j'étais un grand garçon qui était déjà passé par des moments difficiles. Elle rappela à sa fille que beaucoup de personnes en Chine m'aideraient, et qu'il serait politiquement mauvais pour les autorités de me liquider purement et simplement. Elle prit sur ses épaules une partie du fardeau de Ching Lee.

– Ce furent les moments les plus atroces de ma vie, dit Ching Lee. À 5 heures du matin, le 23, incapable de dormir, j'ai appelé Jeff et je me suis mise à parler, à analyser la situation. « Si j'étais à la place des communistes, je tuerais plutôt Harry hors de Chine », ai-je conjecturé.

Jeff lui a alors annoncé la nouvelle :
– Ching Lee, Harry a été arrêté en Chine.

Le Département d'État l'avait informé la veille que j'étais détenu près de la frontière.

Ching Lee éprouva un immense soulagement. Au moins, j'étais vivant. Elle s'endormit immédiatement – afin de prendre des forces pour le combat à venir.

Je ne l'appris que plus tard mais mes amis et sympathisants de Washington étaient intervenus pour moi, et le gouvernement de mon nouveau pays avait fait de même.

Le 23 juin, à 10 heures, heure chinoise, le consulat américain à Pékin fut officiellement avisé que Sue Howell et moi étions détenus à la frontière, que l'enquête sur Sue était « terminée ». La nouvelle fut aussitôt transmise à Washington, où il n'était encore que 17 h 30, le jeudi 22. Donald Keyser, directeur du service Chine au Département d'État, envoya des télégrammes à Pékin et Almaty pour s'enquérir de notre sort. Le lendemain, à Washington, il déjeuna avec Lu Shumin, chef adjoint de la mission chinoise, et lui fit part de ses préoccupations.

Entre-temps, le Département d'État avait suivi nos traces jusqu'à Almaty, le 19, quand nous avions pris le car. Sue refit alors surface dans cette ville. Par téléphone, Jeff participa au *debriefing* de Sue pour avoir une idée de l'humeur des autorités chinoises et des charges pesant sur moi. Comme Washington ignorait si j'avais pénétré en Chine avec un visa authentique, Ching Lee leur envoya par fax une copie de tous les documents, ce qui permit au Département d'État de protester auprès de l'ambassade chinoise.

J'avais laissé des instructions : au cas où il m'arriverait quelque chose, il fallait faire le plus de « bruit » possible, alerter le monde entier. Ching Lee ne fut pas longue à faire du tapage. Je savais évidemment que c'était une femme capable mais je n'aurais jamais imaginé qu'elle puisse se montrer aussi forte et pleine de ressources en cas d'urgence. Si, dans son ancien emploi, à Taiwan, elle avait eu affaire aux journalistes, elle avait toujours agi en suivant les ordres de son patron. À présent, c'était elle qui devait prendre les décisions et parler en son nom propre, bien qu'elle n'eût étudié l'anglais qu'une heure par semaine à Taiwan.

Après l'annonce de mon arrestation, David Welker dit à ma femme que la presse désirait lui parler, et elle commença à donner des interviews dans sa seconde langue, dans un pays où elle n'avait pas vécu quatre ans.

– J'ai accordé ma première interview à une station de radio, par téléphone, me raconta-t-elle plus tard. J'ai préparé quelque chose et j'ai parlé lentement. Après, quelques-uns de mes amis ont téléphoné pour me dire : « Tu as fait du bon travail », mais je ne savais pas si c'était vrai. Je cherchais avant tout à comprendre la question et à répondre très clairement.

» La fois suivante, j'ai dû affronter le direct à la télévision, et le pire, c'était que mon intervieweur n'était même pas là. On m'a mis une oreillette pour que j'entende le journaliste me poser ses questions, et je devais regarder la caméra, alors que j'avais plutôt tendance à tourner les yeux vers les personnes se trouvant dans la pièce. J'avais demandé à connaître les questions à l'avance mais ils n'ont pas repris les questions qu'ils m'avaient communiquées. Je ne sais pas si j'ai répondu aux questions inattendues.

Naturellement, toutes les personnes interviewées dans cette émission du dimanche matin font la même chose : on leur pose une question, et elles font une déclaration sur ce qu'elles veulent.

– Un matin, j'ai dû me lever à 4 heures pour accorder des interviews à CNN, Good Morning America et CBS – une dans la pièce familiale, une dans la salle de séjour. C'était très dur. Je n'arrivais pas à comprendre les questions mais j'ai fait de mon mieux. Ensuite, je me suis dit : « Je peux y arriver. » En général, les reporters des journaux et des magazines parvenaient plus ou moins à comprendre mon anglais haché, mais à la télévision, j'ai dû apprendre à faire moins d'erreurs.

Ching Lee est modeste. Plus tard, en voyant les articles et les cassettes de cette période, j'ai été très impressionné. Ma femme était devenue une star des médias. Elle a su parfaitement faire comprendre qui je suis et ce qu'est notre cause.

– Harry est un homme mais il est passionné, déclara-t-elle à Seth Mydans, du *New York Times*. Il a quitté les camps cela fait déjà quinze ou seize ans mais encore aujourd'hui, il lui arrive de pleurer ses amis morts là-bas.

Elle parla de mon rêve de créer un musée du Laogai semblable à celui de l'Holocauste, elle raconta que je rencontrais souvent d'anciens prisonniers des camps pour partager mes souvenirs.

– Quand ils se retrouvent, ils sont différents, expliqua-t-elle à Mydans. Ils ne parlent pas comme nous. Ils rient, ils pleurent, ils ont leur monde à eux.

Les journalistes demandaient toujours pourquoi personne n'avait réussi à me dissuader de retourner là-bas, et Ching Lee répondait :

– Harry est réellement différent. S'il tient à faire quelque chose, il le fait. Personne ne peut le faire changer d'avis.

Le 28 juin, Ching Lee prit l'avion pour Washington afin d'inciter les membres du Congrès à intervenir en ma faveur.

– Harry est américain, argua-t-elle. Le gouvernement chinois lui a déjà volé dix-neuf ans de sa vie. Il n'a pas le droit de le retenir un seul jour contre sa volonté.

Ces propos furent repris aux journaux télévisés du soir et firent les titres de la presse le lendemain. Aujourd'hui, le monde est un vaste réseau. Dans une chambre d'hôtel de n'importe quel pays du monde, vous regardez CNN et vous savez ce qui se passe. Saddam Hussein savait tout sur les opérations américaines pendant la guerre du Golfe en regardant CNN. Quand Ching Lee prit la parole au Congrès, les dirigeants de Pékin en furent forcément informés. Personne ne m'oublierait, elle y veillerait.

À dire vrai, le gouvernement Clinton n'était pas enchanté de mes voyages, parce qu'ils compliquaient les relations entre Washington et Pékin – ce dont Clinton avait besoin comme d'un trou dans la tête. Mais, comme j'étais citoyen américain, le gouvernement des États-Unis s'est battu pour moi. J'ai vu depuis des rapports du Département d'État qui montrent tout ce que mon pays d'adoption a fait pour un fauteur de troubles naturalisé.

Le 27 juin, le vice-secrétaire adjoint Kent M. Wiedemann rencontra le chargé d'affaires chinois, Zhou Wenzhong, et demanda qu'un représentant américain soit autorisé à me rencontrer et que je sois rapidement libéré.

Le 28 juin, à Pékin, le responsable des questions consulaires à l'ambassade américaine, Arturo Macias, mit les Chinois en demeure de confirmer l'endroit où je me trouvais. À Washington, le secrétaire d'État adjoint Winston Lord, ancien ambassadeur en Chine, somma Zhou d'obtenir des informations supplémentaires.

Le héros méconnu de cette affaire fut Charles Parish, diplomate en poste à l'ambassade américaine à Pékin. Comme il parle mandarin, il fut envoyé au Xinjiang pour tenter de me trouver. Il quitta la capitale le 29 juin et arriva à Urumqi le 30 – pour apprendre que j'étais peut-être encore à Horgas. Faute de liaison aérienne entre les deux villes, Parish loua une voiture pour faire les six cents kilomètres. Douze heures plus tard, il parvint à Horgas, mais les autorités locales affirmèrent que je n'y avais jamais mis les pieds – ce qu'elles savaient être faux, évidemment. Parish joignit également les autorités de Yining, qui lui répondirent qu'elles ne savaient rien de moi, alors que j'étais passé dans leur ville une semaine plus tôt. Le 3 juillet, Parish retrouva l'auberge de Karamai, mais là-bas non plus, personne ne savait rien. À court d'argent, il dut revenir le 4 juillet à Urumqi, où on pouvait lui envoyer un mandat télégraphique.

Pendant ce temps, à Washington, Jeff Fiedler rencontrait quotidiennement John J. Foarde III, cadre du service Chine qui centralisait les informations et se montrait invariablement serviable. Jeff avait besoin d'argent pour couvrir les énormes frais qu'entraînerait ma défense. Brian

Freeman, banquier d'affaires du New Jersey, nous fit don de cinquante mille dollars quand mon ami lui expliqua le problème, et Jeff reçut plus tard un chèque de trois mille dollars de la fondation du comédien Kirk Douglas, avec l'aide de Phyllis Jenkins, une de mes amies de Los Angeles.

Deux groupes ne répondirent pas quand Jeff sollicita leur aide : les hommes d'affaires sino-américains s'abstinrent parce qu'ils étaient convaincus que je nuisais à leurs profits, et les juristes américains spécialistes de la Chine ne voulurent pas que leur nom fût associé au mien de peur de ne plus avoir accès à ce pays.

Plusieurs de mes amis parlementaires sonnèrent toutefois le tocsin, en particulier les représentants Nancy Pelosi, Frank Wolf et Christopher Smith, ainsi que le sénateur Jesse Helms. Jeff continua à faire des suggestions au Département d'État. Il révéla à Anthony Lake, conseiller de Clinton en matière de sécurité nationale, que j'avais essayé de pénétrer au Xinjiang pour y enquêter sur la présence de la Banque mondiale, et prévint qu'il serait peut-être conduit à communiquer à la presse les raisons de mon retour là-bas. Il déclara aussi à Wilson Lord qu'il avait une solution idéale pour les violations incessantes de la loi Smoot-Hawley : inspecter toutes les importations chinoises afin de détecter d'éventuels produits provenant du *laogai*.

– Il se peut qu'ils soient passés par un seul port – Seattle, peut-être, avança Jeff. Envoyez deux inspecteurs là-bas et vous aurez une file de bateaux bloqués jusqu'à Hawaii. Cela retiendra l'attention du gouvernement chinois, et aussi celle des milieux d'affaires américains.

Apprenant que l'ancien secrétaire d'État Henry Kissinger se rendait à Pékin en voyage d'affaires, Jeff chargea Lane Kirkland, longtemps président de l'AFL-CIO, de lui demander d'intervenir en ma faveur auprès des dirigeants chinois. Apparemment, celui-ci rappela fermement aux Chinois que détenir des citoyens américains nuisait aux relations entre la Chine et l'Amérique. Jeff obtint également l'aide de l'archevêque Desmond Tutu, qui plaida ma cause auprès de représentants chinois en Afrique du Sud.

Dans le monde entier, beaucoup d'autres personnes intervinrent dans leur pays même et en direction de Pékin.

Entre-temps, à Washington, le sous-secrétaire d'État Peter Tarnoff avait prié Zhou de transmettre les « vives inquiétudes » du Département concernant ma détention. Zhou prétendit que je faisais l'objet d'une enquête, sans être en détention. Le 5 juillet, à Pékin, le chargé d'affaires Scott Hallford rencontra le vice-ministre des Relations extérieures, Yang Jiechi. Même histoire. Le 7, Macias eut un entretien avec Peng Keyu, du ministère des Relations extérieures, qui lui donna l'assurance que je pourrais bientôt recevoir des visites.

Le lendemain, Fan Zhengshui, haut fonctionnaire de ce même ministère, annonça que j'étais inculpé de « crimes passés » et retenu à Wuhan. Il ajouta que j'étais également accusé d'avoir « espionné » en Chine sous un faux nom, d'avoir dérobé des secrets d'État et de les avoir fait sortir de Chine.

Le matin du 9 juillet, Ching Lee fut réveillée chez elle par un journaliste qui lui apprit que j'avais été arrêté.

– C'était horrible, se souvient-elle. Je savais que, si Harry était accusé d'espionnage, il risquait la peine de mort. Je compris que nous devions faire plus d'efforts pour attirer l'attention des gens.

24

Je reçois de la visite

Le 10 juillet, j'en étais à mon premier repas sauté dans ma tentative pour me laisser mourir de faim lorsque les gardes m'annoncèrent une surprise.

– Dépêchez-vous, votre ami vient vous voir, me dit Liu.

J'ignorais que j'avais un ami dans cette partie du monde, et, malgré mes questions, les gardes ne voulurent pas me révéler son identité.

On me fit monter dans une Crown – voiture de fabrication japonaise – aux vitres masquées par des rideaux pour que personne ne puisse regarder à l'intérieur, et on m'emmena dans le centre-ville, flanqué de deux lieutenants de police sur la banquette arrière.

À travers les rideaux, j'entrevoyais Wuhan – les berges, les parcs où j'avais fait la cour à la jeune étudiante qui deviendrait ma femme. Tous les souvenirs douloureux me revenaient en mémoire – les années que j'avais passées à enseigner à l'université, à chercher à obtenir un visa pour l'Amérique, mes espoirs de recommencer ma vie en Californie, le rejet de Diana. J'étais redevenu un prisonnier. Avais-je vécu tous ces changements pour me retrouver en captivité ici ? Je m'efforçai de chasser ces sombres pensées.

On me conduisit à la Prison n° 1 de Wuhan, on me fit entrer dans une pièce où le général Wang m'examina et fit la grimace devant ma barbe de deux jours – on m'avait confisqué mon rasoir. Comme je ne pouvais recevoir de visite – de qui que ce soit – dans cet état négligé, Wang me donna un rasoir et m'autorisa à en faire usage sous sa surveillance.

Rasé de près, je fus emmené dans une salle où une épaisse cloison de verre séparait les détenus des visiteurs. De chaque côté, un téléphone, et un surveillant qui avait un doigt sur l'interrupteur. Les prisonniers avaient le droit de parler du temps, de leur famille, de leur santé, mais s'ils abordaient la question de leur cas, le surveillant coupait la communication.

Une porte s'ouvrit, un homme entra – pas très grand, des lunettes, un costume élégant.

– Je m'appelle Arturo Macias, dit-il dans l'appareil. Je suis le consul général américain en poste à Pékin. Je suis venu dès que j'ai été avisé par le gouvernement chinois. Comme vous le savez sans doute, il n'y a actuellement pas d'ambassadeur en Chine, et je suis donc le diplomate le plus élevé dans l'échelle hiérarchique à l'ambassade.

Ne disposant que d'une demi-heure, Macias me posa des questions élémentaires concernant mon nom, mon passeport, mon domicile, pour vérifier qui j'étais.

– J'ai une lettre de votre femme, dit-il, me montrant une enveloppe à travers la paroi de verre. Je ne suis pas autorisé à vous la remettre mais je peux vous la lire.

Ching Lee écrivait qu'elle allait bien et qu'elle pensait à moi. Je m'efforçai de cacher mon émotion devant les policiers.

– Harry, reprit Macias, je veux que vous sachiez que nous sommes tous soumis aux lois chinoises. Pas seulement vous. Moi aussi.

Je déduisis de ces propos qu'on suivait désormais la procédure légale et j'entendis aussi un message subtil me recommandant de coopérer un peu, de livrer certaines informations, pour permettre à mes geôliers de ne pas perdre complètement la face.

– Je veux également que vous sachiez que votre femme pense à vous et que vous comptez de nombreux amis au Congrès.

Le surveillant n'appuya pas sur son bouton, mais c'était clair : les Chinois avaient menti en affirmant qu'aux États-Unis personne ne s'intéressait à mon sort. Mes amis au

Congrès étaient au courant de ma situation et feraient tout leur possible pour m'aider. Quand Macias me demanda si j'avais besoin de quelque chose, je répondis que j'aimerais avoir le concours d'un avocat pour rédiger mon testament. J'ajoutai que j'avais de plus en plus mal au dos et les priai de me faire envoyer par Ching Lee le médicament dont j'avais besoin. Je réclamai aussi de la lecture – des manuels de droit chinois, *Moby Dick*, *Le Vieil Homme et la Mer*. Citer ces deux livres était une façon de signaler que j'étais prêt à me battre – comme l'Achab de Melville, comme le vieil homme d'Hemingway.

Je déclarai à Macias que je n'avais pas été torturé, et quand il me questionna sur la nourriture, je répliquai que je ne tenais pas à en parler. À vrai dire, elle n'était pas mauvaise et je ne voulais pas faire l'éloge des Chinois.

– Je vous ai apporté du papier, des journaux et des magazines, dit-il.

Je découvrirais plus tard un recueil d'articles d'Hemingway, deux magazines de micro-informatique, *House and Garden*, *Architectural Digest*, trois journaux chinois, et le numéro de mars 1995 du *National Geographic*, dont le principal article concernait la loi sur les espèces en danger, et qui portait en couverture la photo d'un renard dans un filet, avec ce titre : « Mort ou vif ». Pourquoi pas le numéro d'avril ou de mai ? Pendant des jours, je m'interrogeai : Macias m'avait-il adressé un message – ou était-ce simplement le numéro qui traînait dans le bureau ? Il m'apprit aussi que la loi chinoise ne permettait qu'une visite par mois. Je demandai aux gardes de lui remettre une lettre pour Ching Lee mais ils ne l'autorisèrent pas à la prendre.

Après son départ, je me sentis honoré que mon pays d'adoption prenne la peine d'envoyer un homme de sa compétence de Pékin à Wuhan pour s'assurer que j'allais bien. L'Amérique est vraiment un pays qui a le souci des individus. Citoyen naturalisé, je causais des ennuis à tout le monde, et les États-Unis ne disaient pas : « Oublions-le. » La visite de Macias me fit un tel bien que je cessai ma grève de la faim après avoir sauté un seul repas. Je ne suis pas certain que mes geôliers le remarquèrent.

Le 13 juillet, un agent de la Sûreté me donna des pilules contre la douleur et une petite fiole sans étiquette contenant un liquide brun. On m'expliqua que c'étaient des herbes pour mon dos.

– Je ne peux pas le prendre, déclarai-je ; en effet, je ne savais absolument pas ce que c'était.

– Nous faisons notre boulot, nous n'y sommes pour rien, s'excusa un des policiers.

En fait, on ne me laissa pas le choix. Une infirmière me versa une cuillerée du liquide dans la bouche puis me fit boire un gobelet d'eau. Elle revint plus tard m'administrer une autre dose.

Deux jours plus tard, j'eus une hémorragie nasale. Étendu sur mon lit, je pressai une petite serviette contre mon nez mais le sang continuait à couler. Craignant que le prisonnier vedette, le maître espion, ne claque pendant son tour de garde, un jeune policier posa une serviette plus grande et imprégnée d'eau froide sur mon nez jusqu'à ce que le saignement cesse.

Le mal était fait. En deux jours, des vaisseaux sanguins éclatèrent dans mes yeux, dont le blanc s'obscurcit. Lorsque Ching Lee vit des photos de moi à la télévision quelques semaines plus tard, mon œil était encore noir et elle craignit qu'on ne m'ait soumis à la torture. D'une certaine façon, je l'étais. Je me demande encore à quoi servait leur remède. J'ai les yeux constamment rouges à cause des vaisseaux qui éclatent – petit souvenir du pays natal.

À présent que j'étais officiellement arrêté, les autorités avaient le droit de m'interroger, mais la visite de Macias avait ranimé ma volonté de me battre. J'étais curieux de connaître l'état mental de la Chine en 1995, les accusations qu'on portait contre moi, celles qu'on jugeait importantes – ce qui déciderait si je passerais ou non les prochaines années de ma vie dans leur système. Je fus soulagé que ma détention ne soit plus secrète. Le jeu entrait dans une nouvelle phase. Au moins, ils ne pouvaient plus me faire disparaître discrètement. En reviendraient-ils à la clémence des années de Mao, où pour être taxé de contre-révolutionnaire, il suffisait d'être apparenté à un propriétaire terrien ? Ou limiteraient-ils les charges aux actes spécifiques sur lesquels ils m'avaient interrogé ?

Ils ne me fournirent pas de manuel de droit – malgré les vingt dollars que je leur avais donnés – mais je connaissais un peu la législation chinoise. Ils pouvaient m'inculper de violation de l'article 32 – espionnage – qui entraînait des peines graves, y compris la mort. S'ils invoquaient l'article 166 – vol de secrets d'État – la condamnation pouvait aller de cinq à quinze ans de prison, voire jusqu'à la peine de mort. J'eus l'impression qu'un conflit opposait les bureaucrates de la Sûreté et de la Justice à ceux du ministère des Relations extérieures. Le ministère public désirait probablement m'inculper d'espionnage tandis que le ministère des Relations extérieures prenait sans doute en compte des considérations politiquement plus larges et ne tenait pas à garder longtemps un citoyen américain derrière les verrous. Mon sort dépendait, semblait-il, des intrigues de Pékin.

Une des premières questions qu'on me posa concernait les deux documents que Ching Lee et moi avions dérobés à Shanghai, et qui liait les usines et les camps au gouvernement.

– Vous avez présenté ces documents au Congrès des États-Unis, m'accusa-t-on.

Je ne pouvais guère le nier mais je prétendis qu'un étudiant me les avait remis. Ils n'en crurent pas un mot et me demandèrent pourquoi j'avais soumis ces documents au Congrès.

– C'est simple, répondis-je. Je voulais démontrer que les tuyaux d'acier de Shanghai sont fabriqués au *laogai*.

Ils produisirent alors le témoignage du directeur de l'usine de Shanghai, qui déclara qu'on avait laissé le rapport sur son bureau, et que Ching Lee et moi étions les deux seules personnes présentes dans la pièce.

– Allons, nous savons que c'est vous, dit Wang. Ce document n'a pu parvenir autrement aux États-Unis.

Je fis ce que tout homme marié aurait fait en ces circonstances.

– Ce n'est pas moi qui les ai volés, déclarai-je. C'est ma femme.

– Mais vous le saviez.
– Je ne l'ai appris qu'à mon retour aux États-Unis.

Je fis valoir que, selon la législation américaine, on ne pouvait pas m'inculper si quelqu'un d'autre avait pris les documents. C'était Ching Lee la coupable, pas moi.

En rentrant, j'expliquai à ma femme que j'avais rejeté toute la culpabilité sur elle.

– Ça ne fait rien, répondit-elle. Je n'ai pas l'intention de retourner en Chine de sitôt.

Ma femme est une personne très compréhensive.

Je ne cessais de rappeler que j'avais besoin d'exercice et d'air frais, et maintenant que j'étais officiellement arrêté, on m'autorisa enfin à passer une demi-heure par jour dans la cour. Un jour ensoleillé, je me mis en caleçon, sans me préoccuper des regards. Je voulais juste offrir un peu de soleil à mon corps après avoir été bouclé pendant près d'un mois. Je fis le tour de la cour en marchant, pour me dégourdir les jambes et, le lendemain, je m'imposai une trentaine de tractions malgré mes douleurs au dos.

Au bout de quelques jours, je m'étendis par terre, les mains sur les yeux, et feignis de dormir, alors qu'en réalité j'examinais le secteur. N'entendant et ne voyant jamais personne d'autre, j'avais supposé que l'étage de la villa était vide, mais allongé sur le sol, je vis plusieurs personnes m'observant du balcon et murmurant comme pour dire : « Alors, c'est lui. »

Je me demandai ce qu'elles faisaient là-haut – puis je compris tout à coup : les Chinois avaient probablement installé en haut un centre d'opérations, avec du personnel s'occupant des téléphones les reliant à Pékin, rassemblant les informations, lisant les télex. D'après ce que j'avais pu voir, il devait y avoir entre cinquante et soixante personnes dans la villa pour me garder. Peut-être me surveillait-on aussi sur des écrans de télévision. Je cherchai une caméra dissimulée dans ma chambre ou la pièce 104 mais n'en trouvai aucune. C'est seulement à mon retour aux États-Unis que des images diffusées par la télévision chinoise me confirmèrent que je faisais effectivement l'objet d'une surveillance par caméra, dans ma chambre et dans la pièce 104.

Le 18 juillet, les Chinois me montrèrent la bande vidéo prise pendant mes premier et deuxième voyages, et diffusée par *60 Minutes*. On m'y voyait dans la chambre d'hôtel, et Ed Bradley disait que je devais être autorisé à visiter l'usine, sinon il ne pourrait pas signer le contrat, et le directeur se démenait pour trouver un arrangement. Les images de notre supercherie me rappelaient de bons souvenirs mais je ne pouvais me laisser aller à un sentiment de triomphe. J'aurais été en peine de nier ma participation puisque cette émission avait fait le tour du monde, et je relatai donc tout l'épisode de la chambre d'hôtel. Satisfaits, les Chinois déclarèrent :

– Parfait. Vos déclarations cadrent avec ce que nous avons découvert dans notre enquête.

Ces types étaient des maniaques du détail. Ils étaient allés dans la chambre même, avaient mesuré les distances et les angles, vérifié l'emplacement des caméras.

Nous divergions en revanche sur un point : avais-je ou non commis un crime contre le gouvernement chinois ? Je leur demandai s'ils avaient entendu parler de la liberté de la presse. Pendant mes voyages, j'avais travaillé pour CBS, la BBC et Yorkshire Television, ce qui ne faisait pas de moi un espion.

Fascinés par Ed Bradley, ils m'interrogèrent sur son salaire.

– Il gagne des millions de dollars, répondis-je. Allez-y, essayez de le coincer.

Manifestement, ils étaient sidérés qu'un Noir puisse gagner autant d'argent aux États-Unis. Je désignai aussi David Gelber, producteur de CBS, comme coupable.

– Si je suis un criminel, tous les autres aussi, raisonnai-je. Ils ont financé mon voyage.

L'interrogatoire se poursuivait indéfiniment, comme si nous parlions des langues différentes. « Le poulet qui parle au canard », comme dans le vieux dicton chinois. Assis dans la pièce 104, je m'efforçais de penser : « Ces choses ne te concernent pas. Tu es un tiers. » Si, sur le plan émotionnel, je m'étais senti concerné, je n'aurais pas pu tenir le coup. La police fit également état de mes rapports avec Mr. Feng, le vieux photographe qui aurait pu fournir des preuves contre moi. Je soutins que ses photos étaient destinées à un magazine d'information, qu'elles n'avaient rien à voir avec de l'espionnage, que je ne l'avais pas envoyé dans des zones interdites, ni incité à voler des secrets d'État. On m'accusa aussi de m'être fait passer pour un policier mais je répondis que j'avais acheté l'uniforme sur un marché, que je n'avais jamais porté l'insigne de policier et n'avais jamais prétendu en être un. Je mentais, bien sûr. J'avais effectivement emprunté l'uniforme d'un vrai policier, par l'intermédiaire de mon ami Liu.

Ces interrogatoires prenaient du temps parce que la secrétaire notait les questions et les réponses, que je devais ensuite approuver leur transcription, souvent de quinze ou vingt pages, avant qu'ils puissent poursuivre. La plupart de leurs questions portaient sur des faits si évidents, de notoriété publique, que j'eus l'impression qu'ils tuaient le temps en attendant que Pékin décide de ce qu'il allait faire de moi. Apparemment, les Chinois ne s'en prirent jamais à mon réseau de contacts et de soutiens. Je commençais à penser que mon interrogatoire pouvait se poursuivre indéfiniment, pendant des mois, voire des années.

Je passais une grande partie de mon temps à la fenêtre de ma chambre, non à rêvasser mais à faire le point. Avais-je enduré toutes ces souffrances pour me retrouver ici ? Quel était le but de ma vie ? Le 22 juillet, je crus la boucle bouclée. Tournant le dos à mes trois gardiens, je vis toute mon existence s'ordonner dans une parfaite clarté. Ce fut un moment de vérité, mi-méditation bouddhiste, mi-révélation chrétienne.

Je me vis en adolescent curieux, débordant d'énergie et d'espoir. Je vis ma belle-mère étreignant ses huit enfants ; je vis mon père, fier de sa famille. De bons, de mauvais moments. Je fermai les yeux et vis mes camarades de classe et mes professeurs, mon équipe de base-ball, le sourire sur le visage de Meihua quand nous descendions de bicyclette pour nous embrasser innocemment derrière un arbre.

Je sentis de nouveau la colère et la terreur du jour où l'on m'avait arrêté à l'université, la première fois qu'on m'avait torturé, les visages de Chen Ming et des autres qui étaient morts. Je revis les années qui avaient suivi ma libération, la découverte que la Chine n'était qu'un gigantesque camp. Je me rappelai les premières années en Californie, avec une telle force que je croyais sentir l'odeur de graillon des beignets. De bons, de mauvais moments. Les voitures, les contraventions pour excès de vitesse, les petits accidents, les rencontres avec des gens de Berkeley et de Stanford, les possibilités qui s'offraient à moi en Amérique.

Je songeai à mes trois voyages en Chine. S'étaient-ils déroulés au hasard, ou conduisaient-ils à quelque chose d'important pour aider le peuple chinois ? Étais-je un homme oublié, un prisonnier obscur, ou pouvais-je devenir un symbole mondial de défi ? Je n'en savais rien. L'évocation prit abruptement fin avec 1990, l'année où je rencontrai Ching Lee. Mon esprit se refusait à revoir ma vie nouvelle.

– Hé, appela avec douceur un des gardes, pourquoi ne vous allongez-vous pas ? Dormez. Mettez-vous au lit.

Il devait craindre que je ne dorme debout, ou que ma contemplation ne m'ait plongé dans une sorte d'hypnose. Perdu dans mes pensées, je répondis d'un haussement d'épaules. Je décidai que ma vie était importante, que j'étais là où je devais être, et que je réussirais à m'en sortir.

Le général Wang demeurait presque toujours imperturbable – un homme important habitué aux cas importants – mais un jour, je le mis vraiment en colère.

Une chaîne de télévision britannique du Yorkshire avait réalisé un excellent documentaire d'un quart d'heure avec une partie des bandes vidéo médiocres de mon premier voyage. Une de ses équipes était venue nous filmer, Ching Lee et moi, en Californie – dans notre bureau, puis à vélo, comme nous l'avions fait pendant notre visite des camps.

La chaîne CTV de Taiwan avait transformé l'émission de *Yorkshire Television* en un documentaire racoleur de vingt-deux minutes sur un « maître espion » au travail. Elle lui avait donné un nouveau titre : « Au cœur de la Chine continentale », et avait mis mon nom au générique – pas de droits à payer, vous comprenez. C'était le genre de ces docudrames que les chaînes américaines fourguent en guise d'informations à la nouvelle génération de téléspectateurs incapables de lire un journal. Les Chinois me montrèrent ce piratage taiwanais comme s'il s'agissait d'une preuve.

– J'ai été éduqué par votre gouvernement, répondis-je à Wang. On m'a appris à ne pas faire confiance au Kuomintang, à ne pas croire un mot de ce qu'il dit. C'est juste de la propagande réactionnaire. Et maintenant, vous utilisez un film du Kuomintang pour m'inculper. Vous lui faites confiance ?

Wang se leva d'un bond, frappa sur la table.

– Si c'est un document authentique, nous pouvons l'utiliser ! cria-t-il.

– Examinez-le attentivement. Pourquoi y a-t-il des caractères chinois en incrustation ? Pourquoi fait-on appel à des tiers pour les commentaires ? Vous n'écoutez pas ? L'original était en anglais. Il n'y a pas de son sur le film de Taiwan. Pas de dialogues. Comment cela pourrait-il être une preuve ? La traduction taiwanaise diffère de l'original anglais. Vous feriez mieux de vous procurer le documentaire original de Yorkshire. Vous voulez vous servir de ragots taiwanais ?

Wang pesta, grommela mais je n'entendis plus jamais parler de la fiction taiwanaise.

Les Chinois passèrent alors au prétendu voyage de recherche sur la Route de la soie que j'avais effectué avec Sue Lloyd-Roberts. Je crus d'abord qu'ils se lanceraient dans de basses spéculations sur ce qui s'était passé dans la chambre d'hôtel que j'avais partagée avec la jeune femme – il ne s'était rien passé – mais ils ne montrèrent pas la moindre curiosité. Ils s'intéressaient bien davantage à nos techniques « d'espionnage », à nos contacts, à ce que nous avions fait dans différents camps.

Mais si je m'étais fixé une règle, c'était celle-ci : ne jamais leur dire quoi que ce soit qu'ils ne connaissent déjà.

Quel chauffeur ? Quelle voiture ? J'avais été dans tant d'endroits avec tant de chauffeurs que je ne me souvenais pas, prétendis-je.

– Laissez-moi vous donner un indice, proposa un de mes interrogateurs. C'était une voiture de luxe.

– Ah ! oui, je me rappelle. Une voiture coréenne. Un bon modèle, avec climatisation. Le chauffeur avait une fine moustache.

L'homme en question nous avait conduits dans quantité d'endroits – des lieux où il ne voulait pas aller, mais où, affirmions-nous, il ne risquait rien. Je ne voulais pas que lui-même et sa famille aient des ennuis à cause de moi mais les autorités le connaissaient déjà.

– S'il m'a conduit à un camp de travail, il ne savait pas ce qu'il faisait, ajoutai-je.

Ils m'assurèrent que personne n'aurait d'ennuis. Je voulus savoir si les deux cadres de la tannerie de Qinghai avaient été renvoyés à cause de l'émission *60 Minutes*, mais Wang affirma qu'ils occupaient toujours leurs postes. Les Chinois essayèrent de faire toute une histoire avec un passage poignant montrant un cimetière désolé devant la ferme-camp de travail de Tainin, et où Sue Lloyd-Roberts parle des milliers de prisonniers emmenés à Qinghai pour y mourir. Pour ma part, j'avais deviné que les tombes en pierre étaient probablement celles d'anciens détenus « libérés » pour travailler, ou de membres de leurs familles, alors que les vrais prisonniers étaient enterrés dans un champ, sous une tombe en bois. Ils arrêtèrent le film sur l'image des pierres tombales et me demandèrent : « Est-ce la tombe d'un prisonnier ? » Je concédai volontiers que le film de la BBC ne faisait pas la distinction.

– Ce n'est pas exact, dis-je, conscient qu'ils utiliseraient mes propos enregistrés pour discréditer tout le film.

Je voulus jouer au plus malin quand le général Wang déclara que le documentaire de la BBC prétendait qu'il y avait dix millions de prisonniers politiques sur quinze millions de personnes vivant au Xinjiang. L'agence Xinhua avait déjà porté cette accusation en octobre 1994, et je m'attendais à l'attaque de Wang.

– C'est un terrible mensonge, dirent-ils.

– Vous devriez vérifier la bande originale anglaise, suggérai-je.

On appela un interprète qui, après avoir vu le film original de la BBC, précisa que le commentaire parlait de « dix millions dans le *pays* ».

Je regrettai d'avoir ouvert la bouche. Il aurait mieux valu les confondre au tribunal, mais ils ne répétèrent jamais cette erreur.

Parfois, ils me surprenaient par des détails qu'ils connaissaient. Un jour que je leur donnais du fil à retordre, l'un d'eux s'exclama :

– Ne sous-estimez pas nos capacités. Je peux décrocher le téléphone, appeler les États-Unis et prouver que vous mentez. Nous avons là-bas de nombreux amis qui ne vous aiment pas.

L'homme me montra une feuille de papier, pliée, dont on ne voyait que le haut.

– Vous reconnaissez ça ?

C'était du papier à en-tête de la Fondation de recherche sur le Laogai. Il me montra ensuite le cachet rouge du bas de la page, que je reconnus comme mien.

– Laissez-moi regarder de plus près, dis-je.

J'entrevis la date, 24 mai 1995, et me souvins vaguement d'avoir envoyé une note à une fondation de Taiwan. Comment diable s'étaient-ils procuré ce document ? La Chine avait-elle une taupe à Taiwan ? Avaient-ils fouillé dans ma poubelle ? Avaient-ils accès, d'une manière ou d'une autre, à mon courrier ? Jamais je n'avais relevé de signes d'intrusion chez moi, mais le numéro de mon interrogateur avait fait son effet.

– C'est peut-être mon cachet, fis-je avec un haussement d'épaules, mais je ne pouvais pas en rester là. Dites donc, vous m'accusez de voler vos documents, et vous, vous pouvez voler les miens ?

Ils ne trouvèrent pas cela drôle.

Wang me surprit aussi un jour en voulant savoir qui était Shannon Ramsby. Impassible, je répondis que ce nom ne me disait rien, mais le général essaya de me rafraîchir la mémoire.

– Shannon Ramsby a passé la nuit dans le même hôtel que vous et votre femme à Shashi.

– Oh ! ce type.

J'expliquai que nous avions fait connaissance d'un Américain à bord d'un vapeur descendant le Yang-tseu-kiang, et que nous l'avions invité à partager notre chambre parce que l'hôtel de Shashi était bondé. Manifestement, ils connaissaient son nom, et je ne pouvais que me demander s'ils savaient qu'il était venu en Chine et reparti avec Ching Lee, mais on ne m'interrogea plus jamais à son sujet.

Parfois, j'étais surpris des choses qu'ils ne connaissaient pas. Ils me bombardaient de questions sur la fondation, mes livres, mes amis au Congrès, comme si toutes ces choses étaient liées. Parce que, en Chine, le pouvoir domine tous les aspects de la vie, ils supposent qu'il en est de même aux États-Unis. Je leur expliquai que j'avais des amis chez les démocrates et chez les républicains, à l'AFL-CIO, libérale, et à l'Institut Hoover, conservateur. Ils voulurent savoir combien je touchais à l'Institut, et je répondis quatre-vingt mille dollars par an, ce qui retint leur attention. Le chiffre retint aussi l'attention de mes amis de l'Institut, qui ne me versaient pas un centime.

– Qui sont vos collègues ? Comment travaillez-vous ensemble ? Avez-vous besoin d'une approbation pour ce que vous faites ? Quel est le but de l'organisation ?

Les questions semblaient préparées, probablement envoyées de Pékin. L'interrogateur se contentait de les lire et on enregistrait mes réponses.

– Vous vous lancez dans un voyage de ce genre, et Hoover n'est pas au courant ?

– En Amérique, ça ne marche pas comme ça.

– Soyons francs. Nous savons que le président de l'Institut Hoover est aussi le directeur du FBI.

Seigneur Dieu. Il confondait J. Edgar Hoover, ancien patron du Federal Bureau of Investigation, mort depuis 1972, avec Herbert Hoover, président des États-Unis de 1929 à 1933, mort depuis 1964. Je ne corrigeai pas son erreur, pour ne pas démolir sa chère théorie du complot.

Ils se montraient particulièrement irrités par le passage du film de la BBC concernant les greffes d'organes, leur source de liquide. Apparemment, la notion de reportage indépendant leur était étrangère.

– Avez-vous réellement vu là-bas des patients venus de l'étranger ?

– Comment aurions-nous pu ? Nous n'avons passé que quelques heures dans l'hôpital. Mais ce sont vos propres docteurs qui nous ont parlé de malades venant d'Amérique, de Hong-Kong, de Macao, de partout.

– Vous parlez dans le film d'une greffe de rein mais vous montrez des médecins procédant à une opération du cœur. Pourquoi prétendre qu'il s'agissait de rein ?

– Écoutez plus attentivement, répondis-je. Le film parle d'« organes », pas de « rein ».

C'était le principal reproche qu'ils faisaient au documentaire de la BBC. Je répondis que la BBC avait simplement voulu montrer une opération dans un hôpital chinois moderne, sans chercher à abuser qui que ce soit. La BBC n'avait jamais prétendu qu'il s'agissait d'une greffe de reins.

Les Chinois tentèrent de monter en épingle quelques autres détails du film. Selon eux, le Dr Yang, de Chengdu, démentait avoir conclu un accord en deux ou trois heures pour une transplantation de rein de trente mille dollars, mais nous étions là, nous savions que c'était vrai. Ils nous reprochèrent aussi de prétendre qu'il y avait à Chengdu des patients venus de l'étranger, mais nous ne faisions que rapporter les propos de deux médecins différents qui déclaraient recevoir des malades du monde entier. Ils nous accusèrent d'avancer des chiffres erronés en disant qu'un tiers des produits du Xinjiang provenait des camps de travail et représentait la moitié des exportations de la province. Je répondis que ce n'était qu'une estimation, et que je leur serais reconnaissant de me fournir des chiffres plus précis, ce qu'ils ne firent jamais.

Ils se plaignirent aussi que la BBC montrait Sue devant une pierre tombale en prétendant qu'il s'agissait d'un cimetière de prisonniers, alors que c'était en fait la tombe d'une femme de la région. J'avais noté cette erreur et j'avais téléphoné à Sue pour la prévenir mais le reportage avait déjà été diffusé dans l'après-midi. Elle se hâta d'apporter un correctif pour les informations du soir mais le film avait déjà été envoyé aux agences internationales – c'est ainsi que les autorités chinoises en eurent connaissance. Il est vrai que beaucoup de prisonniers sont enterrés dans des champs sans aucune tombe, ou avec de simples repères en bois. C'était, selon moi, la seule véritable erreur factuelle de tout le reportage, mais ils utilisaient les plus infimes détails contre moi afin de brouiller la vérité que Sue et moi avions dévoilée.

Vers la fin du mois de juillet, les Chinois diffusèrent un documentaire de quinze minutes intitulé : « Voyez comme Harry Wu ment. » Ils tentèrent de le vendre aux chaînes de télévision de Hong-Kong pour cinquante mille dollars mais personne n'en voulut avant que le prix tombe à trois mille, et le monde extérieur put alors le voir. La première image me montrait dans la pièce 104, visiblement fatigué, et portant les mêmes vêtements depuis mon arrestation.

On me voyait répondre à leurs questions d'un air hautain et sarcastique, les bras croisés.

– Qui a procédé au montage ? s'enquiert un des interrogateurs dans le film.

– La BBC, dis-je d'une voix lasse.

– Ce rapport est-il fondé ?

Je réplique d'un ton caustique :

– Je viens de vous dire qu'il est erroné.

Je reconnus plusieurs fois qu'il y avait quelques erreurs mineures dans le film de la BBC tout en maintenant que ni Sue Lloyd-Roberts ni moi n'avions délibérément cherché à déformer la vérité. Pas étonnant que le prix réclamé pour leur propagande manifeste soit tombé de cinquante à trois mille dollars. Ils n'avaient vraiment pas grand-chose contre moi.

Le film eut cependant une répercussion en Chine. Un ponte quelconque remarqua en le regardant que j'avais gardé mon alliance et ma montre, ce qui constituait, semblait-il, un manquement aux règles. Un ou deux jours plus tard, Wang me dit qu'il était dans l'obligation de me confisquer aussi mon alliance et ma montre.

Sans même le vouloir, mes persécuteurs percèrent mon armure le 30 juillet en me montrant le film de Yorkshire, avec un gros plan de Ching Lee. J'avais lutté pour la maintenir dans un compartiment de mon esprit mais sa voix douce, son visage harmonieux, ses propos intelligents furent comme un coup de poignard dans mon cœur. Personne n'avait porté la main sur moi mais c'était quand même de la torture.

– Arrêtez ! m'écriai-je. Arrêtez !

Ils furent si surpris par mon éclat qu'ils changèrent de ton : tout ce qu'ils voulaient, c'était que j'identifie ce film. Je n'eus aucun scrupule à déclarer qu'il était de notoriété publique puis je gardai le silence, enfermé dans ma coquille. Ils me permirent de ne pas perdre la face : la séance était terminée.

Je retournai dans ma chambre, m'étendis sur le lit, tirai mon T-shirt sur mes yeux. Maintenant que j'avais vu le visage de ma femme, je voulais le conserver dans mon esprit, toute la nuit.

– Ça va ? s'enquit le jeune garde.

Je pleurais. Je ne voulais pas qu'il vît mes larmes. Je finis par m'endormir avec l'image de ma chère femme dans la tête.

Le soir du 3 août, quarante-cinquième jour de ma détention, le général Wang arriva en civil, accompagné de sa secrétaire. Habituellement ils s'asseyaient derrière la table mais ils s'installèrent cette fois près de moi sur des chaises et se mirent à bavarder.

– Notre travail est presque terminé, m'annonça le général. Très bientôt nous transmettrons l'affaire au procureur, mais je voudrais seulement éclaircir un dernier point de votre dossier. Il y a là quelque chose concernant vos relations avec une femme.

– De quoi parlez-vous ? fis-je, sincèrement curieux.

– Après avoir quitté les camps, vous êtes devenu enseignant, et vous avez eu des problèmes personnels. Vous voulez en parler ?

C'était donc cela. Wang n'avait rien dit de précis mais je savais qu'il parlait du divorce d'avec ma première femme et de la jeune étudiante que j'avais épousée en 1984. Quand vous devenez l'ennemi du gouvernement, même les vieilles blessures de votre vie privée sont utilisées comme munitions contre vous.

– Laissez cette histoire de côté, protestai-je. C'est sans importance.

Devinant que je ne dirais pas un mot de plus, Wang abandonna le sujet. Il avait mon âge et comprenait peut-être la douleur d'être rejeté.

Trois jours plus tard, l'un de mes interrogateurs, le colonel Duan, me fit signer trois fois sur une feuille de papier afin de vérifier ma signature et établir que j'avais donné de l'argent au vieux Feng, le photographe de Hong-Kong. Je me demandai brièvement s'ils n'avaient pas l'intention d'insérer des aveux au-dessus de ma signature, et je signai au beau milieu de la feuille, pour qu'on ne puisse ajouter un texte ni dessus ni dessous. Duan m'informa que l'acte d'accusation serait établi d'un jour à l'autre et me dit :

– Bonne chance, je vous verrai peut-être aux États-Unis.

Cherchait-il à m'adresser un message ? Quand je lui demandai comment il comptait se rendre aux États-Unis, il répondit qu'il était déjà allé deux fois à Hong-Kong, ce qui laissait à penser qu'il occupait un rang élevé dans la bureaucratie chinoise.

– J'ai un neveu en Amérique, précisa Duan. Vous me ferez bon accueil si je vais là-bas ?

– Je n'y serai pas, répliquai-je. Je serai ici, en prison. Vous m'accusez de toutes sortes de crimes.

Il sourit, comme s'il savait quelque chose que j'ignorais.

Le lendemain, je reçus la visite de deux procureurs, qui me posèrent quelques questions formelles, juste pour établir mon identité, et repartirent. Ils revinrent l'après-midi, me remirent l'acte d'accusation et me firent signer un reçu, en déclarant qu'ils appréciaient mon attitude coopérative. Je ne m'étais pas aperçu que je coopérais.

De retour dans ma chambre, je lus attentivement le document pour savoir si j'étais accusé de trahison ou de vol de secrets d'État. Dans le premier cas, je risquais l'exécution, dans le second, quinze ans d'emprisonnement. Le premier paragraphe précisait que j'avais subi « trois ans de rééducation par le travail pour vol » – la vieille affaire des cinquante yuan. Combien de fois devrais-je leur répéter que les charges avaient été abandonnées quand j'étais sorti du camp ? Mes années de prison pour activités contre-révolutionnaires de droite n'étaient même pas mentionnées. Ils cherchaient à me faire passer pour un simple criminel de droit commun.

Je parcourus les autres chefs d'inculpation. On me reprochait d'avoir :

- Utilisé de faux noms pour pénétrer en Chine.
- Visité sans autorisation mon ancienne mine de charbon au Shanxi, en vue de prendre des photos.
- Filmé sans autorisation à deux reprises l'autre mine-prison du Shanxi. Donné de l'argent à plusieurs anciens détenus.
- Volé des documents dans des camps de *laogai* de Shanghai.
- Donné quatre mille dollars à Feng pour qu'il « espionne » les installations pénitentiaires.
- Filmé des prisons du Xinjiang sans autorisation en 1994.
- Visité avec Zhang la ferme-*laogai* de Shanghai sans permission en 1994.
- Livré des informations erronées à deux chaînes de télévision étrangères.
- Usurpé des fonctions officielles en portant un uniforme de policier à Qinghai en 1991.

L'acte concluait que j'avais commis « de graves délits en espionnant la Chine, en dérobant et en livrant des secrets d'État sur l'administration pénitentiaire à des instituts et à des organisations étrangères… ce qui avait gravement nui aux intérêts nationaux de la Chine ». Les formules « graves délits » et « gravement nui » pouvaient signifier une lourde condamnation.

À l'avant-dernière page, je trouvai ce que je cherchai : « Ses agissements constituent une violation... des clauses de l'article 166 du code pénal de la République populaire de Chine. » C'était l'accusation la moins grave. Ils déterraient la vieille histoire des cinquante yuan, et la plupart des autres chefs d'accusation étaient de notoriété publique. Cela voulait dire qu'ils n'avaient aucune preuve me liant au gouvernement d'un autre pays. L'acte ne mentionnait pas non plus l'émission *60 Minutes* et je savais pourquoi : parler du film de CBS n'aurait servi qu'à attirer l'attention sur ce qu'ils faisaient dans les camps. Les Chinois ne tenaient pas à se mettre eux-mêmes sur la sellette.

Plus je lisais le document, plus je me rendais compte que c'était un exemple classique de la mentalité communiste. En m'accusant d'avoir volé cinquante yuan, ils évitaient de mentionner que j'avais été autrefois qualifié de contre-révolutionnaire de droite. Ils s'efforçaient de passer sous silence cet épisode peu glorieux de l'histoire récente de la Chine. Dans l'ensemble, les charges retenues contre moi étaient vraiment légères. D'un côté, j'étais soulagé d'échapper au peloton d'exécution mais j'étais aussi furieux. Ces types me détenaient depuis près de deux mois. C'était tout ce dont ils étaient capables ?

25

Le combat de Ching Lee

Deux femmes intelligentes et fortes se retrouvèrent liées à mon affaire. L'une était Ching Lee Wu, de Milpitas, Californie ; l'autre Hillary Rodham Clinton, de Little Rock, Arkansas. Elles avaient quelque chose en commun. Toutes deux voulaient me faire sortir de Chine le plus rapidement possible – pour des raisons différentes.

Les rumeurs courant occasionnellement au printemps 1995 et selon lesquelles Mrs. Clinton espérait prendre la parole à la 4e Conférence mondiale sur les femmes – qui devait s'ouvrir à Pékin le 4 septembre, sous l'égide des Nations unies – m'avaient échappé. Après mon arrestation, plusieurs articles publiés le 8 juillet firent état de « divergences politiques » pouvant compromettre sa participation. J'étais la « divergence politique ».

Nous n'avions certes pas prévu d'utiliser le voyage de Mrs. Clinton, mais maintenant qu'il était à l'ordre du jour, mes collaborateurs étaient forcément au courant. Si je critiquais parfois le manque de fermeté du président Clinton sur la question des droits de l'homme et des échanges commerciaux avec la Chine, il n'avait jamais été dans mes intentions d'exercer sur lui des pressions de cette sorte. Ching Lee et moi avons un profond respect pour Mr. et Mrs. Clinton. Quand il est devenu candidat, en 1992, nous avons été impressionnés par leur intelligence et leur jeunesse, leur soutien à la réforme du système de santé et aux droits des femmes.

Malheureusement, j'étais devenu un obstacle à ce voyage que Mrs. Clinton jugeait très important. Si elle ne déclara jamais qu'elle irait à Pékin quoi qu'il arrive, elle ne dit jamais non plus qu'elle ne participerait pas à la conférence si on ne me libérait pas. Elle suivait l'évolution de la situation, jour après jour, tandis que Ching Lee prenait publiquement ma défense.

– Je crois que, si le gouvernement chinois fait cela à Harry, c'est parce qu'il pense que les Américains sont faibles. Comme le gouvernement américain ne fait pas preuve de fermeté, ce sont les Chinois qui le font, déclara Ching Lee le 9 juillet au *New York Times*. Ils pensent peut-être que les Américains ne s'intéressent qu'à l'argent ; alors, nous devons leur faire savoir que nous nous soucions des individus, que ce pays est comme une grande famille.

De nombreux groupes et personnes me traitèrent effectivement comme un membre de la famille. Human Rights Watch appela les États-Unis à demander à la Banque mondiale de suspendre deux gros prêts – six cent soixante millions de dollars au total – pour la construction de routes et de barrages hydro-électriques en Chine. Il suggéra également que la Maison-Blanche incite de grosses sociétés américaines à chercher à obtenir ma libération par l'intermédiaire de leurs contacts en Chine.

Immédiatement après m'avoir rendu visite, Arturo Macias téléphona à Ching Lee pour la rassurer : j'allais bien. En outre, le secrétaire d'État Warren Christopher prononça une allocution publique dans laquelle il déclara :

– Ce qui favoriserait le plus les bonnes relations entre les États-Unis et la Chine... ce serait la libération rapide de Mr. Harry Wu.

À Washington, beaucoup de parlementaires désiraient rencontrer Ching Lee, mais Jeff Fiedler estimait qu'elle devait commencer par le sommet. Il fit patienter tous les autres jusqu'à ce qu'il obtienne un rendez-vous avec le sénateur Bob Dole et le représentant Newt Gingrich, les deux présidents des groupes républicains au Congrès. Gingrich chevauchait encore la crête de la vague après l'étonnante victoire des républicains aux élections de 1994, et de ses hauteurs, il décocha un éclair le 9 juillet. S'entretenant avec Bob Schieffer, de CBS, il déclara que le gouvernement de Clinton devait renouer immédiatement les relations diplomatiques avec Taiwan, indépendamment de ce qui pouvait m'arriver. Lorsque la Maison-Blanche suggéra que le moment était mal choisi pour provoquer la Chine, il fit quelque peu marche arrière, mais il avait en tout cas retenu l'attention de tout le monde.

Quand ils se rendirent dans le bureau du président de la Chambre pour ce qu'ils pensaient être un entretien privé, David Welker et Ching Lee eurent la surprise de découvrir toute une troupe de journalistes devant sa porte. Gingrich leur affirma qu'il était très préoccupé par mon sort, en particulier depuis qu'il avait appris que j'étais à court de médicaments. Il confia à Ching Lee que sa propre femme souffrait elle aussi d'une hernie discale et qu'il compatissait d'autant plus. Ching Lee ne fréquentait pas les hommes politiques et apprenait à comprendre comment ils opèrent. Elle remit au président de la Chambre un des petits rubans jaunes, symbole de soutien aux otages que tous nos amis portaient, et fut abasourdie quand il lui glissa :

– Pouvons-nous attendre un instant ?

Elle n'avait pas compris que ce rassemblement dans le bureau du président de la Chambre fournissait une occasion unique de prendre une photo. Après que l'attaché de presse eut fait entrer tous les photographes dans la pièce, Gingrich donna le feu vert à Ching Lee :

– Maintenant, vous pouvez l'épingler, puis il déclara aux reporters : Nous sommes très inquiets pour Mr. Wu.

Dès que les photographes furent ressortis, Gingrich demanda à ma femme :

– Vous pouvez me l'enlever, s'il vous plaît ?

Pour Ching Lee, la requête parut un peu étrange venant d'un homme qui venait de parler de mon sort avec tant de ferveur. Il dut remarquer l'expression de son visage car il s'empressa d'ajouter :

– Je sais que c'est un peu fabriqué, mais c'est Ronald Reagan qui m'a appris ça.

Une autre troupe – celle des équipes de télévision – pénétra dans le bureau et, une fois de plus, le représentant Gingrich fit signe à Ching Lee de lui épingler le ruban. Moment Spontané, Prise Deux. S'adressant à la presse, le parlementaire exprima l'espoir que Ching Lee rencontrerait le président ou Mrs. Clinton. David, assis à côté de ma femme, parvint à lire la note que l'assistant de Gingrich tendait à son patron : « Le Pt. ne la recevra pas. »

(À première vue, la Maison-Blanche semblait peu désireuse de nous exprimer publiquement son soutien, mais on m'assura bien plus tard que la tactique consistait à garder en réserve un geste de dernier recours du président Clinton, au cas où les choses tourneraient vraiment mal pour moi.)

Le truc de Ronald Reagan se révéla efficace. L'image de Ching Lee épinglant le ruban jaune à Newt Gingrich apparut dans les journaux et sur les écrans de télévision du monde entier.

Le lendemain de son entrevue avec Gingrich, Ching Lee fut conviée à la Maison-Blanche pour rencontrer plusieurs personnes, notamment Anthony Lake, conseiller en matière de sécurité nationale.

– Mr. Lake m'a dit qu'il présentait chaque jour des informations sur ta situation au président, me raconta-t-elle plus tard. D'après lui, le président se préoccupait beaucoup de ton sort.

À l'issue de l'entretien, qui dura trente-cinq minutes, Lake pria Jeff et Ching Lee de ne pas faire de déclarations intempestives à la presse. Mais, lorsque Jeff et Ching Lee quittèrent la Maison-Blanche, un groupe de journalistes se lança à leur poursuite.

– Ils criaient : « Mrs. Wu, Mrs. Wu », me raconta Ching Lee. J'avais demandé à Jeff comment je devais m'adresser aux journalistes et il m'avait conseillé : « Sois franche avec eux. Dis-leur simplement qu'il n'y a rien à discuter. »

Ching Lee s'arrêta sur la pelouse de la Maison-Blanche tandis que l'essaim de reporters l'assaillait de questions. Quand on lui demanda si elle était satisfaite de ce que faisait le gouvernement, elle répondit :

– Jusqu'ici.

Ils voulurent aussi savoir ce qu'elle pensait du prochain voyage de Mrs. Clinton.

– L'appellerez-vous à ne pas se rendre là-bas ? demanda une femme.

– Absolument, répliqua spontanément Ching Lee.
– Pourquoi ?
– Jusqu'à ce que mon mari revienne.

Moment parfait de télévision, dont Jeff dirait plus tard :
– Cette réponse a fait le tour du monde en dix minutes.

Le lendemain, la presse titrait d'une manière générale : « Mrs. Wu demande à Mrs. Clinton de ne pas aller à Pékin. »

Ching Lee avait fait une réponse franche, et Jeff n'était pas mécontent du résultat. Pour le moment, Mrs. Clinton ne pouvait se rendre en Chine sans paraître insensible au sort de Harry Wu.

– Je me demande si j'aurais lié les deux choses sans la question de cette journaliste, dit Ching Lee plus tard. Elle m'a rappelé que je voulais avant tout aider mon mari.

Le 13 juillet, les représentants Newt Gingrich et Ben Gilman, ainsi que les sénateurs Bob Dole, Jesse Helms et Alfonse D'Amato appelèrent le président Clinton « à annoncer que les États-Unis ne participeraient à aucun niveau et en aucune façon à la prochaine Conférence des Nations unies sur les femmes tant que Harry Wu resterait détenu en Chine. Toute autre décision serait interprétée comme un mépris des droits de l'homme de tout citoyen américain ». La pression était sur les Clinton. On me laissa entendre ultérieurement que quelqu'un, au Département d'État, avait averti Mrs. Clinton que le président encourrait de féroces critiques si elle annonçait son départ pour Pékin. Par la suite, Mrs. Clinton se fit apparemment l'avocat fervent de ma cause à la Maison-Blanche pour me faire sortir de Chine le plus rapidement possible.

Ching Lee fut invitée sur tous les plateaux de télévision. Elle eut un débat avec une femme qui soutenait que la question féminine ne devait pas dépendre du sort du seul Harry Wu, et répliqua que les droits de l'homme étaient aussi importants que les droits des femmes. Selon Ching Lee, Mrs. Clinton ne représentait pas seulement les femmes, mais tous les Américains, moi compris. En allant en Chine alors que j'y étais encore détenu, Mrs. Clinton enverrait un message malvenu.

D'un travail de secrétaire à Taiwan, Ching Lee était passée aux déclarations sur la politique étrangère du gouvernement américain. Elle répétait inlassablement aux Américains que le régime chinois était bien plus impressionné par la force que par la faiblesse, voire les bonnes manières ou les bonnes intentions, mais c'est, semble-t-il, une leçon que chaque gouvernement des États-Unis doit apprendre tous les quatre ans ou tous les huit ans.

La plupart des pays ont pour principe de ne pas traiter avec les terroristes, et je soutiens cette position. Étais-je retenu en otage ? En un sens, je l'étais. Washington donnat-il secrètement l'assurance aux Chinois que Mrs. Clinton irait à Pékin si j'étais libéré ? Je l'ignore totalement. Mais si moi j'avais passé cet accord, j'aurais inclu la libération de Wei Jingsheng dans le marché. Mrs. Clinton en échange de moi, c'était un cadeau, pour la Chine.

Après avoir prononcé son manifeste sur la pelouse de la Maison-Blanche, Ching Lee poursuivit sa campagne à Londres. Elle espérait rencontrer quelques parlementaires et membres du gouvernement mais fit encore mieux. Le hasard voulut que Cathy Saypol, agent de publicité pour *Vents amers*, le livre sur mes années dans les camps, eût aussi fait la promotion des Mémoires de Mrs. Thatcher et lui eût remis un exemplaire de mon bouquin. L'ancien Premier ministre du Royaume-Uni venait juste de le terminer quand la nouvelle de mon arrestation éclata, et Mrs. Thatcher invita David Welker et Ching Lee à passer la voir à son bureau.

– Ce fut la première étape de notre voyage à Londres, se rappelle Ching Lee. À notre arrivée, Lady Thatcher est sortie de son bureau, elle m'a serré la main et l'a gardée pour me faire entrer dans la pièce. Elle avait manifestement lu le livre de Harry et voulait des détails spécifiques sur ce qui se passait. Elle s'interrogeait en particulier sur la signification du choix de Wuhan comme lieu de détention. Pendant l'entretien, qui dura probablement trois quarts d'heure, elle évoqua de nombreux épisodes de *Vents amers*.

Selon David Welker, « comme elle voulait connaître tous les détails du voyage, nous sommes allés devant une grande carte de la Chine. Quand elle nous a interrogés au sujet de la différence de noms sur les passeports, nous lui avons assuré qu'il s'agissait d'un changement de patronyme parfaitement légal. Elle s'est enquise de l'état physique de Harry, parce que son mari souffrait lui aussi d'une hernie discale et qu'elle savait combien cela peut être douloureux ». David découvrit que Lady Thatcher a « une curieuse façon d'incliner la tête quand elle pose une question. Au bout d'un moment, nous inclinions tous la tête comme elle ».

Lady Thatcher pria instamment Ching Lee de veiller à ce que je ne tente plus jamais de retourner en Chine, car je faisais un travail précieux dans le monde libre. Avec son assurance habituelle, elle affirma à ma femme que je serais libéré sans aller en prison – telle était la réalité politique. Quand elle eut connaissance du bas niveau auquel David et Ching Lee seraient reçus au ministère des Affaires étrangères de Grande-Bretagne, elle s'indigna : « Pas assez haut ! Pas assez haut ! », et elle téléphona pour rencontrer Jeremy Hanley, président du parti conservateur, qui venait d'être nommé ministre des Affaires asiatiques.

David et Ching Lee se rendirent aussi au Parlement où ils rencontrèrent soixante-dix ou quatre-vingts personnes, y compris plusieurs membres des deux Chambres. Plus tard, ils organisèrent une manifestation devant l'ambassade chinoise. Ching Lee et un étudiant dissident furent autorisés à monter les marches du perron et à faire une déclaration devant les caméras de télévision. Comme personne de l'ambassade ne répondait, ils glissèrent leur lettre de protestation sous la porte. David et Ching Lee visitèrent ensuite l'immeuble de la BBC, accordèrent des interviews à plusieurs chaînes de télévision et stations de radio importantes du Royaume-Uni. Tony Blair, chef du parti travailliste, qui se trouvait également dans les studios, serra la main de Ching Lee et lui souhaita bonne chance.

Après quatre jours à Londres, ils prirent le tunnel sous la Manche pour se rendre à Paris, où ils donnèrent une conférence de presse dans les locaux de France Liberté, la fondation de Mme Danielle Mitterrand consacrée à la défense des droits de l'homme. Ils s'entretinrent également avec plusieurs membres de l'Assemblée nationale, mais la réaction ne fut pas aussi forte qu'en Angleterre.

De nombreux autres gouvernements exercèrent des pressions sur la Chine, en particulier l'Australie, dont le ministre des Affaires étrangères, Gareth Evans, appela publiquement Pékin à considérer « avec indulgence » tout ce que j'avais pu faire. J'avais passé beaucoup de temps dans diverses capitales pour parler en faveur de millions de prisonniers, et nombre de mes amis n'hésitèrent pas à parler en ma faveur maintenant que j'étais en prison.

D'autres ne furent pas aussi secourables. James Liley, ancien ambassadeur en Chine, par exemple, voyait apparemment dans ma lutte pour dénoncer la barbarie chinoise le comportement d'un homme atteint de ce qu'il appelait « le complexe du martyr » chinois. Liley voulait-il réellement dire que tout Chinois critiquant le gouvernement méritait les ennuis qu'il s'attirait ? C'était, pour le moins, une opinion assez peu charitable.

Malgré toute son aide, le Département d'État essaya lui aussi de me présenter comme une sorte de canon mal arrimé. Le 13 juillet, le *New York Times* rapporta que le Département d'État m'avait vivement recommandé en 1994 de ne pas me rendre en Chine. J. Stapleton Roy, ancien ambassadeur à Pékin dans un passé récent, déclara que les Chinois verraient dans mon changement de nom en Peter H. Wu une tentative pour les tromper. Il déclara en outre que les États-Unis ne voulaient pas apparaître comme ayant apporté leur aide à la préparation de mes voyages en Chine. « Nous avons longuement exprimé nos préoccupations, nous avons fait de notre mieux pour lui expliquer les dangers de son projet et lui faire comprendre que si les choses tournaient mal, notre capacité de l'aider serait limitée », dit au *New York Times* un membre du Département.

Quelques jours plus tard, la Chambre des représentants débattit de la Chine – non simplement de mon arrestation mais aussi des camps de travail, des secrets concernant les missiles que la Chine partageait avec d'autres pays, de sa politique de limitation forcée des naissances. Après maintes discussions et manœuvres de couloir, la Chambre décida, par 321 voix contre 107, de ne pas enlever à la Chine la clause de la « nation la plus favorisée ». C'était précisément le message qu'il ne fallait pas envoyer à Pékin.

Mon gouvernement se montra cependant solidaire de multiples façons. Le 28 juillet, Warren Christopher, le secrétaire d'État, pressa de nouveau la Chine de me relâcher et renouvela sa demande le 31 juillet depuis la base aérienne Andersen de l'île de Guam, alors qu'il se rendait à Brunei pour une réunion des ministres des Affaires étrangères d'Asie.

– Il me serait très difficile d'envisager que le président Jiang Zemin puisse venir à Washington rencontrer le président si Harry Wu n'est pas libéré, déclara Christopher.

Le 1er août, il eut un entretien d'une heure et demie avec son homologue chinois, Qian Qichen, et n'exigea plus publiquement ma libération. Pékin continua à prétendre que je m'étais introduit en Chine avec un faux passeport et que mes activités pouvaient être considérées comme de l'espionnage. Qian précisa toutefois que mon sort dépendait du système judiciaire chinois et que le ministère des Affaires étrangères ne pouvait intervenir – ce qui pouvait être partiellement vrai s'il y avait lutte interne pour le pouvoir entre les deux ministères. Tous les échos en provenance de Brunei indiquaient néanmoins clairement que le voyage de Mrs. Clinton dépendait toujours de ma libération.

La date du voyage projeté de Mrs. Clinton se rapprochait. Le 9 août, Ching Lee lui envoya la lettre suivante, écrite avec l'aide de Jeff Fiedler :

Chère Mrs. Clinton,

Comme le moment approche où vous devrez prendre votre décision concernant la Conférence des Nations unies sur les femmes, je saisis cette occasion pour vous exposer mon opinion personnelle.

Les questions qui seront discutées à la conférence sont importantes pour les femmes du monde entier. C'est une réalité, même si la décision de la tenir à Pékin a toujours été discutable.

Votre décision me semble cependant beaucoup moins liée au lieu de cette réunion qu'elle devrait l'être avec l'arrestation et la détention par la Chine de mon mari, Harry Wu. Indépendamment des arguments selon lesquels la conférence n'est pas une réunion chinoise, il me paraît que votre participation ne soulignerait pas l'importance des questions concernant les femmes mais plutôt le manque d'importance à vos yeux du sort de Harry. Je vous parle de la perception qu'en aurait l'opinion, non de vos sentiments personnels, car j'ai tout lieu de croire que vous et le président vous sentez très concernés par ce qui arrive à mon mari.

Vos activités publiques ont une haute portée symbolique et votre venue à Pékin conférerait un grand prestige au gouvernement chinois. Mais ce serait envoyer un message confus aux dirigeants de Pékin sur la détermination des États-Unis à exiger la libération de Harry.

D'aucuns diront que mes vues sont étroites, que je ne pense qu'à mon mari, sans tenir compte de considérations plus larges. Peut-être. Mais en tant que femme qui se bat pour son mari et le défend admirablement contre toute attaque, vous devez comprendre ma position et mes sentiments. Récemment, la Chine a réalisé un film de propagande montrant des moments de l'interrogatoire de Harry. Il porte des accusations haineuses et outrageantes contre lui, et prétend faussement qu'il a « avoué » avoir « fabriqué » des informations. Tout l'appareil de propagande du gouvernement chinois s'est mobilisé pour donner une image déformée de mon époux, citoyen américain.

Mrs. Clinton, mon mari est un militant infatigable des droits de l'homme. L'année dernière, par exemple, il est allé seul dans le nord-est de la Chine où il a visité et photographié un camp de travail pour femmes. Pour l'audience tenue récemment au Congrès sur le *laogai*, il a convaincu une femme extraordinaire, qui a survécu à près de vingt ans de camp, de venir parler des problèmes particuliers des prisonnières. Il est maintenant prisonnier pour ces révélations, et d'autres, qu'il a faites sur la Chine.

Je vous conjure de ne pas aller à Pékin si mon mari n'est pas libéré. Je suis sûre que vous trouverez bien d'autres façons de manifester votre attachement à la cause des femmes.

Merci beaucoup de votre considération. Dans l'espoir de vous rencontrer personnellement un jour, je vous prie de croire à mes sentiments les meilleurs.

CHING LEE WU

La même semaine, la Maison-Blanche fit circuler des rumeurs selon lesquelles Mrs. Clinton entendait aller à Pékin, quoi qu'il arrive. Jeff Fiedler envoya par fax à Tony Lake une copie de la lettre de Ching Lee et les rumeurs firent long feu.

« Nous aurions communiqué la lettre à la presse, et je crois qu'ils l'avaient compris aussi », expliqua Jeff plus tard. Il ne fut pas nécessaire d'en venir là.

26

Je décide de coopérer

Le jour même où Ching Lee envoyait sa lettre à Mrs. Clinton, on me reconduisait sans ménagement à la prison, où je fis la connaissance de Daniel W. Piccuta, premier secrétaire et consul à l'ambassade américaine à Pékin, bel homme brun en costume sombre qui parlait couramment mandarin. Je fus ravi de voir un autre Américain se mettre de la partie, apportant un air de liberté et de respect de soi.

Piccuta me demanda où j'en étais.

Je répondis que j'étais officiellement inculpé, et il voulut savoir ce que les autorités pensaient de mon attitude.

– Elles la jugent coopérative, apparemment.

– Excusez-moi, Harry, qu'est-ce que vous avez dit ? Je n'ai pas entendu.

– J'ai dit qu'ils me trouvent coopératif.

Il sourit.

– Harry, je suis content d'entendre ça. Je pense que c'est très important.

Il le dit avec une telle insistance que je compris qu'il me recommandait de continuer dans cette voie, que cela m'aiderait.

– Harry, vous avez l'air en bonne santé. Ça va ?

Je répliquai que ça allait, que je n'étais pas maltraité, que la nourriture était correcte, mais l'un des gardiens qui nous écoutaient estima que c'était un sujet sensible.

– Hé, vous ne devez pas parler de ça.

J'essayais, par mon ton, de faire comprendre à Piccuta que je souffrais toujours du dos et des jambes. De son côté, il se débrouilla pour me donner des nouvelles en disant :

– Harry, je vous ai vu sur CNN, vous n'aviez pas l'air en forme.

Le message ne concernait pas ma santé, il était tout entier dans le sigle CNN.

– Vous êtes très, très célèbre, poursuivit Piccuta.

Il était sûr que les gardes ne comprendraient pas l'impact énorme de CNN dans le monde, ni que l'utilisation du mot « célèbre » signifiait que le monde entier suivait l'affaire. (Je devais apprendre plus tard que c'était Ching Lee qui avait proposé le mot « célèbre » pour me transmettre le message.)

Piccuta me raconta que, le 27 juillet, il avait fait un bon repas avec Ching Lee et Jeff Fiedler, puis il me lut une lettre de ma femme en appuyant sur les mots de deux phrases. Premièrement : « Je suis allée à la grande maison, à côté du bureau de Jeff. » Mon bureau à Washington est situé de l'autre côté de Lafayette Park par rapport à la Maison-Blanche. Cela signifiait que le gouvernement s'occupait de moi. Deuxièmement : « J'ai vu Margaret, la tante de Philip, à Londres », allusion à notre ami Philip Baker, militant des droits de l'homme. Je ne savais pas si Philip avait une tante Margaret à Londres et je faillis éclater de rire en comprenant que Ching Lee avait rencontré Margaret Thatcher. J'étais ravi, j'avais le moral au beau fixe. Les gens savaient. Les gens se souciaient de mon sort. Et certains dirigeants aussi. Je n'avais pas à remercier Piccuta pour ça mais il m'avait redonné espoir. Implicitement, le message qu'il m'avait transmis était le suivant : « Nous exerçons des pressions sur la Chine. Offrez aux Chinois un moyen de sauver la face. Coopérez. Vous pourrez sortir. » Il m'annonça qu'il m'avait apporté des livres, des magazines, et même un numéro de l'*International Herald Tribune*, que les Chinois devraient d'abord censurer. Il m'assura que Ching Lee allait bien.

Je retournai à ma chambre grandement soulagé. Ils voulaient de la coopération ? J'allais leur en donner. Je demandai aux gardes de prévenir leurs supérieurs que je voulais les voir, que j'étais prêt à jouer leur jeu.

Vers minuit, le général Wang fit son apparition, de nouveau en civil, avec une secrétaire. Il se dit étonné de ce que j'aie souhaité le voir, puisqu'il avait pris ses congés quatre jours plus tôt.

– Ma tâche est finie mais je fais une exception, dit-il. Je suis venu parce que vous voulez me parler.

Je l'interrogeai sur le sens de l'acte d'accusation. Pourquoi ne mentionnait-il pas nombre d'autres points dont nous avions discuté ? À quoi bon me faire avouer toutes ces choses s'ils ne s'en servaient pas ?

Appréciant ma nouvelle attitude, il rédigea des « aveux » qui commençaient ainsi : « Après avoir longuement réfléchi et examiné mes actes, j'ai sincèrement tiré la conclusion que les faits cités ci-dessous montrent que j'ai porté atteinte, directement et indirectement, aux intérêts du gouvernement chinois, et que j'ai violé les lois chinoises. » Je reconnaissais avoir pénétré dans des camps de travail interdits, filmé d'autres camps, m'être fait passer pour un chercheur, et j'exprimais mon regret d'avoir nui aux intérêts du gouvernement chinois, que je remerciais de son hospitalité. En fait, j'admettais les faits patents, j'inventais quelques secrets, je promettais de me retirer de ma fondation et de cesser toute activité politique. Ce n'était pas la première fois que je passais des « aveux » partiellement vrais. Je l'avais souvent fait dans les camps. N'importe quoi pour survivre. Par ses conseils voilés, Piccuta m'avait fait comprendre que le moment était venu d'avouer.

« Je regrette profondément ce que j'ai fait et les conséquences me remplissent de remords », poursuivait le texte. À l'avenir « je ne me laisserai plus manipuler par les forces internationales antichinoises et anticommunistes ». Et je concluais : « Il est désormais manifeste que j'ai enfreint la législation chinoise, et que je suis responsable de mes erreurs et de mes crimes. »

Je mentais. Je savais que je mentais. Ils savaient que je le savais. Mais cela ne les gênait absolument pas de conclure un marché avec quelqu'un dont ils savaient qu'il leur mentait. C'est ainsi que leur système fonctionne. Tout le monde comprend. Je signai le document, dis bonsoir au général Wang et tout le monde – moi compris – alla se coucher pour une bonne nuit de sommeil.

Le 13 août, on me remit la lecture que Piccuta m'avait apportée. En ouvrant l'*International Herald Tribune,* je vis que les censeurs avaient découpé plusieurs articles mais en avaient laissé deux sur la Chine. L'un concernait les déclarations de Henry Kissinger à Pékin, selon lesquelles régler le problème Harry Wu améliorerait les relations avec les États-Unis. Je suis sûr que les propos de Kissinger contribuèrent à me protéger parce que les Chinois le respectaient pour toutes les faveurs qu'il leur avait accordées, notamment le voyage du président Nixon en 1972.

Le second article me réconforta plus encore. Il émanait d'A. M. Rosenthal, ancien rédacteur en chef du *New York Times,* l'un des plus ardents défenseurs des droits de l'homme dans le monde. Je ne pouvais croire à ma chance : ils n'avaient pas censuré l'article de Rosenthal – peut-être parce que son titre – « Victoire sur les imbéciles » – ne parlait pas de la Chine. « Les commandants des goulags du monde entier et leurs maîtres des ministères de la Sûreté ont deux choses en commun, quel que soit le pays où ils opèrent. Ils ont un faible pour la torture, et ils sont très stupides. » Rosenthal poursuivait dans la même veine, jusqu'à donner quelques exemples. « Seigneur, Seigneur, comme ces gens sont bêtes. Mais en matière de bêtise insondable, j'ai rarement vu quelque chose de comparable au film que les Chinois ont tourné et vendu aux agences de presse occidentales. Il est censé démontrer que Harry Wu a avoué : ce qu'il a révélé au monde était faux... Bien entendu, Harry Wu n'y avoue rien du tout, excepté peut-être quelques erreurs de montage d'un technicien de la BBC à partir de son propre matériau documentaire. Le film montre en réalité que Mr. Wu a résisté, qu'ils n'ont pas réussi à le briser. »

Rosenthal se permettait ensuite quelque chose que les journalistes chinois ne peuvent jamais faire : critiquer le gouvernement de son propre pays. « Les diplomates américains font de leur mieux pour aider Mr. Wu. Mais s'il est libéré, ce ne sera pas grâce aux pressions irrésistibles du gouvernement des États-Unis... Il n'en a exercé aucune que Pékin ait véritablement pu sentir... Le seul espoir réaliste, c'est que des dirigeants du ministère chinois des Affaires étrangères dont l'électro-encéphalogramme n'est pas complètement plat parviendront à passer par-dessus la Sûreté chinoise, qui a donné une reconnaissance mondiale à Mr. Wu et à ses révélations documentées en l'arrêtant au lieu de le bloquer à la frontière et de le renvoyer. Harry Wu a remporté la victoire, ajoutait Rosenthal. Le seul moyen à présent pour la Chine d'arrêter les frais et de sauver la face, c'est de le libérer. Dieu bénisse Harry Wu. »

Lire ces mots, c'était comme avoir un ami près de moi dans ma chambre. Négligence ou acte délibéré, l'article de Rosenthal avait échappé aux « imbéciles ». J'en avais de nouveau la conviction : « Je pouvais battre ces gens. »

Aussitôt après mes « aveux », le climat changea. Au début, tous les gardiens m'avaient traité en ennemi dangereux, à qui il aurait pu soudain pousser cent bras armés de sabres, mais plus ma détention se prolongeait, moins je faisais figure de diable. Je suivais avec curiosité l'évolution des jeunes lieutenants parce qu'ils appartenaient à la nouvelle génération, qu'ils étaient encore enfants quand j'avais quitté la Chine. Je voulais voir s'ils avaient plus de cran, plus d'indépendance, plus de franchise que leurs aînés. Ils m'avaient entendu tenir tête à leurs supérieurs, ils avaient pu voir que ceux-ci me respectaient. Certains des dix-huit lieutenants qui se succédaient vingt-quatre heures sur vingt-quatre demeuraient distants, loyaux envers le Parti, mais la plupart d'entre eux me faisaient l'impression d'êtres humains naturellement sensibles.

Un exemple : j'avais de terribles démangeaisons aux pieds causées par une mycose parce qu'il fait chaud et humide à Wuhan, et l'un des gardes promit :

– Demain, je vous apporte un médicament.

– Ne faites pas ça, le dissuadai-je. Si vous enfreignez le règlement, vous aurez des ennuis.

Il n'insista pas mais je suis persuadé qu'il m'aurait procuré ce médicament si je l'avais laissé faire.

Durant les trois ou quatre dernières semaines, je leur disais :

– Je sais que vous n'avez pas le droit de me parler. Alors écoutez, seulement. Si vous comprenez, inclinez la tête ; si vous ne comprenez pas, secouez-la. Je suis un être humain. J'ai besoin de parler.

Je chantais, je leur racontais des histoires, je leur décrivais l'Amérique. Ils brisèrent leur silence pour faire un commentaire sur la casquette rouge et noir des Chicago Bulls, qui devait servir de signe de reconnaissance avec l'un de mes contacts en Chine. L'un des lieutenants avait même un T-shirt des Bulls.

Le monde devient de plus en plus petit. Bien que presque toute la Chine soit privée de *60 Minutes* ou de CNN, les gardes voulaient entendre parler de la séro-positivité de Magic Johnson, ils voulaient savoir pourquoi Michael Jordan avait repris le basket après un an de base-ball. Ils connaissaient ces joueurs pour les avoir vus jouer dans la Dream Team de 1992, aux Jeux olympiques de Barcelone. Ils voulaient des détails sur la poursuite d'OJ. Simpson dans la Dodge Cherokee, sur son procès pour meurtre, et ils m'écoutèrent expliquer que les avocats américains sont là pour défendre les accusés – idée difficile à appréhender pour un Chinois. Je leur parlai de Susan Smith, la jeune mère condamnée pour avoir noyé ses deux enfants dans sa voiture, dans un lac de Caroline du Sud, de Rodney King, accusant les flics de Los Angeles de l'avoir battu impitoyablement, et des émeutes qui éclatèrent quand les policiers furent acquittés. Je tentai de leur expliquer que Rodney King pouvait faire usage de ses droits, comme n'importe qui d'autre.

Ils regardaient les magazines que Piccuta m'avait apportés – *House and Garden*, les photos de maisons, de voitures et de jardins qui devaient leur paraître luxueux. Je leur dis que j'avais deux voitures, une pour moi, une pour ma femme, avec boîte automatique – parce que les voitures chinoises sont généralement équipées d'un changement de vitesses manuel et d'une pédale d'embrayage.

Certains des jeunes lieutenants semblaient comprendre ce que signifiait ma croisade contre les camps. Beaucoup de Chinois ont souffert au *laogai*, ou ont un parent, un ami, qui a été envoyé à la campagne pendant la Révolution culturelle. Ils avaient sous les yeux cet entêté qui refusait d'abandonner, qui revenait d'Amérique pour défendre cette cause. Savaient-ils qu'elle était aussi la leur ? Aucun d'eux ne prononça jamais un mot qui l'aurait compromis, mais je pouvais le voir dans leurs yeux : ils savaient tous ce que leur pays avait fait.

Le soir du 12 août, je reçus deux visiteurs. L'un d'eux, homme âgé de petite taille, se présenta comme le juge Zhang Tianshe et m'informa qu'il présiderait les débats pendant mon procès. Son collègue, Cao Yongping, l'assisterait. Le juge Zhang était un homme courtois, cordial, professionnel. Plus question de me rudoyer.

– Vous avez reçu l'acte d'accusation, dit-il. Vous comparaîtrez dans huit ou dix jours.

– C'est trop court, protestai-je. Je n'ai pas le temps de me préparer. J'ai besoin d'un avocat.

Pas de problème, répondit le magistrat en me tendant une liste d'avocats qualifiés pour plaider une affaire aussi importante que la mienne. La Chine ne dispose pas comme l'Amérique d'un très grand nombre d'avocats. Pendant les quarante premières années du régime de Mao, les avocats étaient à peine tolérés, et leur travail consistait – et consiste encore – à aider la magistrature dans le sien. À Shanghai et à Pékin, les experts en droit international sont en nombre croissant, mais la liste du juge ne contenait qu'un avocat qualifié en ce domaine pour tout Wuhan. Je dis à Zhang de m'obtenir qui il pourrait.

Un ou deux jours plus tard, les « défenseurs » désignés par la cour, Xu Deyan et Zheng Zhifa, vinrent me voir et déclarèrent que leurs honoraires s'élèveraient à sept cent cinquante dollars – le tarif habituel.

– Nous voulons la justice. Nous protégerons vos intérêts, promit l'un d'eux.

À seule fin de vérifier s'ils prenaient mes intérêts à cœur, j'écrivis une lettre disant : « J'ai reçu l'acte d'accusation, je dois comparaître dans huit ou dix jours, voici le nom de mon avocat, j'ai besoin d'argent pour le payer. » Je leur remis la carte de Daniel Piccuta et demandai :

— Envoyez cette lettre par fax à mon ambassade.

Deux jours plus tard, mes avocats revinrent en affirmant qu'ils étaient allés au tribunal pour étudier mon dossier.

— Vous devez le savoir, c'est une affaire politique, leur dis-je. Je ne crois pas qu'on vous laissera me défendre.

— Pas de problème, nous serons en mesure de vous aider.

— Si vous voulez m'aider, vous pouvez mettre en cause mon inculpation selon l'article 166, qui m'accuse d'avoir divulgué des informations gouvernementales confidentielles.

Mes avocats semblaient hésiter sur la conduite à tenir.

— Allons, je ne suis pas un fonctionnaire chinois, arguai-je. Je reconnaîtrai ce que j'ai vraiment fait, mais je n'ai divulgué aucun secret.

J'écrivis une lettre de quatre pages à l'ambassade américaine en demandant qu'on l'envoie par fax à ma femme, afin qu'elle obtienne de CBS et de la BBC des déclarations selon lesquelles je travaillais pour eux : j'étais un journaliste, pas un espion.

— Vous l'enverrez à l'ambassade ? insistai-je. J'en ai le droit, selon la loi.

Naturellement, je n'avais pas une idée très claire de la législation chinoise puisque personne ne m'avait fourni de manuel de droit. Mes avocats ne me communiquèrent jamais non plus de renseignements sur les preuves et les témoins qui seraient utilisés à mon procès, alors qu'ils avaient probablement eu accès à ces informations.

Quelques jours plus tard, ils reconnurent qu'ils n'avaient pas faxé ma lettre.

— Je ne peux pas faire ça, dit l'un d'eux. Si je le faisais, la Sûreté s'occuperait de moi.

Il ne se trompait pas.

27

Procès et verdict

Le matin du 23 août, je fis des adieux solennels à tous les jeunes gardiens.
– Ils savent déjà ce qu'ils vont faire, leur dis-je. Ils vont renvoyer mon vieux corps fatigué dans les camps.

Je ne sais si j'y croyais réellement mais c'était une possibilité. Deux ou trois gardes eurent un petit rire – ils appréciaient mon style – mais mon geôlier en chef se récria :
– Qu'est-ce que vous racontez ? Vous serez de retour ici ce soir. Tout ira bien.

L'un d'eux prit presque un ton d'excuse pour me dire :
– Selon le règlement, nous devons vous passer les menottes.
– Je peux refuser ? demandai-je avec un sourire.

Tout le monde riait quand je montai dans la voiture qui nous attendait, cependant que des policiers filmaient la scène pour le dossier. La salle d'audience était de dimension modeste – vingt-cinq mètres sur vingt, environ. La plupart des soixante sièges étaient vides. On m'expliqua que, mon procès traitant de « secrets d'État », le public n'était pas admis. Outre quelques équipes de télévision et des journalistes, je remarquai Daniel Piccuta, dont la présence me réconforta, et un représentant du ministère chinois des Affaires étrangères.

Mon dos me faisait mal. Redoutant d'avoir à rester debout pendant des heures, je réclamai des béquilles mais le gardien refusa.

– Vous pourriez vous en servir comme arme, dit-il, ajoutant que je pouvais m'asseoir quand je voulais, et prendre des pilules si je le désirais.

Je commençai par me tenir debout dans le box des accusés, agrippant la balustrade des deux mains. Je présentais une image pitoyable, je le crains, avec ma mine fatiguée, ma chemise blanche froissée. J'étais à court de vêtements propres – et d'énergie.

Je tournai la tête vers la cour et vis trois juges : Zhang Tianshe, le président, qui m'avait rendu visite à la villa, Cao Yongping, et Li Liqing, le premier juge femme chinois que j'aie jamais vu. Un juge très moderne, en l'occurrence – permanente, maquillage, talons de trois centimètres. À certains égards, la Chine avait fait beaucoup de progrès. Pour un homme qui avait passé deux mois en captivité sans voir d'autre femme qu'une secrétaire ou une infirmière, à l'occasion, la vue de cette dame était tout à fait plaisante.

Le procureur entama la procédure en projetant le documentaire de la BBC sur les greffes d'organes, en disant que j'avais prétendu que ce film montrait une transplantation de rein, alors qu'il s'agissait en réalité d'une opération du cœur. Interrogé, je reconnus que ce n'était pas une transplantation de rein, mais je déclarai à la cour que le film précisait seulement que c'était une « opération » pratiquée en Chine. L'accusation projeta quelques autres vidéos de CBS et de la BBC en laissant entendre que ces images dévoilaient des secrets d'État. Elle montra ma photo du mirador de Shanghai prise d'un édifice public et fit comparaître un policier de cette ville ; il déclara que le document que j'avais produit devant le Congrès des États-Unis était secret, que Ching Lee et moi étions présents quand il l'avait posé sur le bureau du directeur de la fabrique. Je relevai une erreur lorsqu'ils projetèrent le film sur une mine de charbon en disant qu'il s'agissait de l'autre. Ni le procureur ni le juge n'étaient capables de distinguer l'une de l'autre mais ils maintinrent le film dans le dossier sous une appellation erronée.

Défilèrent ensuite trois témoins qui m'avaient effectivement vu pendant mes séjours en Chine.

Le premier fut mon copain Hang, qui m'avait fait pénétrer dans la mine de charbon de Guanzhuang, au *laogai* n° 13, lors de mon deuxième voyage. Il semblait accablé par un sentiment de culpabilité mais nous savions tous deux qu'il n'avait pas le choix. Nos regards se croisèrent, quelque chose passa d'un ex-prisonnier à un autre, et je pus voir qu'il se contentait de jouer son rôle, qu'il ne révélerait rien qui pût me nuire. Quand on lui demanda s'il me reconnaissait, il répondit :

– Oui, c'est Wu Hongda.

Soumis à une série de questions, il admit que j'étais allé le voir à la mine de charbon et que je lui avais donné trois cents dollars. J'étais fier de lui. Il livrait aux Chinois quelque chose qu'ils pouvaient utiliser contre moi mais jamais il ne fournit spontanément de renseignements sur ce que je faisais à la mine.

Le deuxième témoin fut Zhang, mon vieux camarade de captivité, avec qui Ching Lee et moi avions fait la tournée des camps en 1994, et chez qui j'avais logé. Le procureur lui demanda de m'identifier.

– Oui, dit-il, je le reconnais. Je l'ai aidé à visiter les camps et il a pris des photos.

L'accusation montra des photos de la Brigade n° 2 de Shanghai, dans la province d'Anhui, et Zhang confirma que nous y étions passés. Vous parlez d'une surprise : la télévision en avait parlé dans le monde entier. Zhang ne leur apprenait rien qu'ils ne sachent déjà.

Troisième témoin, le cadre communiste de la fabrique de tuyaux de Shanghai, que l'on pria de m'identifier, et qui se lança dans un grand discours sur ma personnalité.

– C'est un sale type, un menteur, s'égosilla-t-il.

Le juge l'arrêta :

– Je vous en prie, ne vous mettez pas dans tous vos états, répondez simplement à mes questions.

L'homme se calma, déclara qu'il avait vu le document dans le bureau le jour où Ching Lee et moi avions été les seuls visiteurs.

– J'étais là, en effet, reconnus-je. Cela ne signifie pas que j'aie pris le document. Vous n'avez pas de témoin direct.

Je cherchai juste à leur compliquer la tâche. Au cours de l'interrogatoire, j'avais accusé Ching Lee de l'avoir volé, et ils savaient aussi que j'avais soumis ce document au Congrès des États-Unis. En outre, l'homme avait gardé ma carte de Meftech. Je pouvais difficilement nier.

Ils produisirent ensuite d'autres preuves contre moi, notamment les dépositions de trois chauffeurs de taxi différents à qui j'avais fait appel pour mes déplacements dans les provinces de Sichuan, Xinjiang et Anhui.

Lorsqu'ils m'accusèrent de m'être fait passer pour un agent de police, je fis valoir que je n'avais porté ni l'insigne, ni la ceinture, ni les chaussures, que j'avais juste acheté un uniforme de policier parce que c'est bon marché et qu'on en trouve facilement. Si la police m'avait interrogé, j'aurais reconnu que je n'étais pas policier. Ils montrèrent une photo floue tirée d'une bande vidéo et le procureur affirma :

– Voilà Harry Wu en uniforme de la police.

– Regardez mieux, dis-je. Il y a un autre policier. Je ne suis ni l'un ni l'autre.

Ils avaient en réserve une photo de moi en uniforme de policier.

– C'est tiré de la vidéo de *Yorkshire Television*, ripostai-je. Elle a été prise en Californie. Vous ne pouvez l'utiliser comme preuve.

L'accusation versa aussi au dossier la déclaration de mon ami Liu, qui « avouait » avoir acheté l'uniforme pour moi. En 1991, nous avions en fait mis au point ce qu'il leur dirait si son rôle était découvert. Ils l'avaient interrogé en 1992 et tenté de l'amener à m'attirer de nouveau en Chine mais je ne m'étais pas laissé prendre au piège. Tout ce qu'il « avouait » maintenant, ils le savaient déjà : il m'avait procuré un uniforme. Loyal et courageux, Liu ne donna aucune information sur mon réseau de contacts en Chine.

Enfin, le procureur annonça que Feng, le vieux photographe, avait avoué que je l'avais engagé pour qu'il me fournisse des « informations illégales ». Il montra même le contrat que nous avions conclu pour quatre mille dollars, avec des exemplaires de ma signature.

L'accusation énuméra les délits dont j'étais présumé coupable. J'avais affirmé, notaient-ils, que donner de l'argent à quelqu'un, ce n'est pas le corrompre. J'avais déclaré que « le vol et l'espionnage » avaient été commis par un nommé Chen, prétendirent-ils, laissant totalement dans l'ombre le fait que ma femme m'avait accompagné. Ils notaient en outre que je reconnaissais seulement « une part de responsabilité » pour l'uniforme de policier, et que je niais avoir payé Feng pour prendre des photos.

– Traduit en justice, Peter Wu, l'accusé, a avoué ses crimes, ce qui est un point en sa faveur, et nous invitons la cour à prononcer une peine légère, conclut le procureur.

Comment interpréter le mot « léger » ? Je pensais encore qu'ils pouvaient m'infliger une longue peine de prison, mais qu'au moins ils ne m'exécuteraient pas.

J'étais déçu par mon pays natal. Malgré ce qu'ils prétendaient, les Chinois n'avaient pas réussi à établir une accusation solide dans une parodie de procès de leur choix. L'unique chose qu'ils avaient pour eux, c'était le conformisme chinois, la peur de l'individu. J'avais troublé leur jeu. Je n'étais pas un espion. Leur système et tous ses abus étaient si patents qu'ils ne pouvaient les cacher à un « inadapté » allant çà et là, caméra vidéo au poing. Ils pouvaient me jeter en prison pour le reste de mes jours mais ils étaient incapables de prouver que j'étais autre chose qu'un trublion, un casse-pieds, un fauteur de troubles. J'avais gagné.

Quand ils eurent fini de présenter leurs « preuves », ce fut à mon avocat de prononcer ses conclusions. Comme nous n'en avions jamais discuté et qu'il ne m'avait communiqué aucun document de la cour, je n'attendais rien de lui. Il avança cependant trois arguments valables.

Concernant le fait que j'avais porté un uniforme de policier, il cita le règlement de la police, stipulant qu'un agent en service doit porter l'uniforme complet – chaussures, casquette, insigne et ceinturon.

– Wu Hongda ne portait que le pantalon et la chemise, dit l'avocat. Cela signifie qu'au regard de la loi, il ne se faisait pas passer pour un agent de police.

Le juge rejeta l'argument mais j'appréciai la logique de mon avocat.

Quant aux accusations de corruption, mon défenseur expliqua que j'avais fait de menus cadeaux à des amis parce que j'en avais les moyens et que j'étais sensible à leur sort.

Au total, je fus plutôt impressionné par sa performance. Le juge me demanda ensuite si j'avais quelque chose à déclarer.

– Tout d'abord, répondis-je, tout ce que j'ai dit, je l'ai dit. Tout ce que j'ai écrit, je l'ai écrit.

» Deuxièmement, en ce qui concerne les prétendus secrets d'État, tout ce qui a été montré aujourd'hui provient de films diffusés par CBS, la BBC ou *Yorkshire Television*. La photo du centre-ville, par exemple, a été prise dans une rue passante. On y voit un mirador, au centre d'une ville animée. J'ai pris ces photos et vous m'accusez d'avoir volé des secrets d'État ? Est-ce que cela veut dire que tout le monde devrait se couvrir les yeux ? Quelle est la définition du secret d'État ? Si j'occupe une chambre au dernier étage d'un hôtel quatre étoiles, pas de problème, je peux prendre des photos. Mais si j'observe le système de sécurité, le système bancaire, je me mêle peut-être de secrets d'État.

» Enfin, le gouvernement chinois a essayé de faire croire au monde que je suis un voleur. En 1960 j'ai effectivement été condamné à trois ans de prison pour le vol de cinquante yuan, mais à ma libération, en 1979, on m'a lavé de cette accusation. Pendant mon interrogatoire, à la villa, les officiers ont eu en main la preuve que je ne suis pas un voleur, mais l'histoire des cinquante yuan figure toujours dans l'acte d'accusation. Je ne comprends pas où vous voulez en venir.

» D'ailleurs, je me félicite qu'on me traite de voleur, parce que si j'ai été condamné à trois ans pour vol, pourquoi ai-je ensuite subi six ans de rééducation par le travail ? J'ai l'intention de poursuivre Pékin en justice et de réclamer des dommages et intérêts pour ces six années.

Mon procès prit fin au bout de quatre heures et les juges annoncèrent qu'ils rendraient leur verdict le lendemain.

En sortant de la salle d'audience, je me retrouvai face à Daniel Piccuta, qui m'adressa un sourire et un clin d'œil, comme pour me dire : « Je suis avec vous, tenez bon. »

– Vous voyez, vous êtes revenu, triompha Mr. Liu quand on me ramena à la villa.

– Demain, ils m'auront, c'est sûr, répondis-je.

Dans l'après-midi, on me conduisit de nouveau à la pièce 104, où je fus un peu surpris de découvrir le juge Zhang et son assesseur.

– Ça va ? me demanda-t-il, ajoutant que mon attitude et ma santé les inquiétaient.

C'était donc ça : si je refusais de me présenter le lendemain au tribunal, le spectacle serait fichu.

– Qu'est-ce que vous attendez du verdict ? voulut savoir Zhang.

– Je veux juste sortir d'ici. Vous n'avez aucune raison de me garder. S'il y avait un hélicoptère au-dessus de nous, je m'agripperais à l'échelle et je grimperais là-haut. Je me fiche du verdict de demain. Toute cette histoire est inacceptable.

– Bien sûr, je ne connais pas encore le verdict, reprit le juge Zhang avec calme, mais comme les responsables de la Sûreté nous font de bons rapports sur votre attitude, je suis à peu près sûr que cela se passera bien pour vous.

Sauver la face – nous en étions revenus là. Les Chinois cherchent toujours à sauvegarder les apparences, pour que personne ne soit embarrassé en public.

– Si je ne me présente pas, que se passera-t-il ?

– Selon la loi chinoise, que vous soyez présent ou non, je prononcerai la sentence. Vous viendrez ?

– Je vais y réfléchir. Je n'ai pas encore pris ma décision.

– Je sais que votre santé est mauvaise mais je vous promets de rendre mon verdict en vingt minutes, alors, je vous en prie, soyez patient. C'est douloureux, j'en conviens. Nous avons prévu pour vous des analgésiques. Cela vous aidera.

– Je ne sais pas. Vous m'accusez de choses graves. Je risque au moins dix ans de prison, la mort, peut-être.

Je brossai un sombre tableau juste pour leur rappeler les camps au cas où ils les auraient oubliés. Zhang éclata de rire.

– Je ne pense pas que ce soit aussi sévère, dit-il. Le gouvernement chinois entend faire preuve d'humanité.

Il insista de nouveau pour que je me présente au tribunal le lendemain matin. Nous en restâmes là et nous souhaitâmes bonne nuit. Je préférais les garder dans l'incertitude. Ils voulaient jouer avec mes nerfs ? Très bien, je jouerais avec les leurs.

Le lendemain matin, j'entrepris de ranger mes affaires – livres, magazines, vêtements – et les gardes me demandèrent ce que je faisais.

– Je ne reviendrai plus jamais dans cette chambre, répondis-je. On va me renvoyer au *laogai*.

– Ah ! arrêtez les blagues, dit l'un d'eux.

– Je suis sérieux. J'ai étudié votre législation : je risque la peine de mort. On va peut-être me tuer.

Mr. Liu me regarda et déclara :

– Je vous garantis que vous reviendrez à la chambre 101. Vous voulez parier ?

– J'ai confiance en vous mais j'ai plus confiance encore en votre gouvernement. Je crois au système judiciaire qui se montre à la hauteur de ses lois.

Je regardai les autres gardiens, des jeunes de la génération de la place Tienanmen, des jeunes conscients qu'il existait autre chose ailleurs. Je devais continuer mon numéro de dur à cuire mais je savais que tout pouvait arriver.

Ils pouvaient m'envoyer en prison pour quelques jours juste pour me faire peur, ou me garder quelques mois, comme le font les Irakiens ou les Iraniens avec les hommes d'affaires américains qu'ils arrêtent de temps à autre. Ou alors ils m'enfermeraient pendant des années, se serviraient de moi pour obtenir des États-Unis un contrat, une concession, une visite présidentielle à Pékin. Je n'étais qu'un pion.

À 8 h 15, nous montâmes dans la voiture et nous partîmes pour le tribunal. La veille, on m'avait laissé les menottes jusqu'à ce que je sois à l'intérieur du bâtiment, mais cette fois, quand la voiture arriva dans la cour, où attendaient les équipes de télévision, les policiers me détachèrent les poignets.

On me conduisit à une petite salle d'attente, où quatre ou cinq chaises étaient alignées contre un mur. Trente minutes plus tard, à 9 heures, on me fit pénétrer dans la salle d'audience, toujours à moitié vide. Je remarquai les mêmes soi-disant journalistes, les cadreurs avec leurs caméras, et Daniel Piccuta, fidèle au poste.

Le juge Zhang rejeta rapidement les arguments que j'avais présentés la veille pour ma défense, énuméra de nouveau les charges pesant sur moi et rendit son verdict :
– Peter Wu, l'accusé, est reconnu coupable d'avoir espionné, volé et acheté des secrets d'État chinois, de les avoir livrés à des agences et organismes étrangers. Il est condamné à treize ans de prison et à une peine additionnelle d'expulsion.

» Peter Wu, l'accusé, est également reconnu coupable de s'être fait passer pour un fonctionnaire de l'État. Il est condamné à trois ans de prison et à une peine additionnelle d'expulsion. Les deux peines ne pouvant être confondues, il est condamné à quinze ans de prison et à une peine additionnelle d'expulsion.

» Si l'accusé n'est pas d'accord avec ce verdict, il peut faire appel, directement ou par ce tribunal, auprès de la Haute Cour de la province d'Hubei, dans un délai de dix jours après la décision de ce tribunal.

Les mots « quinze ans » et « expulsion » me tombèrent dessus, sans que je parvienne à les relier. J'avais aussi entendu que je pouvais faire appel, et je songeai à mon père qui, bien des années plus tôt, à Shanghai, m'avait donné ce conseil : « Ne renonce jamais. Ne cesse jamais de te battre. » Je songeai à Achab poursuivant la grande baleine blanche, à Jean Valjean, condamné pour avoir volé un pain. Au diable leur verdict. Je résolus de faire appel.

Normalement, quand le tribunal rend un verdict de culpabilité, le condamné est immédiatement emmené en prison, menottes aux poignets. Mais le policier qui se tenait à côté de moi me posa doucement la main sur l'épaule et me dit :

– Mr. Wu, si vous voulez bien me suivre, avant de me faire sortir de la salle.

Je croisai Daniel Piccuta, qui s'efforça de me sourire d'un air rassurant, comme pour me dire : « Cela aurait pu être pire. » Je me demandai s'il avait entendu le verdict de la même oreille que moi.

On me conduisit de nouveau dans la salle d'attente, mais on y avait cette fois installé une table avec une nappe, des fauteuils en cuir. Des officiers de police bavardaient et fumaient, l'air détendu. Au bout de vingt minutes, les trois juges firent leur entrée.

– Et votre santé ? s'enquit Zhang.

– Ça va, dis-je.

– Vous avez écouté attentivement le verdict ? Nous respectons votre opinion. Avez-vous remarqué que nous n'avons pas parlé de l'accusation de vol d'argent ?

Je gardai le silence.

– Vous avez dix jours pour faire appel. Si vous le faites, vous serez de nouveau jugé dans un mois et demi, et le verdict sera définitif. Qu'en pensez-vous ?

– Je veux faire appel. On ne m'a pas laissé présenter mes arguments à la cour. Il n'y a eu aucun témoin pour la défense, et mes avocats n'avaient rien préparé. Rien. Je veux faire appel.

– Vous êtes sûr que c'est bien ce que vous souhaitez ? insista Zhang. Vous avez écouté attentivement la sentence ? Nous avons tenu compte de votre état de santé, de votre famille qui vous attend.

– Vous avez dit que j'ai le droit de faire appel. Vous me condamnez à passer quinze ans en prison, avant d'être expulsé, et…

– Vous n'avez pas compris, me coupa le juge. Selon la loi chinoise, nous pouvons appliquer d'abord une peine additionnelle.

Je pensai aux mots que m'avait dits mon père quand j'étais enfant. Ne jamais pleurer. Ne jamais abandonner.

– Je veux un procès juste.

– Wu Hongda, vous êtes vraiment têtu. Je commence à vous connaître. En tant que juge, j'ai fini ma tâche. Vous êtes stupide. Pour être franc, ils ont déjà décidé de vous expulser d'abord, mais si vous insistez pour faire appel, nous appliquerons la sentence immédiatement.

D'abord m'expulser ? Pourquoi ne l'avait-il pas dit tout de suite ?

– D'accord. Je ne fais pas appel.

Tout le monde dans la salle poussa un soupir de soulagement. Je n'étais pas complètement fou, finalement.

– Signez ce papier et vous pourrez partir. Dans deux ou trois jours, vous serez en route pour la maison.

On me tendit un document contenant plusieurs clauses essentielles, notamment ces formules : « J'accepte la décision de la cour », et « je renonce à mon droit de faire appel ». Mais le juge Zhang avait précisé qu'on m'expulserait d'abord. C'était tout ce qui comptait. Je signai.

Je fus de retour à la villa pour l'heure du déjeuner.

– Vous avez perdu votre pari, me taquina Mr. Liu.

Toutes mes affaires avaient réapparu dans ma chambre – ma caméra, mon argent, mes cartes de crédit, tout. Ce n'est qu'alors que je fus sûr qu'on me libérait pour de bon. Ils ne m'auraient pas rendu mes affaires si je ne devais pas vraiment partir.

Au bout d'une heure environ, on me remit tous les documents légaux confirmant mon expulsion.

Le plus drôle, c'est que des semaines après, en examinant attentivement mes billets d'avion, je remarquai qu'ils avaient été achetés à 8 heures du matin, le jour où le tribunal devait rendre son verdict. Or, le juge n'avait pas annoncé sa décision avant 9 heures. Voilà bien la séparation entre le législatif et le judiciaire…

Mais je préférais voir les choses d'une autre façon : la dernière fois que les dirigeants chinois m'avaient eu en leur pouvoir, il n'y avait même pas eu parodie de procès et il m'avait fallu dix-neuf ans pour sortir des camps. Cette fois, j'avais eu droit à des juges, à des avocats, et j'avais recouvré la liberté au bout de soixante-six jours. En ce qui me concernait, il y avait du progrès.

28

Libre

Pour mon dernier voyage en Chine, il n'y eut pas de rideaux aux fenêtres. Autour de la Toyota noire qui m'emmenait à l'aéroport de Wuhan s'étendait la Chine éternelle, infinie – les laboureurs dans les champs, les femmes portant des paniers le long de la route, les bicyclettes, les fleuves et les lacs, le ciel, la terre. Mais les bâtiments modernes et le méli-mélo industriel me firent comprendre que j'avais sous les yeux la dynastie économique de Deng et non la Chine féodale. J'aimerais pouvoir dire que je me sentais ému, que des larmes coulaient sur mes joues à la pensée que c'était fini, que je ne reverrais plus mon pays natal. Mais j'entretenais en moi une humeur sarcastique pour empêcher d'autres émotions de me submerger. Je dénombrai seize personnes dans l'escorte qui m'accompagnait, gardes et personnages officiels entassés dans une longue caravane de voitures.

– Voyons, ce n'est pas nécessaire, dis-je. Je suis un homme libre, maintenant. Je peux sortir seul de l'aéroport.

Personne n'ébaucha un sourire. Ils étaient fatigués de mes plaisanteries.

Au moment où nous pénétrâmes dans l'aéroport, on annonça que le vol pour Shanghai aurait deux heures de retard. On m'isola dans un bureau pour que je ne contamine pas les autres passagers, on m'offrit du thé et un encas. Mes gardes avaient fini leur travail, ils pouvaient me parler. C'était ma dernière occasion – au moins pour un moment – d'explorer l'esprit de la Chine totalitaire.

– Qu'est-ce qu'il vous arrivera quand vous rentrerez ? me demanda l'un des plus élevés en grade.

– Je l'ignore. Je ne sais pas ce qui s'est passé dehors.

– Essayez d'imaginer comment sera votre vie. Nous ne faisons que bavarder.

– Peut-être que mon livre se vendra mieux qu'avant.

– Qu'est-ce que vous voulez dire ?

– Si, hier, dix personnes seulement connaissaient le *laogai*, aujourd'hui, il y en a mille, demain un million.

Au lieu de poursuivre sur cette idée occidentale que toute publicité est bonne, il me posa une autre question :

– Quelle est la première chose que vous ferez en rentrant ?

– J'engagerai des jeunes gens et je les ferai vivre un moment avec moi.

– Qu'est-ce que vous voulez dire ?

– J'ai pris l'habitude d'avoir des gens qui me surveillent vingt-quatre heures sur vingt-quatre, qui me lorgnent par un œilleton quand je prends mon bain. Au début, cela me mettait mal à l'aise mais j'ai fini par les apprécier.

Il me regarda, marmonna quelque chose dont la meilleure traduction serait, peut-être : « Gros malin. »

– En tout cas, ne revenez pas, me conseilla-t-il d'un ton amical. Ils vous mettront en prison, ils vous feront purger vos quinze ans.

Je trouvai l'usage du pronom « ils » intéressant. Cette affaire était importante, et cet officier ne faisait que son travail. En usant du mot « ils », il tentait de mettre un peu de distance entre lui et ses maîtres.

– Vous pensez que votre affaire a été bien traitée ? demanda-t-il.

– On ne peut plus mal.

– Pourquoi ?

– Si j'avais été le gouvernement chinois et si j'avais pincé Harry Wu à la frontière, je ne l'aurais pas arrêté mais je l'aurais conduit à Pékin. Je l'aurais invité à dîner, je lui aurais fait rencontrer des universitaires communistes pour parler du *laogai*, avoir un débat, peut-être. Je lui aurais dit : « Quel camp voulez-vous visiter ? Vous avez le choix. Je vous laisserai prendre toutes les photos que vous voudrez. Vous êtes libre d'aller partout, vous pouvez partir. »

L'homme eut l'air abasourdi. Même si j'avais donné à la conversation un tour facétieux, c'est vrai que les Chinois ne savent pas comment présenter au monde leur meilleure image. Ils pourraient dire : « Vous avez vu de vilaines choses, d'accord, diffusez le film sur les télévisions occidentales, mais la Chine change, la population a du respect pour le gouvernement. » Un dicton chinois parle de la difficulté de « détacher la clochette » une fois que vous l'avez attachée à un animal ou à quelqu'un. Les Chinois ne parviennent pas à détacher la clochette qui se trouve dans leur esprit ; ils restent embourbés dans leurs habitudes, dans une culture de l'intolérance vieille de milliers d'années. J'avais envie de me lever et de lui crier : « Vous avez transformé des millions de Chinois en ennemis. Vous les avez opprimés, persécutés, traduits en justice, et vous continuez à le faire. » Mais à quoi bon ? Je voulais rentrer chez moi, en Californie.

Lorsqu'on annonça un autre retard de deux heures, mon ami Mr. Liu vint me dire :

– Wu Hongda, nous avons besoin d'argent.

– Pour quoi faire ?

– Vous avez manqué notre vol Shanghai-San Francisco, nous devons vous prendre un billet sur une ligne étrangère. Il faut payer *cash*.

– Je dois payer pour me faire expulser ?

Mr. Liu prit la mine abattue des bureaucrates contrariés.

– Allons, Wu Hongda, vous avez envie de rentrer chez vous, vous vous inquiétez pour votre famille. Vous n'avez pas envie de rester ici. Mille dollars, ce n'est rien pour vous.

Je commençais à regretter de leur avoir menti en prétendant que je touchais un salaire annuel de quatre-vingt mille dollars.

– Non, vous êtes responsable, rétorquai-je. C'est vous qui m'avez retenu contre mon gré. Moi, je n'ai pas demandé à rester. Vous voulez m'expulser, expulsez-moi.

Il parut encore plus misérable.

- Ne soyez pas têtu, voyons. Réglez le problème.

Je répondis que je n'avais pas d'argent liquide mais que j'acceptais de payer avec une carte de crédit.

- Non, non, vous ne pouvez pas aller au guichet. Vous voulez rentrer chez vous, vous avez besoin de soins. Pourquoi ne pas régler le problème ? Je suis responsable. Ne me faites pas de difficultés.

Je proposai de payer avec un chèque de voyage. Il me restait trois mille dollars en chèques que j'avais déjà signés, et deux mille en chèques non signés, au cas où j'aurais besoin de donner à quelqu'un de l'argent dont on ne pourrait retrouver l'origine. Je lui tendis dix chèques de cent dollars en expliquant :

- La seule chose, c'est que vous devez signer une fois ici, et une fois devant l'employé.

Liu me regarda d'un air dérouté. Manifestement, il n'avait jamais vu de chèque de voyage.

- C'est facile, dis-je en montrant l'espace blanc. Vous mettez votre nom : Liu Ah Go.

En mandarin, Ah Go signifie M. Tout-le-monde mais peut se traduire littéralement par « chiot », « jeune chien ».

- Vous me traitez de chien ? répliqua Liu. C'est vous le chien. Vous êtes le chien courant de l'impérialisme et vous avez le culot de m'insulter !

Cette fois, j'explosai. J'en avais assez de ces gens.

- Vous n'en voulez pas ? Rendez-les-moi et ne m'emmerdez plus. Je vous explique seulement comment on s'en sert.

Il finit par comprendre, alla toucher les chèques et m'acheta un billet.

Quand vint le moment d'embarquer à bord de l'avion pour Shanghai, un policier braqua une caméra sur moi, avec un projecteur qui aveugla mes yeux, déjà mal en point après les doses du merveilleux remède aux herbes. Je portai une main en visière pour me protéger de la lumière.

- Qu'est-ce que vous fabriquez ? s'écria Liu d'une voix étranglée.

- Je ne vois rien.

Ils éteignirent les projecteurs et je me remis à avancer. C'est ainsi que je quittai Wuhan – en continuant à me chamailler avec eux.

Les seize policiers m'accompagnèrent de Wuhan à Shanghai. Nous arrivâmes vers 23 h 30 et ils me firent traverser la piste en direction d'un 747 d'Air China. Mes gardes bavardaient, agitaient des documents, et tout à coup je me dis : « Attends un peu, c'est un vol d'Air China, ça. Et la ligne étrangère ? »

Je demeurai près de la porte tandis que les passagers de première classe, américains et chinois, me dévisageaient en se demandant qui était cet individu dépenaillé qui avait retardé leur départ.

– Vous êtes notre hôte, me dit le steward. Nous avons reçu l'ordre de nous occuper tout particulièrement de vous. Ordre de Pékin.

On me remit mon passeport, puis mon billet, puis le médicament que Ching Lee avait envoyé – et que j'aurais pu prendre là-bas – et enfin le manuel de droit chinois que j'avais payé deux mois plus tôt, que Daniel Piccuta leur avait fourni mais qu'ils ne m'avaient jamais donné.

Le steward commença à fermer la porte.

– Hé, Mr. Liu, où sont mes mille dollars ? criai-je.

Il se frappa le front comme pour dire : « Mince, j'ai totalement oublié. » La porte se ferma et ce fut la dernière image que j'emportai de mon pays natal – le visage d'un type qui venait de me faucher mille dollars.

29

Retour à la maison

Ching Lee et mes amis ne furent pas prévenus de mon retour très longtemps à l'avance. Après m'avoir rencontré le 9 août, Daniel Piccuta les avait informés qu'il espérait un procès rapide, mais aucune date n'étant fixée, Ching Lee et David Welker partirent le 17 août pour la Suisse, où se tenait la réunion annuelle de la Commission des Nations unies sur les droits de l'homme.

La délégation chinoise tenta vainement d'obtenir l'annulation d'une conférence de presse donnée par Ching Lee. Ma femme riposta en distribuant des copies des témoignages que moi et d'autres avions faits sur le *laogai* devant le Congrès au printemps.

Pendant une séance de travail, Ching Lee en remit un exemplaire à un jeune membre de la délégation chinoise, qui répondit poliment :

– Vous savez, la situation était mauvaise dans mon pays par le passé, mais c'est mieux, maintenant.

– Je crois que vous ne connaissez pas tous les détails, dit-elle. La situation est toujours très mauvaise.

Un vieux routier de la délégation remarqua soudain son jeune collègue en train de parler à Ching Lee et se précipita à son secours.

– Le Kuomintang, c'était très mauvais, rappela-t-il.

– Je ne parle pas de 1949 mais de maintenant, répliqua Ching Lee.

Le ton monta, jusqu'à ce que le président de séance frappe de son marteau pour réclamer le silence.

C'est pendant son séjour à Genève que Ching Lee apprit, le 18 août, que mon procès devait commencer le 23, mais que Pékin menaçait de le remettre indéfiniment s'il y avait des fuites. Elle et Jeff acceptèrent de garder le silence et s'empressèrent de rentrer le 21, pour être prêts au cas où je serais relâché.

Nos voisins ne nous avaient pas oubliés. Ils avaient soutenu Ching Lee tout au long de cette épreuve. L'un d'eux accrocha un ruban jaune sur la façade de la maison ; un autre envoya des plats qu'il avait mitonnés, et l'un des enfants du quartier fit un dessin avec cette légende : « Je t'aime, Harry. »

Comme il y a plus de douze heures de décalage horaire entre la Californie et la Chine, Ching Lee recevait les nouvelles à des heures indues. Tôt dans la matinée du 23 août, elle apprit que j'avais été condamné mais elle dut ensuite attendre vingt-quatre heures pour connaître la sentence. Notre maison devint une sorte de poste de contrôle, avec des journalistes massés dehors, David Welker s'occupait du téléphone, dans le bureau du haut. Fatigué de répondre aux journalistes du monde entier, il finit par enregistrer un message leur demandant d'attendre qu'il y ait des nouvelles. Ching Lee était en bas avec ses parents, son frère, sa belle-sœur et une nièce de Taiwan.

Tard dans la matinée, David regarda par la fenêtre et remarqua que la troupe de journalistes semblait s'agiter. Un reporter laissa un message sur le répondeur : « Mrs. Wu, vous devez être heureuse. On vient de mettre votre mari dans un avion. » Dès que ce journaliste eut raccroché, un autre laissa un message similaire.

– Ching Lee, monte vite, cria David. Je ne suis pas sûr mais il se passe quelque chose. Reuters annonce que Harry vient de prendre l'avion.

David appela John Foarde, cadre du Département d'État, qui lui dit :

– Nous avons les mêmes échos. J'attends un appel de Pékin.

Soudain Foarde changea de ton :

– J'ai Pékin sur l'autre ligne, je vous rappelle.

Quelques minutes plus tard, il rappela pour déclarer que Pékin avait donné confirmation : j'étais bien dans l'avion d'Air China.

Ching Lee annonça la bonne nouvelle, déclenchant des exclamations de joie et des embrassades dans la maison, tandis que David sortait pour rencontrer les journalistes. Ma femme lui demanda de lui rédiger une courte déclaration qu'elle pourrait lire à la presse, et il écrivit quelques notes sur un bout de papier. Puis Ching Lee, sa mère et sa nièce sortirent dans le jardin. Ching Lee exprima sa reconnaissance pour toute l'aide qu'elle avait reçue, déclara qu'elle était très heureuse, et impatiente que la famille soit réunie. Les journalistes lui demandèrent si ma libération faisait partie d'un accord avec la Maison-Blanche, et si Mrs. Clinton pouvait maintenant se rendre à Pékin, mais Ching Lee se contenta de les remercier et rentra sans provoquer de vagues.

Jeff Fiedler, parti de Chicago pour Washington, modifia son itinéraire et bifurqua vers San Francisco, pendant que David s'occupait des détails. Le bureau du représentant Pete Stark à Fremont organisa mon accueil à l'aéroport, prévoyant même des soins médicaux au cas où j'en aurais besoin. Le maire de Milpitas, Peter McHugh, emprunta le minibus des retraités de la ville pour transporter parents et amis à l'aéroport. Une autre voiture suivait, au cas où je souhaiterais un peu de tranquillité. Ching Lee et les autres s'entassèrent dans le minibus avec un énorme bouquet de roses jaunes. Quarante minutes plus tard, ils pénétrèrent dans l'aéroport, roulèrent directement jusqu'à la piste.

Entre-temps, Jeff était arrivé et, avec David, avait pris des dispositions pour que Ching Lee fasse une courte déclaration devant près d'une centaine de journalistes. Elle fit part de sa joie puis ajouta :

– Harry est un homme entièrement dévoué à sa cause, il veut absolument remplir sa tâche. Parce qu'il les a personnellement connues, il veut dénoncer les horreurs du *laogai*.

Ignorant tout cela, je tâchai de dormir dans l'avion direct pour San Francisco mais je ne décolérais pas à cause des mille dollars que Liu m'avait volés, du médicament et du manuel de droit qu'on ne m'avait pas donnés quand j'en avais besoin. Mais surtout je me demandais comment se passerait le retour à Milpitas. Je ne savais pas si quelqu'un en Amérique était au courant de mon départ, et l'équipage d'Air China ne se montrait pas très serviable. D'habitude, je téléphone de l'avion pour organiser mon retour mais le 747 d'Air China n'avait pas le téléphone. Peut-être devrais-je louer une voiture pour rentrer à Milpitas et surprendre tout le monde en lançant du seuil de la porte :

– Qu'est-ce qu'on mange, ce soir ?

Je n'avais aucune idée de ce qui m'attendait.

Nous volions vers l'est, quittant le soleil pour l'obscurité. Au bout de près de treize heures, j'aperçus les lumières de Bay Area, les ponts et les autoroutes, les bureaux et les habitations où les gens vivaient en toute liberté dans ce pays insensé. Un personnage de la comédie musicale *Flower Drum Song* dit que « vivre en Amérique, c'est comme le chop suey » – toutes sortes d'ingrédients mélangés. Bay Area, ma ville. Je voyais ses lumières scintiller sous moi et je me laissai aller à un moment d'émotion. En descendant de l'avion, il me suffirait de montrer un rectangle de plastique pour louer une voiture, donner un coup de téléphone, faire ce que je voulais, n'importe quoi – homme libre dans un pays libre. Mon pays.

À la tombée de la nuit, le gros avion d'Air China se posa sur la piste et roula le long de la baie de San Francisco. Lorsqu'il s'immobilisa, je me dis que les passagers me précédant mettraient au moins un quart d'heure pour descendre, mais un steward vint me chercher et me dit que je pouvais passer en premier. Je me levai, saisis mes livres et mon médicament, mon sac de voyage, et me dirigeai vers la porte. Au dernier moment, je coiffai la casquette des Chicago Bulls qui aurait dû nous servir de signe de reconnaissance si le voyage s'était déroulé comme prévu.

Juste derrière la porte ouverte, je découvris Jeff et Ching Lee, qui portait des roses jaunes. Il me parut si doux, ce visage que je n'osais me représenter pendant ma captivité, que je posai mes bagages pour la prendre dans mes bras et la serrer contre moi.

— Tout va bien, murmura-t-elle à mon oreille.

Des mois plus tard, elle reconnut :

— Il était dans un état pitoyable. On ne lui avait pas coupé les cheveux depuis plus de deux mois, ses vêtements étaient fripés. Il avait l'air très fatigué.

Jeff et Ching Lee prirent mes affaires et nous descendîmes le couloir. Tout me semblait étrange, j'étais étourdi. Remarquant que je boitais, Ching Lee voulut savoir si on m'avait torturé.

— Non, répondis-je, j'ai mal aux jambes parce que je n'avais pas de médicament pour mon dos.

— Mais je te l'ai envoyé à Wuhan.

— On me l'a donné aujourd'hui seulement, avant que je prenne l'avion pour Shanghai.

Ching Lee marmonna en chinois un mot pas très gentil.

Ils m'emmenèrent dans une salle privée où un médecin prit ma tension, écouta mon cœur, et me déclara en assez bonne santé pour rentrer chez moi par mes propres moyens. On avait apporté un fauteuil roulant mais j'étais résolu à sortir de l'aéroport sur mes deux jambes.

— Harry, il y a des reporters, me dit Jeff. Tu veux leur parler ?

Ma première réaction fut de refuser, j'étais trop fatigué. On informa donc les journalistes que je ne m'adresserais pas à eux, ce qui dut les contrarier vivement. Plus tard, quand je me rendis compte du « bruit » que la presse avait fait autour de ma capture, je regrettai de ne pas avoir parlé tout de suite aux reporters. Des centaines de gens étaient aussi venus m'acclamer à l'aéroport mais j'avais juste envie de retrouver ma famille, ma maison, et je n'eus pas l'occasion de leur faire un signe. Ce n'est que plusieurs jours plus tard que je compris qu'un grand nombre d'Américains s'étaient souciés de mon sort.

Tandis que nous parcourions les couloirs, Ching Lee me racontait ce qui s'était passé et je hochai la tête en l'écoutant mais elle se rendit compte plus tard que je ne me rappelais rien de ce qu'elle m'avait dit. Au sortir d'un couloir, je découvris les parents de ma femme et je tombai à genoux, tellement heureux d'avoir des parents venus m'accueillir à l'aéroport. David Welker aussi était là.

– Je suis content de te voir, me dit-il.
– Je suis content d'être ici, répliquai-je.

Tous me trouvaient maigre et affaibli, mais étonnamment lucide et cohérent après tout ce que j'avais enduré. Ils me demandèrent si les Chinois m'avaient interrogé jour et nuit mais je répondis :

– Non, ça n'a pas été si dur.

En sortant du bâtiment, je vis le minibus de Milpitas entouré d'un grand ruban jaune. Finalement, je n'aurais pas besoin de louer une voiture. Je montai dans l'auto avec David, Jeff, Ching Lee et le chauffeur, le reste de la famille et les amis suivraient dans le minibus.

Quand notre petite caravane démarra, je me mis à raconter. Je parlai d'abord des seizes gardes qui m'avaient suivi jusqu'à Shanghai, puis je remontai jusqu'à l'air stupéfait des juges lorsque j'avais décidé de faire appel.

– C'est bien toi, ça, commenta Jeff.

En arrivant dans notre rue, je fus étonné de voir les projecteurs des équipes de télévision devant notre maison. Sur le trottoir, nos voisins applaudissaient et faisaient des signes. Il y avait des rubans jaunes sur toutes les façades, y compris la nôtre, devant laquelle un agent de police montait la garde. Des dizaines de reporters me réclamèrent à grands cris une déclaration. Pendant des mois, j'avais brûlé d'envie de raconter mon histoire au monde mais à présent, je n'avais presque plus d'énergie.

– Je suis très fier d'être américain, dis-je. Si je n'avais pas été américain, je ne pense pas qu'ils m'auraient relâché.

Je les remerciai d'être venus puis j'entrai dans ma belle maison californienne. Je tins absolument à en faire le tour, à tout inspecter, avant de m'asseoir sur le canapé de cuir blanc de la salle de séjour, entouré de ma famille. Les deux petites nièces de Ching Lee couraient dans la pièce. Un couple d'amis chinois nous rejoignit et je racontai mes histoires – l'araignée, les juges, les jeunes lieutenants qui connaissaient Magic Johnson et O.J. Simpson, le voyage en train à travers la Chine, les terribles saignements de nez, et Wang, et les questions idiotes soufflées par Pékin. Parfois, je frappai mes poings l'un contre l'autre pour mieux me faire comprendre – Wang et moi nous cognant la tête, mentant, disant la vérité, jouant au chat et à la souris.

Au bout d'un moment, les gens commencèrent à partir – les nièces, les parents de Ching Lee. Jeff alla se coucher dans la petite chambre d'amis puis Ching Lee dit à son tour qu'elle montait. Je regardai David et compris que tous les lits, tous les canapés étaient occupés.

– Je dormirai par terre dans ton bureau, décida-t-il.

Quand toute la maison fut enfin silencieuse, je me glissai dans le lit près de ma femme, la pris dans mes bras et lui murmurai que je l'aimais.

– J'ai pensé à toi tout le temps, dit-elle. Et toi, tu as pensé à moi ?

– Pour être franc, je ne pouvais pas. Cela m'aurait fait trop mal, je n'aurais pas tenu le coup.

Comme il faisait sombre, je ne pouvais voir le visage de Ching Lee mais elle répondit à voix basse :

– Je comprends.

Elle ne tarda pas à glisser dans le sommeil. Je fermai les yeux, remerciai le ciel d'être de retour mais ne parvins pas à dormir. J'étais en colère : Liu m'avait pris mille dollars. Je me redressai, posai les pieds sur le sol.

– Harry, qu'est-ce que tu fais ? marmonna Ching Lee.

Je répondis que j'allais écrire une lettre au sujet de Liu.

(« Je n'étais pas étonnée, dirait-elle des semaines plus tard. C'est Harry tout craché. Il faut qu'il se batte pour ce qui lui appartient. »)

Je sortis de notre chambre sans faire de bruit, allai dans mon bureau sur la pointe des pieds, enjambai la forme endormie de David Welker et m'assis devant ma machine à traitement de texte.

« Au gouvernement de la République populaire de Chine, Pékin.

« Le jour où cinq policiers en uniforme et onze cadres en civil m'ont conduit à l'aéroport de Wuhan, où je devais être expulsé, un policier en civil nommé Liu, âgé de quarante-deux ans… »

Je restai coincé sur une phrase, j'avais besoin d'aide en anglais. David n'oubliera jamais ce qui arriva ensuite. Le pauvre garçon était sur la brèche depuis deux mois, il s'était fait du souci pour moi, il avait aidé Ching Lee, il avait sauté d'une ville à l'autre, souffert du décalage horaire. Enfin détendu, il avait sombré dans un profond sommeil.

À 4 heures du matin, je le secouai.

– David, réveille-toi.

Il ouvrit les yeux, me regarda d'un air incrédule.

– Harry, mais qu'est-ce que tu fais ?

Je répondis que j'écrivais une lettre aux communistes. Il trouva les mots que je cherchais et, assis tous les deux en sous-vêtements dans la chaleur de la nuit californienne, nous finîmes la lettre.

– OK, c'est terminé, tu peux te rendormir, lui dis-je.

– Maintenant, je sais que tu es rentré, soupira-t-il.

30

Retour au calme

Ching Lee n'était plus la femme que j'avais rencontrée cinq ans auparavant. Sa confiance en elle, son sens de l'initiative avaient grandi. J'avais honte à le reconnaître mais je l'avais peut-être sous-estimée. Si elle ne prenait guère la peine de raconter ses exploits pendant mon absence, seul un idiot n'en aurait pas pris la mesure. Elle avait conversé avec Margaret Thatcher, Tony Lake et Newt Gingrich ; elle avait maîtrisé l'art de la déclaration de quinze secondes pour la télévision ; elle avait appris à jouter avec les Chinois.

On me raconta par exemple l'histoire des huit jours de célébration à San Francisco pour honorer la ville sœur de Shanghai. Ching Lee et son amie Ann Lau avaient tenté de les faire annuler mais les préparatifs étaient trop avancés. Elles décidèrent donc de protester en personne. Imaginez la stupeur des organisateurs, le 16 juillet, quand Ching Lee, le représentant Nancy Pelosi et le maire de Milpitas, Peter McHugh, se présentèrent à la réception donnée en l'honneur du maire de Shanghai et se mirent à scander : « Libérez Harry Wu ! » L'édile chinois ne put pas ne pas remarquer l'avion qui passa au-dessus de sa tête, traînant une banderole réclamant elle aussi ma libération. Encore aujourd'hui, nous ne savons pas qui a payé pour cet avion.

Les témoignages sur le courage de ma femme se multipliaient, et plus je regardais les reportages tournés en mon absence, plus je me rendais compte que Ching Lee avait pris à bras-le-corps une situation terrible et l'avait retournée en notre faveur. Elle avait persuadé les Américains de s'intéresser à mon sort; elle les avait forcés à s'intéresser au *laogai*

J'étais gêné d'avouer aux journalistes que je n'avais pas osé penser à elle de peur de craquer. Comment avais-je pu ne pas penser à cette femme courageuse et belle qui m'avait soutenu? Le second soir, quand les choses se furent un peu calmées, je lui dis :

— Tu ne me parles pas de tout ce que tu as fait pour moi pendant ma captivité, mais les autres le font pour toi. Je lis les articles, je regarde les cassettes. Je ne savais pas.

— Je l'ai fait pour toi parce que je t'aime, répondit-elle. Parce que je suis ta femme.

Je savais que Ching Lee était une femme intelligente et travailleuse, mais aussi douce et aimable, au-delà du stéréotype de l'Asiatique qui fait les quatre volontés de son mari. Je n'aurais jamais imaginé qu'elle deviendrait un personnage public, et je me surprenais à songer : « C'est une autre Ching Lee. » Submergé d'émotion, je lui murmurai :

— Veux-tu de nouveau m'épouser?

— Ne sois pas idiot, rétorqua-t-elle. Nous sommes déjà mariés. Pas la peine de le refaire.

Pendant les premiers jours et les premières nuits de nos retrouvailles, Ching Lee parla des changements qui s'étaient opérés en elle.

— Bien sûr que je suis différente, disait-elle aux gens. Même avant l'arrestation de Harry, je savais que j'étais en train de changer mais je n'osais pas parler parce que je pensais que je ne comprenais pas le *laogai*.

» J'ai toujours parlé facilement aux gens. Cela faisait partie de mon travail, à Taiwan. Quand Harry était pris par un rendez-vous, ou fatigué, j'avais envie d'aider, de partager le fardeau. Pas juste en tapant à la machine, en m'occupant de la paperasse.

» Et puis, quand Harry a été arrêté, de nombreuses personnes ont demandé à me rencontrer. Au début, je ne parlais pas beaucoup mais ensuite, j'ai appris un peu à le faire. Je craignais toujours de commettre une erreur mais je me rendais compte que j'étais capable d'en parler.

» À son retour, Harry a déclaré : "Je l'ai sous-estimée." J'ai compris ce qu'il voulait dire. Au début, les gens souhaitaient parler uniquement à Harry, mais maintenant, c'est différent. Je me rends compte que les gens veulent me parler aussi. Je suis capable de m'adresser aux journalistes de la télévision. Récemment, j'ai pris la parole dans un lycée. Ma façon de parler est différente. Je peux le faire.

Ching Lee est demeurée une épouse aimante qui me presse quelquefois de ralentir le rythme, de rester à la maison, de cesser de parcourir le monde, pour que nous puissions mener ensemble une vie normale. Récemment, nous avons envisagé de fonder une famille. Nous y songeons mais en attendant, j'ai du mal à refuser d'aller prendre la parole à l'autre bout du pays, de sauter dans un avion chaque jour. Je sais que je dois ralentir et passer plus de temps avec Ching Lee. Je me rappelle ces jours horribles où je croyais ne plus la revoir.

J'eus quelque mal à retrouver mes marques pour ce premier jour complet. Je finis par dormir un peu mais le lendemain matin à 10 heures, j'invitai tous les journalistes à entrer. Naturellement, la première question porta sur la confirmation, faite ce même jour, que Mrs. Clinton se rendrait bien en Chine. Cette annonce n'était pas spécifiquement liée à ma libération, mais le rapport de cause à effet ne faisait aucun doute dans mon esprit.

– Elle a dû apprécier elle-même si elle devait y aller ou pas, dis-je aux journalistes. Mais, si ma libération fait partie de l'accord, si c'est une condition pour que Mrs. Clinton aille en Chine, j'en suis très fâché.

» La libération de Harry Wu ne signifie pas que la situation des droits de l'homme se soit améliorée en Chine. Là-bas, la police m'avait dit : "Vous avez de la chance d'être citoyen américain." Cela m'avait profondément attristé :

Les reporters voulurent ensuite savoir comment j'avais survécu à ma captivité. M'avait-on torturé ? Interrogé vingt-quatre heures d'affilée ? Je répondis en toute franchise que l'épreuve n'avait pas été si terrible, que je m'étais presque toujours senti maître de ce que je leur disais.

– Je leur ai menti. Et alors ?

Je les vis remuer sur leurs chaises d'un air gêné. Les Américains aiment à penser que tout le monde est tenu d'observer les mêmes règles, de dire tout le temps la vérité, qu'on doit dire ce qu'on pense et penser ce qu'on dit. Mais moi, j'avais affaire à des gens indignes de confiance, et je devais m'aligner sur eux.

– J'ai promis que, s'ils me libéraient, je me tiendrais à l'écart de la politique et me contenterais de profiter de la vie avec ma femme, poursuivis-je. Pourquoi aurais-je été honnête avec eux ? Je traite les hommes comme ils me traitent, et eux, ils m'ont menti depuis le début.

C'était un combat que je devais continuer.

On me demanda si j'essaierais un jour de retourner en Chine.

– Je ne sais pas, répliquai-je. Je viens juste de rentrer. Il faut que j'y réfléchisse.

L'un des premiers coups de téléphone que je reçus fut celui de Daniel Piccuta, ravi d'entendre que j'allais bien.

Immédiatement après le verdict, il avait rencontré un dirigeant chinois et s'était proposé pour m'accompagner à l'aéroport si on m'expulsait. L'homme avait répondu que je devrais d'abord purger ma peine. Piccuta était retourné à sa chambre d'hôtel de Wuhan, où on pouvait le joindre en cas de besoin, mais ce ne fut pas avant minuit et demi que quelqu'un l'appela pour lui annoncer simplement :

– L'avion de Harry Wu vient de quitter Shanghai.

Je reçus aussi un coup de téléphone de Don Hewitt, de *60 Minutes*, qui souhaitait faire un reportage sur mon voyage. Bien sûr, répondis-je. Ils envoyèrent à Milpitas mon vieil ami, le célèbre importateur américain de tuyaux d'acier, Ed Bradley. Je pris un grand plaisir à lui raconter :

– Tu sais quelle est la première question qu'on m'a posée en Chine ? Combien gagne Ed Bradley ?

Bradley nous interviewa ensemble, Ching Lee et moi. À la question : « Mrs. Clinton a-t-elle fait assez au sujet de la Chine ? » ma femme répondit :

– Je crois qu'elle devrait faire quelque chose pour ceux qui sont encore dans les prisons chinoises, ceux qui sont injustement accusés... ces gens sans nom, sans visage...

– Elle devrait condamner le système du goulag chinois, ajoutai-je, condamner les violations des droits de l'homme en Chine, clairement, franchement, publiquement.

Bradley demanda si la femme du président des États-Unis pouvait critiquer les Chinois pendant une conférence se déroulant dans leur propre pays.

– Vous voulez laisser les communistes chinois sauver la face ? ripostai-je à la caméra. Vous vous fichez des dissidents qui souffrent au goulag ?

L'expression d'Ed Bradley donnait la réponse : il ne s'en fichait pas.

Les Chinois ne perdirent pas de temps à me discréditer. À peine étais-je monté dans l'avion qu'ils déclenchaient un tir de barrage pour me salir : « Un être moralement corrompu et coupable de nombreuses mauvaises actions », dit de moi le *Quotidien du Peuple*. Selon ce journal, j'avais commencé ma carrière en volant à l'université, et l'article exhumait la vieille histoire des cinquante yuan pour me présenter comme un simple petit délinquant. Il glissait commodément sur mes dix-neuf années au *laogai* et poursuivait en affirmant que, devenu enseignant à Wuhan, j'avais volé la collectivité, falsifié des documents pour me procurer des postes de radio et des ventilateurs électriques, imité la signature de mon supérieur sur des notes de frais. J'avais également séduit une étudiante – ce qui était parfaitement exact, à ceci près que je n'avais pas dû déployer beaucoup d'efforts pour la séduire. Elle et moi avions été des partenaires égaux pendant les courts moments de bonheur que nous avions connus ensemble. Le journal me peignait en « dégénéré moral », m'accusait de manquer de patriotisme. « Son cœur était plein de haine. Il pensait que la Chine avait une dette envers lui, il voulait régler un vieux compte avec son pays. »

C'était vrai. Les Chinois me doivent dix-neuf années de ma vie. Et il y en a des millions comme moi.

Le lendemain, Anthony Lake, conseiller de Clinton pour la sécurité nationale, m'appela et me souhaita un bon retour, et je le remerciai des efforts que le gouvernement avait faits pour moi. Avant mon arrestation, je voyais peut-être ma nationalité américaine comme une nécessité, la seule façon de vivre, mais je me sentais maintenant profondément fier d'être américain, et j'espère être parvenu à le faire comprendre à Mr. Lake. Le *Washington Post* publia ce titre : « Mr. Clinton devrait rencontrer Mr. Wu. » Quand on demanda à Lake s'il projetait de me rencontrer, il répondit oui, très prochainement, mais cette rencontre n'eut jamais lieu.

Nous étions devant notre poste quand la télévision montra Hillary Clinton arrivant à Pékin, à la date et à l'heure prévues. J'aurais été ravi qu'elle reste en Amérique pour protester contre la politique chinoise en matière de droits de l'homme ; j'aurais été ravi qu'elle dénonce, dans son allocution à la conférence, la façon dont les Chinois traitent leurs prisonniers. Elle prononça là-bas un discours enflammé dont beaucoup firent l'éloge dans le monde entier.

– Il est temps pour nous de dire ici à Pékin qu'on ne peut plus discuter des droits des femmes indépendamment des droits de l'homme, déclara-t-elle aux délégués.

J'aurais aimé qu'elle soit plus précise sur la politique chinoise de stérilisation ou d'avortement forcé, les infanticides commis sur les bébés de sexe féminin par des parents désirant un fils. Elle ne le fit pas mais la force de ses propos dans ce cadre dut être manifeste pour Pékin, qui n'avait pas autorisé la venue d'exilés tibétains ni de délégués de Taiwan.

– La liberté, cela signifie le droit de se rassembler, de s'organiser et de débattre ouvertement, déclara Mrs. Clinton. Cela signifie respecter les opinions de ceux qui ne partagent pas forcément le point de vue de leur gouvernement. Cela signifie ne pas arracher des citoyens à ceux qu'ils aiment et les jeter en prison, les maltraiter, les priver de leur liberté ou de leur dignité parce qu'ils expriment pacifiquement leurs idées et leurs opinions.

Elle dit aussi aux délégués :

– Si un message doit émaner de cette conférence, que ce soit celui-ci : les droits de l'homme sont les droits des femmes, et les droits des femmes sont les droits de l'homme, une fois pour toutes.

Le lendemain, nous vîmes des scènes où les agents de sécurité montrèrent le visage dur du communisme à toutes ces femmes, à ces fauteurs de troubles venus du monde entier. Le gouvernement chinois avait en effet choisi un lieu fort incommode – la ville d'Huairou, à une cinquantaine de kilomètres de Pékin – pour que Mrs. Clinton y prononçât son discours, le 6 septembre. Des milliers de participantes durent rester dehors, sous une pluie battante, parce que la salle était trop petite pour les accueillir, et il y eut quelques moments déplaisants quand les policiers repoussèrent et bousculèrent les infortunées déléguées.

Si presque personne en Chine ne put entendre l'allocution de Mrs. Clinton, il ne fait aucun doute que les dirigeants chinois étaient fiers de recevoir chez eux la Première Dame des États-Unis. Mais ces dirigeants l'entendirent, et avec eux la majeure partie du monde libre. En Amérique, des républicains, des militants des droits de l'homme avaient appelé l'épouse du président à dénoncer publiquement Pékin. Je craignais personnellement qu'elle ne se conduisît simplement en invitée polie et ne permît aux Chinois de sauver la face, mais elle apporta à la conférence un message puissant : les droits de l'homme sont universels.

Au fil des jours, j'engrangeai de nouvelles informations sur ce qui s'était passé pendant ma captivité. J'appris par exemple que le sénateur Diane Feinstein, de Californie, se trouvait en Chine durant ma détention. En sa qualité d'ancien maire de San Francisco, elle rendit visite au président Jiang Zemin, qui avait lui-même été maire de Shanghai, ville jumelée avec la nôtre. Feinstein demanda à Jiang de me libérer mais celui-ci souligna qu'il ne pouvait violer la merveilleuse séparation entre judiciaire et exécutif.

Le 24 août, alors que le sénateur Feinstein attendait son avion, Jiang envoya un émissaire à l'aéroport de Shanghai pour la rassurer :

– Harry Wu quittera la Chine aujourd'hui.

Tout était arrangé. À peu près au même moment, après une longue et pénible attente, j'entendais le tribunal prononcer son verdict. Je suis content de savoir que les autorités avaient déjà acheté mon billet d'avion et prévenu mon sénateur de ne pas s'inquiéter. J'aurais simplement souhaité que Jiang me prévienne moi aussi.

Peu de temps après mon retour à la maison, je parlai au téléphone avec Meihua, qui m'avait vu à la télévision à Shanghai et qui connaissait maintenant le pourquoi de mes mystérieux voyages en Chine.

– Tu vas bien ? me demanda-t-elle, et je répondis affirmativement.

– Ne fais plus jamais ça, poursuivit-elle. Prends soin de toi. Tu as presque soixante ans maintenant. Il ne te reste plus tellement de temps devant toi. Profites-en, profite de ta famille. Je pense toujours à toi. Si tu te soucies un peu de mes sentiments, ne prends plus de risques.

Je la remerciai de ses conseils, sans toutefois lui faire de promesse. Nous nous écrivons, nous nous téléphonons de temps à autre. Elle ne manque jamais d'envoyer ses amitiés à Ching Lee. Récemment, sa famille a retrouvé une vieille photo de nous deux, et Meihua m'a appris la naissance de sa deuxième petite-fille.

Je dois le reconnaître : les dirigeants chinois ne s'en sont jamais pris à Meihua, sans doute parce qu'ils savent que je ne lui ai jamais parlé de mes missions. À cet égard au moins, les choses se sont améliorées. Un fauteur de troubles notoire peut décrocher le téléphone en Californie, appeler la petite amie de son adolescence sans craindre – jusqu'à présent – que Big Brother n'intervienne.

Face à mes mésaventures, la BBC eut une réaction inattendue. Les dirigeants de la chaîne étaient fort contrariés par les quelques concessions que j'avais faites pour permettre aux Chinois de sauver la face. En fait, j'avais seulement admis qu'une scène du documentaire pouvait prêter à confusion : l'opération montrée était bien une opération du cœur – même si la BBC n'avait jamais prétendu qu'il s'agissait d'une greffe de rein. De même, j'avais prévenu la chaîne que les tombes montrées dans une autre scène n'étaient pas forcément des sépultures de prisonniers. Mais, à mes yeux, ces détails ne discréditaient en rien l'ensemble du film ni la BBC elle-même, qui est peut-être la plus prestigieuse chaîne d'informations au monde.

Les Chinois menacèrent cependant de ne plus accorder de visa à certains correspondants permanents de la chaîne, ce qui plaçait mon amie Sue Lloyd-Roberts dans une situation délicate. Des reporters de la BBC à Pékin avaient entendu des rumeurs selon lesquelles j'avais été drogué, abruti au point de faire les déclarations les plus absurdes pendant mon interrogatoire et mon procès. À présent que j'étais libre et rentré en Amérique, la chaîne demanda à m'interviewer par satellite afin d'éclaircir l'affaire. Ayant beaucoup d'admiration pour la BBC, j'acceptai volontiers et je me rendis dans un studio de New York pour être interviewé à distance par un certain Peter Snow, qui ne cessa de m'appeler « Mr. Wu » avec une politesse britannique. Je m'efforçai de lui décrire l'isolement de la villa mais Snow revenait sans cesse à mon air abattu sur les images du film de propagande chinois. Il me posa en substance cette question :

– Mr. Wu, il paraît qu'on vous a forcé à prendre des médicaments. Est-ce que cela aurait pu avoir une influence sur vos déclarations ? Pourquoi avez-vous dit que le film de la BBC était erroné ?

Je me rendis soudain compte que je ne supportais pas ses questions. Je n'aimais ni son ton ni ses basses insinuations. J'ôtai mes écouteurs et déclarai abruptement :

– L'interview est terminée.

En sortant du studio, je grommelai à plusieurs personnes :

– En Chine, ils ne m'ont pas interrogé aussi durement que ce type de la BBC.

Me rappelant la lettre que mes geôliers m'avaient montrée – une lettre écrite dans ma propre maison – j'entrepris dès mon retour d'améliorer ma sécurité. Oui, j'ai un pistolet chez moi. Oui, j'ai fait installer un système de surveillance par caméra. Oui, j'ai acheté un destructeur de documents.

Note aux communistes : vous pouvez aller fouiller dans mes poubelles, vous n'y trouverez que des restes de rosbif aux brocolis.

Nous eûmes tous notre quart d'heure de célébrité. David Welker eut sa photo en première page du *Washington Post*, au moment où il me serrait dans ses bras à l'aéroport. Les Chinois n'ont pas pu ne pas la remarquer, bien sûr, et David pense sans doute que cela l'empêchera d'obtenir un visa pour aller en Chine, mais il fera un jour une brillante carrière dans le corps diplomatique ou dans le secteur privé. Il aime la langue chinoise, il aime les Chinois, il aime la Chine. Il y retournera.

Le 8 septembre, je fus invité à Washington par le Sous-Comité de la Chambre sur les opérations internationales et les droits de l'homme ; une douzaine de représentants me comparèrent à Natan Charansky, Lech Walesa, Raoul Wallenberg, Aung San Suu Kyi, et autres militants des droits de l'homme. Je fus extrêmement flatté de me retrouver en telle compagnie. Mais en ma qualité d'ancien joueur de base-ball, je fus particulièrement ravi quand le représentant Nancy Pelosi, originaire de Baltimore, me compara au grand Cal Ripken, des Orioles de Baltimore, qui venait de battre le record du nombre de parties jouées d'affilée.

– Je pense que nous avons notre homme de fer aujourd'hui parmi nous, dit-elle avant de rendre également hommage à Ching Lee : Quelquefois, quand nous étions tentés de nous laisser aller au désespoir, la détermination et l'ardeur de Ching Lee nous réconfortaient tous. Je sais qu'à Washington, à Horgas, à Pékin, nos représentants n'ont pas ménagé leurs efforts pour obtenir la libération de Harry.

Pour ma part, je commençai ainsi mon intervention :
— Avant tout, permettez-moi de vous dire merci du fond du cœur.

Nous eûmes d'autres personnes à remercier. Aux Pays-Bas, les Combattants de la Liberté me décernèrent leur médaille annuelle, une des plus prestigieuses distinctions au monde dans le domaine de la paix. Plusieurs membres du Congrès proposèrent ma candidature pour le prix Nobel mais j'appelai instamment tout le monde à soutenir Wei Jingsheng, qui a fait preuve d'un immense courage en Chine et continue à souffrir. Il mérite cette distinction bien plus que moi.

Notre cause remporta une autre victoire pendant ma détention. Mon vieil ami Bob Windrem, de NBC, avait enquêté sur une firme soupçonnée d'acheter des produits provenant des camps de travail, et son reportage était passé au journal du soir du 26 juin, après une visite du journaliste Fred Francis à la compagnie Ashbury Graphite, à Ashbury, New Jersey.

Marvin Riddle, président de la société, déclara à NBC qu'il ignorait d'où provenait le graphite que sa firme achetait, mais son fils Steven, directeur général, révéla à Francis qu'il venait des mines de Qingdao, dans le Shandong.

— Savez-vous qu'une grande partie du graphite de Qingdao est extraite par la main-d'œuvre forcée ? demanda Francis.

— Nous le savons, oui, répondit Steven Riddle.

— Comment le savez-vous, en tant qu'entreprise ?

— De, de, de... d'être allé là-bas, et d'avoir parlé aux gens de l'industrie du graphite, ou d'autres industries, qui se sont rendus dans cette région de Chine... Je crois que tout le monde a tendance à fermer les yeux.

— Vous compris ?

— Nous compris, oui.

— Vous êtes-vous jamais inquiété du fait que votre société, Ashbury Graphite, viole la loi américaine ?

— Si.

NBC interviewa aussi le représentant Frank Wolf, de Virginie, qui appela le service des douanes à enquêter sur les compagnies achetant des produits en provenance des camps de travail chinois. Je fus heureux d'apprendre que des élus comme Wolf, des journalistes comme Windrem maintenaient la pression. Après m'être fait pincer en Chine, je devais prouver que je pouvais encore dénoncer efficacement le système du *laogai*.

La dernière conséquence des événements de 1995 concernait mon enquête sur les grands travaux financés par la Banque mondiale au Xinjiang. Arrêté à la frontière, je ne pus me rendre sur les lieux mais nous finîmes par recueillir plus d'informations que je ne l'aurais imaginé. Avec l'aide de Jeff, de David et de Ching Lee, nous publiâmes le 23 octobre 1995 un rapport intitulé : « La Banque mondiale et le travail forcé en Chine : erreur ou banqueroute morale ? »

Le texte relevait que, dans son propre rapport du 31 juillet 1991, la Banque mondiale ne mentionnait pas l'existence, dans la région du bassin du Tarim, de sept grands camps de *laogai* et de quatorze camps de travail forcé dirigés par le CCPX, qui administre aussi trente fermes au moins dans la région.

Nous insistions sur les aspects militaires du Corps, et nous reproduisions un article de l'agence de presse chinoise Xinhua publié en avril 1995 : « Depuis le début des années 90, le Xinjiang réalise un vaste programme d'irrigation financé par la Banque mondiale afin de venir en aide aux cinq cent quarante mille personnes qui vivent dans la partie ouest du désert de Taklimakan Shamo... À ce jour, cinquante-trois mille hectares de terres, dont soixante-dix pour cent cultivées, ont été gagnées sur le désert. »

Pékin reconnaissait ainsi la participation de la Banque mondiale aux travaux d'irrigation du bassin du Tarim, alors que la Banque elle-même cachait encore pudiquement ses relations avec le Corps. Nous avons estimé à deux cent soixante mille le nombre de personnes travaillant dans les fermes du CCPX le long du fleuve, dont une grande majorité de Chinois han, alors que les rapports de la Banque mondiale mettent l'accent sur l'aide aux populations ouïgoures.

Le rapport de notre fondation invitait James Wolfensohn, nouveau président de la Banque mondiale, à enquêter sur la participation des camps de travail dans le bassin du Tarim. Nous réclamions également une étude indépendante sur les grands travaux de la Banque au Xinjiang et ailleurs en Chine, et nous appelions la Banque mondiale à définir une politique officielle interdisant le recours au travail forcé dans tous les projets financés par elle avec des sanctions appropriées contre les pays violant cette politique.

La Banque mondiale envoya une équipe au Xinjiang. Le 20 décembre, elle publia un rapport intitulé : « Conclusions d'une mission d'enquête effectuée au Xinjiang du 5 au 18 novembre 1995. » Ce texte, long de quinze pages, reconnaissait au passage que notre rapport d'octobre était à l'origine de l'enquête. Il soulignait que les travaux d'aménagement du bassin du Tarim étaient en fait concentrés sur les vallées de deux fleuves, le Weigan et le Yerqiang, peuplées en grande partie d'Ouïgours, et affirmait que la plupart des camps que j'avais visités en 1994 se trouvaient en dehors de la zone hydrographique concernée par les travaux de la Banque mondiale. Selon ce rapport, un seul établissement pénitentiaire était situé au voisinage des travaux, « la prison de Pailou et sa ferme ». Mais les enquêteurs avaient visité la ferme de Pailou et découvert que, « même en ce qui concerne les avantages hydrographiques indirects, la ferme n'a en aucune façon bénéficié des travaux ». À en croire les enquêteurs, tous les documents et interviews indiquaient que la ferme ne s'était ni développée ni modifiée depuis vingt ans.

La Banque mondiale énumérait ses autres grands travaux dans le Xinjiang. Pour le Programme de développement agricole du Xinjiang, achevé le 31 décembre 1994, elle déclarait : « Aucune des équipes n'a remarqué d'indices d'activités ou d'établissements pénitentiaires. » Pour un Programme d'assainissement et d'alimentation en eau dans la région d'Aksu, l'équipe de la Banque avait effectivement constaté la présence d'un établissement pénitentiaire, mais d'une manière générale, « même à la ferme d'État n° 7 d'Asku, le programme a été réalisé au profit des bénéficiaires prévus, qui ne sont ni des détenus ni des soldats, mais de pauvres paysans transplantés de provinces de l'est ».

Abordant enfin la question des « Liens des Agences d'exécution avec des Établissements pénitentiaires », le rapport concède que l'Organisation des fermes d'État du Xinjiang « se donne traditionnellement » le nom de CCPX, et dresse la liste de toutes les facettes du Corps sans jamais mentionner l'aspect militaire. Il note que le CCPX « possède également un Bureau des prisons » qui « dépend directement de l'administration pénitentiaire » de Pékin.

La Banque mondiale conclut en ces termes : « Le bassin du Tarim et autres grands travaux réalisés par des agences du gouvernement régional du Xinjiang n'ont aucun lien avec quelque organisation militaire que ce soit. Quant aux deux programmes où des fermes d'État du Xinjiang participent à la mise en œuvre du projet, la mission a reçu l'assurance que ces organismes n'avaient aucun rapport avec l'Armée populaire de libération. L'usage de termes militaires pour décrire les échelons des structures d'organisation (commandant, régiment, etc.) tient aux origines, à l'héritage du Corps et à ses membres, dont un grand nombre sont les descendants de la deuxième et de la troisième génération des soldats démobilisés dans le Xinjiang au début des années 50. La mission n'a rien décelé qui vienne contredire ces assurances. »

« La mission n'a découvert aucune preuve qu'on ait fait appel à de la main-d'œuvre forcée pour réaliser l'un des programmes de la Banque au Xinjiang », ajoutait le rapport.

Dans un communiqué de presse annexe, la Banque mondiale déclare avoir passé en revue ses cent cinquante-neuf programmes en cours dans le pays, et affirme que ses investigations ont été « menées indépendamment du gouvernement chinois, qui a pleinement coopéré avec la Banque ». Le communiqué de presse note cependant que le CCPX est « chargé d'administrer quelques prisons et fermes contiguës pour le ministère de la Justice », que

« certaines des fermes profitant du Programme d'assainissement et d'alimentation en eau – notamment une de celles visitées par les membres de la mission – se trouvent à proximité de zones de prison et ferme-prison ».

Il ne fut guère difflcile de réfuter les allégations selon lesquelles le CCPX n'avait plus de fonction militaire. Semaine après semaine, nous recevions des preuves – en provenance du gouvernement chinois lui-même – que le CCPX demeurait un instrument du maintien de l'ordre.

L'exemple le plus frappant en est fourni par une émeute qui agita le propre secteur du Corps, du 4 au 6 avril 1990, à vingt kilomètres de Kashgar, près de la frontière du Kirghiszistan. À Baren, plusieurs milliers d'Ouïgours protestèrent contre la fermeture de mosquées, et la troupe ouvrit le feu sur les manifestants. Le gouvernement fit état de vingt-deux victimes, alors que, d'après d'autres sources, le nombre de morts aurait été supérieur à cinquante. Selon le rapport d'Amnesty International, « Violence secrète au Xinjiang », publié le 10 octobre 1992, « des groupes armés appartenant aux brigades prétendument civiles du CCPX participèrent à la répression ».

Ma fondation a également trouvé des références à ces troubles dans les propres publications du Corps : « Au cours des combats, qui ont duré deux jours et deux nuits, la milice du CCPX a capturé quatorze émeutiers » qui criaient des slogans tels que : « Nous ne faisons pas confiance au socialisme. »

Au moment même où la Banque mondiale envoyait son équipe au Xinjiang, elle aurait pu prendre connaissance d'une dépêche de la BBC du 10 octobre 1995 relatant la visite au Xinjiang, le 1er octobre, du vice-Premier ministre chinois Jiang Chunyun. D'après Xinhua, Jiang aurait déclaré : « L'expérience montre que les officiers et les hommes des unités de l'APL, les forces armées de la police, les officiers et les agents de la Sûreté, l'encadrement et les travailleurs du Corps sont capables d'actes héroïques, et que le Parti et le Peuple peuvent leur faire entièrement confiance. »

La Banque aurait pu de même noter la visite de Zhu Rongji, économiste spécialiste de la Chine, du 8 au 13 septembre 1995. Zhu « a également affirmé le rôle irremplaçable du Corps dans le renforcement de la défense des frontières, leur stabilisation, la consolidation de l'unité ethnique et le développement de l'économie régionale », écrivit l'agence Xinhua.

Le 4 avril 1996, nous avons publié notre réponse à la Banque mondiale, rapport de vingt-quatre pages avec une annexe de vingt-quatre autres pages, et intitulé : « La Banque mondiale et l'Armée chinoise. Ignorance – incompétence – ou rideau de fumée ? »

Après treize pages de documents sur le rôle militaire du Corps, nous faisons remarquer que « la Banque mondiale évite d'utiliser le véritable nom du CCPX ». Dans l'annexe, nous publions la photographie du siège avec les deux noms, CCPX et CCAIX.

« Nous pensons que la Banque mondiale a accepté les mensonges chinois et les a répétés au monde dans ses "Conclusions", qu'elle savait probablement que l'organisation qu'elle avait acceptée pour mettre en œuvre le Programme de développement agricole du Xinjiang était le Corps de construction et de production du Xinjiang, aux structures quasi militaires. »

Nous avons relevé une erreur dans les conclusions de la Banque mondiale, qui affirme : « Comme nous l'a expliqué le Bureau régional de la justice, les prisons et les fermes de *laogai* placées sous la responsabilité du Corps font partie d'un nombre limité d'établissements spécialement désignés par le ministère de la Justice pour s'occuper des prisonniers soumis à la rééducation-par-le-travail. » En réalité, nous avons dénombré plus de mille camps de *laogai* en Chine, et le gouvernement lui-même fait état de six cent quatre-vingt-six prisons et établissements de rééducation-par-le-travail, sans compter ceux administrés par le Corps. Voilà pourquoi nous avons été scandalisés par ce « nombre limité » dont parlait la Banque mondiale.

La description d'une « ferme » jouxtant le camp de Pailou nous a aussi posé problème. Selon la Banque, elle accueillait « des paysans pauvres transplantés de provinces de l'est ». Très probablement, il s'agissait de personnes pas tout à fait « rééduquées » et retenues au Xinjiang pour y travailler le reste de leur vie.

Il aurait dû être clair pour la Banque mondiale que le Corps emploie des prisonniers. Nous nous sommes procuré un numéro de *Milice du Nord-Ouest*, publication du Xinjiang, qui écrit : « En automne 1983, le Conseil d'État a décidé que cent mille prisonniers de Pékin, Tianjin, Shanghai et Guangzhou seraient envoyés au CCPX pour y travailler en détention. Le Corps manquait de prisons et de moyens de prévention... Les responsables du Corps et les représentants des 2,2 millions de combattants pour la mise en valeur des terres se sont proposés pour aider dans sa tâche la direction centrale du Parti. Ils ont constitué quatre-vingt-six escadrons de plus de quatre mille miliciens et, en un an de détention, aucun prisonnier ne s'est échappé. »

Cela ne s'est pas passé pendant l'une des purges en masse de la période hystérique du président Mao, mais au plus fort de la campagne de réformes économiques de Deng. Le gouvernement chinois a procédé à l'un des plus grands déplacements de prisonniers de l'histoire, et le CCPX en a été l'agent.

Enfin, nous avons reproché à la Banque mondiale de citer quatre programmes réalisés au Xinjiang mais pas celui des semences, mentionné dans son rapport du 13 mars 1984. Dans plusieurs de ses rapports annuels, le CCPX lui-même fait l'éloge de ce programme. Ayant visité plusieurs fermes cotonnières du *laogai* en 1994, j'ai peine à croire que le Corps n'utilise pas les semences du programme de la Banque mondiale. Comme nous l'écrivons dans notre texte, « voilà pourquoi la Banque ne parle pas du Programme de semences dans ses conclusions ». Si elle l'y avait inclus, elle n'aurait pu déclarer, comme elle le fait : « Nous n'avons trouvé aucune preuve d'avantages, directs ou indirects, dont bénéficieraient des camps de travail ou des "fermes militaires spéciales". »

Dans nos conclusions, nous avons réclamé une commission internationale indépendante pour étudier comment les fonds de la Banque mondiale sont utilisés au Xinjiang. L'absence de référence au Programme de semences me fait soupçonner que la Banque pourrait avoir d'autres connexions à cacher. La Banque mondiale aide manifestement les régions sous-développées du monde, mais je ne puis accepter l'idée que de l'argent américain serve à renforcer le système de *laogai*.

Notre rapport sur la Banque mondiale a été pour moi un jalon important. La Fondation de recherche sur le Laogai a rassemblé de nombreuses preuves que le CCPX a des ramifications militaires et pénales que la Banque mondiale cherche à minimiser. Désormais plus personne ne pouvait me traiter comme un solitaire ayant un penchant dangereux à vagabonder en Chine.

31

L'avenir

Où que j'aille, les gens me disent : « Harry, tu ne vas pas retourner en Chine, n'est-ce pas ? » Ils ont une expression mi-terrorisée, mi-consternée que je traduis par : « Essaie de devenir adulte, Harry. Sois raisonnable. » Mais il ne s'agit pas d'une partie de cache-cache jouée derrière la Grande Muraille. C'est pour moi une question de vie ou de mort. Je vais en Chine pour mettre fin aux camps. La question n'est pas de savoir quand Harry Wu cessera d'être un garnement. Les vraies questions, c'est : « Quand la Chine cessera-t-elle d'emprisonner ses dissidents ? » et : « Pourquoi le reste du monde n'intervient-il pas ? »

Je n'ai rien contre la nation chinoise, ni contre le peuple chinois. Je ne souhaite pas l'arrêt du développement économique de la Chine. Je me réjouis que les Chinois mangent mieux. Que les idées géniales de Mao ne provoquent plus de famines. Je gage que, si Marx pouvait un jour revenir sur terre, il visiterait la Chine et dirait : « Ce n'est pas ce que j'avais en tête. »

Chaque jour, Deng et son équipe dansent sur la tombe du communisme mais pratiquent encore le totalitarisme. Je ne peux pas rester sans rien faire en Californie et inciter les Chinois à se révolter face aux fusils de l'armée. Pékin sait mater les émeutes avec des fusils et des tanks, mais si révolution signifie changement, alors la révolution a déjà commencé. Les yuppies de Chine s'enrichissent, les malfrats gagnent de l'argent avec la drogue et la prostitution, mais les paysans ont été dépossédés des terres qu'ils travaillaient depuis des siècles. Que fera la Chine de sa prospérité ? Quels pas devra-t-elle encore faire pour rejoindre les grandes puissances économiques ?

Mon message essentiel s'adresse aux États-Unis, mon pays d'adoption. Je ne crois pas que les Américains approuvent la conduite du gouvernement chinois. En Amérique, on parle constamment de liberté, on en agite le drapeau. Et les prisonniers qui fabriquent des fleurs artificielles le soir après avoir cassé des cailloux toute la journée ? Je pense que les Américains devraient boycotter les articles importés de Chine s'ils proviennent du travail forcé de prisonniers, politiques ou autres.

Beaucoup d'Européens voient les choses sous un angle politique. Ils savent que l'utilisation de prisonniers est ignoble, et c'est la raison pour laquelle des Français, des Allemands, des gens de bonne volonté, dans de nombreux pays, condamnent le *laogai*. Les Australiens ont la même attitude que les Américains. Les Japonais comprennent qu'on n'a pas le droit d'exploiter une partie de la population pour en aider une autre.

Les États-Unis doivent être au premier rang dans la campagne pour faire comprendre au monde ce qui se passe en Chine, mais la seule chose claire dans la politique de Clinton envers la Chine, c'est qu'elle ne marche pas. Il faut avoir une politique musclée. Si nous voulons partager des biens et des secrets techniques avec les Chinois, assurons-nous au préalable qu'ils ne les utiliseront pas contre leur peuple. Cessons de leur livrer des produits de haute technologie. Je suis encore furieux d'avoir été arrêté à la frontière puis escorté par des gardes équipés de téléphones portables Motorola.

Ma colère est si grande que je parle de mon pays natal à qui veut bien m'écouter. Je n'ai pas d'opinion politique. Mes amis libéraux me demandent, l'air affligé : « Pourquoi parles-tu à Jesse Helms ? » Politique mise à part, Jesse Helms fut, parmi toutes les personnalités publiques, celle qui manifesta le soutien le plus chaleureux à Ching Lee pendant ma détention. Helms se soucie du sort des prisonniers. Vous croyez qu'il apprécie quand je vais à Seattle prendre la parole pour les syndicats de Boeing, ou quand je dénonce Wal-Mart sous les huées de quinze mille de ses actionnaires ? Droite, gauche, cela m'est égal.

J'ai des amis en Allemagne qui appartiennent aux Verts, qui parlent ouvertement des camps de concentration nazis, qui condamnent tout système d'esclavage, où que ce soit dans le monde. En France, je suis soutenu par des gens de droite qui me demandent :

– Harry, est-ce que je dois aller en Chine ?

Je leur réponds :

– N'y allez pas, ils viennent de remettre Wei Jingsheng en prison.

Récemment, j'ai découvert que je suis aussi un fauteur de troubles aux yeux de nombreux Chinois exilés qui critiquent pourtant Deng et son régime. Le thème, nouveau, est le suivant : « J'étais sur la place Tienanmen, nous avons critiqué notre gouvernement, mais tout ce que vous faites nuit à notre pays. » Voyons les choses en face : les événements de la place Tienanmen remontent à 1989. Bon nombre des manifestants les plus courageux ont depuis fait la paix avec le système. Que feront-ils pour changer les choses ? Une femme du Hunan nommée Mo Li Hua, qui n'était pas sur la place Tienanmen, a néanmoins été emprisonnée dans le mouvement et s'est réfugiée par la suite en Suède.

– Je vous admire, m'a-t-elle dit, mais vous cherchez à faire cesser toute relation commerciale avec les Chinois.

Voici son argument : « L'argent va au pays natal. » Pour Mo, la ligne de partage passe entre étrangers et Chinois. Beaucoup de dissidents – des gens honnêtes, courageux – gardent malgré tout leur loyauté au système. Ce qui est bon pour la Chine est la ligne à suivre. Je ne puis accepter ce point de vue.

J'aime me rendre dans les universités américaines afin de porter mon message à la jeune génération. Mes conférences me conduisent dans certains des endroits les plus intéressants de l'Amérique, des lieux qui me redonnent espoir, qui me rappellent que c'est un grand pays. J'ai par exemple été invité au Haverford College, merveilleuse petite institution quaker à la sortie de Philadelphie. Automne 1995, air frisquet à l'extérieur, tension des idées et des émotions dans la salle bondée. Bien que l'auditoire fût plongé dans l'obscurité, je distinguais de nombreux visages chinois, japonais, coréens et vietnamiens, la nouvelle génération d'Américains. J'essaie toujours de deviner d'où viennent les gens à leur accent, leur aspect extérieur, leur comportement. Sont-ils de Taiwan, de Hong-Kong, de Chine continentale ou des États-Unis ? Quelle opinion vont-ils probablement défendre ?

À Haverford, une personne du balcon m'a demandé :
– Êtes-vous un traître ?

Je ne pouvais juger de l'intention. Ami ou critique ? Je l'ignorais, mais la question était juste.

– Oui, ai-je répondu, je suis traître au communisme. Mais je ne suis pas traître au peuple chinois.

J'aime mon ancien pays. Certes, j'ai enfreint ses lois, et je m'y suis introduit pour embarrasser les tyrans qui le dirigent, mais ce sont les lois communistes que j'ai violées. Et j'ai été fier de le faire.

Le public dans son ensemble a applaudi mais, par la suite, d'autres contradicteurs se sont manifestés. Je soupçonne le gouvernement chinois de mobiliser tous ses ressortissants qui font des études aux États-Unis. Peu m'importe. Ayons un débat ouvert – sans restriction. À l'université de Toledo, dans l'Ohio, un étudiant m'a lancé :

– J'ai vécu vingt-sept ans en Chine et je n'ai jamais entendu parler du *laogai*. Vous avez vendu votre âme aux étrangers. Ce film de la BBC était fabriqué de toutes pièces.

– Vous l'avez vu ? ai-je demandé.

– Non, mais j'en ai entendu parler.

– Vous devriez le voir.

Je m'efforce d'instaurer le dialogue – c'est à cela que sert l'université.

Parfois, il y a dérapage. À l'université de l'Oklahoma, en mars 1996, un groupe de Chinois m'a interrompu en me traitant d'antichinois. L'un d'eux a même éteint les lumières de la salle mais je l'ai repéré par hasard, je l'ai désigné aux gardes qui l'ont expulsé du bâtiment.

– Vous êtes un fauteur de troubles ! m'a-t-il crié.

– Merci. Chaque fois que vous me traitez ainsi, je suis content. Vous faites la promotion de mon nouveau livre.

Je crois que je suis effectivement un fauteur de troubles. Tout au fond de moi, je ne me prends pas vraiment pour un dur. J'aime le peuple chinois, j'aime l'humanité. J'ai vu tant d'hommes mourir dans les camps, jetés au loin comme un mégot de cigarette. J'ai appris très tôt qu'on n'a qu'une vie. Nous connaîtrons tous la même fin, la mort, que ce soit dans trente ou dans quatre-vingts ans, et la question est de savoir dans quelle mesure nous profitons de la vie, dans quelle mesure on nous permet de le faire.

Lorsqu'on m'accuse de haïr la Chine, de vouloir renverser son gouvernement, je réponds :

– Ne me parlez pas de politique. Profitez de la vie. Si les gens veulent chanter, qu'ils chantent. Si je veux lire un livre, je lis un livre. Si je veux dire quelque chose, je le dis. En Chine, tout a une étiquette politique. « C'est une chanson capitaliste », dit-on.

La politique n'est pas une chose naturelle. La place d'un être humain est au sein de sa famille. Amour. Sexe. Nourriture. Musique. Littérature. Faites quelque chose pour les autres. Nous avons tous droit au bonheur. D'accord, nous devons élire des hommes politiques pour qu'ils gouvernent, mais n'oublions jamais que c'est nous qui les payons, qu'ils ne sont pas nos maîtres. Si tant est qu'ils soient quelque chose, ils sont nos serviteurs. La Chine tombe dans l'extrême opposé. Si vous n'êtes pas d'accord, on vous réduit au silence. Si vous refusez de vous taire, on n'hésitera pas à vous tuer.

J'essaie d'aider mes amis à sortir de Chine. En 1996, Liu Jing Kin, qui m'avait accompagné dans mon voyage au Qinghai en 1991, fut autorisé, ainsi que sa femme et leur fille, à rejoindre leurs deux autres filles vivant à New York. Je me suis rendu à New York pour les rencontrer à la date la plus appropriée de l'année, le 4 juillet, fête de l'indépendance. Je les ai serrés dans mes bras à l'aéroport Kennedy et ils se sont joints aux millions d'immigrés qui tentent de se bâtir une vie dans le monde libre.

Si la Chine est si merveilleuse, pourquoi tant d'habitants de Hong-Kong se dépêchent-ils de fuir avant 1997, date à laquelle la ville passera sous la coupe de Pékin ? Pourquoi partent-ils pour Vancouver, Seattle, Los Angeles, d'autres parties d'Asie et d'Europe ? Hong-Kong est mort, je peux vous le dire. Toutes les compagnies multinationales qui veulent que Hong-Kong reste le centre financier qu'il était en tant que colonie britannique se bercent d'illusions. Une colonie a besoin de deux choses : un soutien politique et un soutien économique. Une colonie doit avoir un statut spécial. Si Pékin permettait à Hong-Kong d'avoir un statut spécial, un milliard de Chinois se précipiteraient sur ce point minuscule à la lisière de la Chine.

La Chine essaiera de récupérer Taiwan. C'est inévitable. Pékin ne peut tolérer à ses frontières une démocratie prospère dirigée par des Chinois. Les habitants de la Chine continentale diraient : « Mais pourquoi ont-ils le droit de vote, eux ? Pourquoi peuvent-ils s'exprimer librement ? Pourquoi sont-ils aussi prospères ? »

Le monde doit-il avoir peur de la Chine ? Oui, bien sûr. Je ne dis pas que la Chine déclenchera la prochaine grande guerre, ou qu'elle s'emparera du monde. Les Chinois ont deux immenses ressources – la population et les terres – et on peut prédire à la Chine un brillant avenir dans une centaine d'années. Ce qui me préoccupe, ce sont les cinq ou dix années qui viennent.

Je ne crois pas que la Chine sache ce qu'elle veut. Qu'est-ce que c'est, la Chine ? Le yuppie qui a l'oreille collée à son téléphone cellulaire ? Le paysan qui retourne la terre avec ses mains ? Le bureaucrate qui dresse sa liste de suspects ? La Chine a besoin de connaître sa place dans le monde.

Il n'est pas difficile de voir que le communisme, en tant qu'idéologie, est mort depuis des années. Les Chinois ont été les premiers à le savoir, et même les dirigeants du Parti ont suivi. Peu importe qu'un chat soit blanc ou noir pourvu qu'il attrape des souris, a dit Deng Xiaoping. Très bien. Mais l'Amérique et le reste du monde semblent disposés à fournir le fromage.

Les hommes politiques et les experts américains ne cessent de nous rappeler que la Chine aura bientôt l'économie la plus puissante du monde. Le facteur qu'on oublie de faire entrer dans cette discussion, c'est ce qu'implique la transformation d'un géant économique en un géant militaire et politique.

C'est ce qui se passe déjà en Chine, où personne ne parle plus sérieusement de « construire le paradis socialiste ». Le nationalisme chinois se renforce chaque jour. Pendant ma détention de soixante-six jours en 1995, je n'étais plus un « contre-révolutionnaire de droite » mais un « criminel » qui « vole des secrets d'État » et « les livre à des organisations étrangères hostiles ». Tout dirigeant qui méconnaît ce nationalisme profondément enraciné le fait à son propre péril, et à celui de son pays.

Les Chinois partent de plusieurs hypothèses : les gens s'intéressent davantage au développement économique qu'à la liberté et à la démocratie ; le Parti peut rester au pouvoir, même si le communisme a échoué ; les États-Unis et le reste du monde industrialisé cherchent des avantages économiques au détriment des droits de l'homme en Chine ; la Chine peut renforcer sa puissance militaire sans que l'Amérique s'y oppose vraiment.

Selon moi, les États-Unis espèrent encore que la forme hybride de capitalisme qui se développe en Chine conduira à la démocratie. Il est plus probable qu'elle débouchera sur une nouvelle forme d'État totalitaire ultranationaliste et militarisé.

Quelle politique les États-Unis doivent-ils poursuivre ? D'aucuns préconisent un « endiguement », comme au temps de la guerre froide, mais je trouve cette politique à la fois dépassée et impensable. Les gouvernements américains qui se sont succédé ces dernières années ont favorisé une politique d'« engagement », qui me paraît n'être guère plus que du mercantilisme.

Je crois que les États-Unis et les autres pays industrialisés devraient définir une politique de « limitation » – limitation de leur soutien à la Chine, et pressions pour une limitation des atteintes aux droits de l'homme en Chine. L'Amérique et d'autres pays pourraient commencer à appliquer cette politique de « limitation » de la manière suivante :

1. Condamner le maintien du *laogai* en Chine. Ne pas laisser les Chinois brouiller les cartes en utilisant le nouveau terme *giayu* pour faire croire qu'il s'agit d'un simple système pénitentiaire. Ils exploitent le travail forcé de prisonniers, politiques et autres. Le *laogai* continue.

2. Faire comprendre aux Chinois que la répression des dissidents aura un coût. D'autres pays doivent appliquer les lois existantes contre l'importation de produits du travail forcé, adopter de nouvelles lois et les appliquer. Ces pays doivent exiger la vérification de tout produit exporté de Chine vers les États-Unis. Si Washington a bloqué l'entrée de moteurs Diesel, il peut aussi le faire pour du raisin, du vin, des outils, des bottes et des fleurs. Faut-il organiser le boycott de tous les produits chinois ? Non, mais je suis partisan de boycotts spécifiques à court terme contre des compagnies qui font manifestement le trafic de produits du travail forcé. Si j'étais un homme d'affaires sans scrupule, j'aurais envie de passer des contrats avec la Chine, qui possède une immense réserve de main-d'œuvre, sans syndicats. Les États-Unis doivent exiger que les Chinois ne fassent pas de bénéfices sur le dos des prisonniers.

3. Les États-Unis pourraient essayer de suspendre la clause de la nation la plus favorisée. Juste pour un an. L'archevêque Desmond Tutu a déclaré que le boycott occidental de l'Afrique du Sud a peut-être touché davantage de Noirs dans un premier temps, mais qu'à long terme il a conduit les dirigeants blancs à abandonner l'apartheid – non par souci de moralité mais par pragmatisme. Si le président des États-Unis retirait à la Chine la clause de la nation la plus favorisée, cela nuirait peut-être à court terme aux travailleurs chinois, mais cela nuirait bien plus aux magnats de Hong-Kong, de Taiwan, d'Amérique et de Chine.

4. Il n'y a aucune raison pour que la Chine soit le plus gros client de la Banque mondiale alors que d'autres pays en voie de développement, plus démocratiques, sont dans le besoin. Il convient tout au moins d'exercer des pressions sur la Banque mondiale afin qu'elle examine plus attentivement ses programmes d'aide dans la région du Corps de construction et de production du Xinjiang.

5. Une fois pour toutes, rejeter l'argument chinois selon lequel les droits de l'homme ne sont pas universels, et appeler la Commission de l'ONU sur les droits de l'homme à tenir plus d'audiences sur les camps. J'ai une liste de témoins à sa disposition.

6. Maintenir la Chine hors de l'Organisation mondiale du commerce. Chaque gouvernement déclare que la Chine ne peut faire partie de l'OMC faute d'un développement économique global, mais les pays occidentaux devraient considérer les camps de travail comme une raison spécifique de cette exclusion. Les États-Unis ont seulement commencé à prendre des sanctions économiques quand les Chinois s'obstinaient à pirater la *pop music* américaine sans acquitter de droits. Maintenir un système de quasi-esclavage, c'est bien plus grave. Condamnons les deux.

7. Tous les actes chinois qui violent les normes internationales, par exemple la vente de missiles et de technologie nucléaire à des pays comme la Syrie, l'Iran, le Pakistan, devraient être immédiatement sanctionnés, et non passés sous silence. Les États-Unis doivent répondre de manière cohérente s'ils veulent être crédibles auprès des Chinois, et mettre fin à ce danger pour la paix mondiale.

8. Les aspirations légitimes des peuples de Taiwan, du Tibet et de Hong-Kong à déterminer librement leur avenir doivent être respectées, soutenues, et reliées aux autres aspects de la politique des États-Unis. Dans le cas de Taiwan, en particulier, les États-Unis doivent faire clairement comprendre aux Chinois que tout recours à la force leur coûterait extrêmement cher. Je sais que Washington a envoyé des navires croiser au large des côtes de Taiwan pendant la période de tension qui a précédé les élections taiwanaises en mars 1996, mais il faudrait donner plus d'envergure à ce genre de manœuvres et les rendre plus fréquentes.

9. Les autres nations doivent cesser de vendre à la Chine des technologies et des équipements que l'armée et la police utilisent contre les dissidents.

10. Avec la technologie, la Chine reçoit un flot d'informations accru, mais les Chinois ont besoin d'une information plus honnête et plus précise pour évaluer leur propre

système et prendre des décisions. Les émissions radio internationales à destination de la Chine doivent être étendues.

Je pense sincèrement que le peuple chinois est capable de créer sa propre forme de démocratie mais qu'il ne pourra le faire tant que ses aspirations seront foulées aux pieds. L'ironie de l'histoire, c'est que la politique américaine visant à assurer la stabilité de la Chine n'a débouché que sur un pouvoir instable et en proie aux tensions. L'histoire regorge d'exemples où les États-Unis se sont obstinés à soutenir des dictateurs qui avaient perdu toute légitimité pour leur propre peuple. L'Amérique et les autres puissances ne doivent pas céder à l'appât des bénéfices que leur fait miroiter la Chine.

À l'approche de la soixantaine, l'âge où, traditionnellement, on accède à la sagesse, je savais que je n'étais pas très sage. Je ne savais qu'une chose : quand les dirigeants de la Chine se décideraient à devenir de bons garçons, je le deviendrais moi aussi.

Je n'ai pas envie de mener ce combat éternellement. On m'a volé ma jeunesse, je ne puis l'oublier. Il est trop tard pour les années déjà volées à Wei Jingsheng, à Chen Pokong. Trop tard pour que j'aie des enfants, des petits-enfants, trop tard pour la famille Wu de Shanghai, brisée et dispersée par les communistes. Pas de fils n° 1. Pas de fille n° 1. Mon histoire s'achève avec moi. Mais peut-être ne sera-t-il pas trop tard pour quelqu'un d'autre.

Retournerai-je un jour en Chine ? Je suis chinois, mon âme est chinoise. Mon pays natal est magnifique. La prochaine fois, j'y retournerai en pèlerinage.

La prochaine fois, je veux y aller avec Ching Lee, porteur de cadeaux pour ce qui reste de ma famille. Nous présenterons nos passeports à l'aéroport international, les policiers de la douane regarderont ma femme et diront :

– Wu Ching Lee, votre visa est en règle.

Ils me regarderont et diront :

– Wu Hongda, Peter H. Wu, Harry Wu, quel que soit votre nom, votre visa est en règle. Faites un agréable séjour.

Nous irons admirer les montagnes, les temples, les fleuves, les cimetières. Je montrerai à Ching Lee les tombes de mon père et de mes deux mères, que nous fleurirons.

Je déposerai des petits pains au maïs sur la terre où repose Xing-la-Grande-Gueule.

– Tiens, vieux rouspéteur, vieux braillard, les voilà tes petits pains, dirai-je.

Je rencontrerai Wei Jingsheng pour la première fois. Il sera chez lui, à Pékin, en train d'écrire un livre, de se présenter aux élections, ou de faire son métier d'électricien. Comme il lui plaira.

Les gens me disent de ne pas même songer à retourner en Chine. Personne ne dit à Harry Wu ce qu'il doit faire. J'y retournerai.

Par la porte de devant, la prochaine fois.

TABLE

Remerciements	5
Préface	7
1. La frontière	9
2. Retour au pays	19
3. Dans l'impasse	29
4. Comment on fait un dissident	47
5. L'immense pays	57
6. Comment le président Mao m'a amendé	65
7. Un nouveau départ	83
8. La découverte de l'Amérique	97
9. Ching Lee	109
10. Premier voyage	117
11. Deuxième voyage	141
12. Meihua	163
13. Je deviens une fondation	167
14. Sauvé de justesse	175
15. Reins et cornées	183
16. L'Ouest sauvage	193
17. L'hôpital	207
18. Holocauste	223
19. On ne peut pas toujours gagner	233
20. Californie, janvier 1995	243
21. Promesse non tenue	249
22. Chambre 104	259
23. En mon absence	277
24. Je reçois de la visite	285
25. Le combat de Ching Lee	305
26. Je décide de coopérer	317
27. Procès et verdict	325
28. Libre	337
29. Retour à la maison	343
30. Retour au calme	351
31. L'avenir	369

R.I.D. Composition – 91400 Gometz-la-Ville
Achevé d'imprimer en Europe (Angleterre)
par Cox and Wyman à Reading
le 19 décembre 1997.
Dépôt légal décembre 1997. ISBN 2-290-04697-3

Éditions J'ai lu
84, rue de Grenelle, 75007 Paris
Diffusion France et étranger : Flammarion